厦|门|大|学|法|学|院|经|济|法|学|文|库

朱崇实　刘志云　总主编

知识产权跨境交易反避税研究

朱一青　著

厦门大学出版社　国家一级出版社
XIAMEN UNIVERSITY PRESS　全国百佳图书出版单位

图书在版编目(CIP)数据

知识产权跨境交易反避税研究/朱一青著.—厦门:厦门大学出版社,2020.9
(厦门大学法学院经济法学文库)
ISBN 978-7-5615-7094-4

Ⅰ.①知… Ⅱ.①朱… Ⅲ.①知识产权－产权转让－税收管理－研究－中国
Ⅳ.①F812.423

中国版本图书馆 CIP 数据核字(2018)第 222313 号

出 版 人 郑文礼
责任编辑 李 宁

出版发行 厦门大学出版社
社 址 厦门市软件园二期望海路 39 号
邮政编码 361008
总 机 0592-2181111 0592-2181406(传真)
营销中心 0592-2184458 0592-2181365
网 址 http://www.xmupress.com
邮 箱 xmup@xmupress.com
印 刷 厦门市青友数字印刷科技有限公司

开本 720 mm×1 000 mm 1/16
印张 15.75
插页 2
字数 260 千字
版次 2020 年 9 月第 1 版
印次 2020 年 9 月第 1 次印刷
定价 83.00 元

本书如有印装质量问题请直接寄承印厂调换

厦门大学出版社
微信二维码

厦门大学出版社
微博二维码

总　序

　　与传统的部门法相比，经济法在我国的产生时间比较晚，肇始于改革开放以后的巨大变革时代，从一开始就立足于国家控制经济和经济体制改革，经历了从计划经济到"有计划的商品经济"再向市场经济跃迁的经济体制改革进程。也正因为此，经济法具有很强的本土性，中国经济法学研究从一开始就充分关注本土性问题。同时，不断变革的时代背景也决定了经济法是中国法律体系中最活跃的，也是最易变的法律。自身成长壮大的需要和社会经济变革的要求，都注定它必须面向不断试错的、渐进的社会转型，以回应市场经济跌宕起伏的动态，在完成型塑我国社会经济的过程中不断发展、嬗变和成熟。

　　自改革开放以来，伴随着社会主义市场经济体制的逐步确立，经济法研究在我国蓬勃兴起，各种理论观点交相辉映。过去的三十余年里，在与其他部门法的论争中，经济法学界逐渐廓清了诸多方面的混沌认识，并在向市场经济转轨的经济社会变迁历程中，辅助立法部门构建起中国的经济法律体系，确立了经济法在整个社会主义法律体系中不可替代的独立性地位。特别是伴随着《中国人民银行法》《银行业监督管理法》《企业所得税法》《反垄断法》《企业国有资产法》等一批经济立法的生效，以宏观调控法和市场规制法为主体的经济法律体系得以逐步建立。在整个法律框架内，经济法在我国的社会经济生活中所起的作用越来越重要，并将与其他部门法，特别是宪法、民法、行政法等协调配合，共同实现法律体系对社会经济的调整功能。

　　厦门大学法学院是全国较早开展经济法教学和科研的单位之一。1980年厦门大学法律系复办时，就开设了经济法课程，并在民法教研室中设立了经济法教研组；1982年正式成立了经济法教研室；1994年经国家教委批准，设立了经济法专业，开始培养本科生人才；1996年经国务院学位委员会批准，设立了经济法硕士点，开始招收硕士研究生；2004年，厦门大学经济法学研究中心成立;2005 年开始挂靠其他专业博士点招收"金融法、法律经济学"方向的博士研究生;2006 年在获得法学一级学科硕士、博士学位授予权的基础上,学校设立了经济法博士点,成为我国经济法高层次专门人才的培养基地之一。立足于现有基础,厦门大学法学院经济法学科将保持并发扬在金融法、经济法基础理论与宏观调控法和财税法等研究方向上的鲜明特色,坚持"国内经济法与国际经济法问题相结合,以国内经济法为主"和"法学与经济学相结合,以法学为主"的原则,顺应经济全球化和世界经济一体化的时代发展潮流,以我国建设社会主义法治国家和市场经济体制为契机,积极开展经济法学理论研究与制度构建工作,在国内经济法学界继续保持较高的学术地位和学术影响。

《厦门大学法学院经济法学文库》(以下简称《文库》)的编辑出版,是依托厦门大学经济法教研室和厦门大学经济法研究中心进行学科建设和发展的一项新举措,以"前沿意识、精品理念"为指导,以系列学术专著、译著的形式,集中展现我国经济法领域的专题研究成果,促进学术繁荣和理论争鸣。《文库》稿件的来源以厦门大学法学院的学者和校友在经济法领域的专著、译著为主,也欢迎国内经济法学者和司法机关的工作人员不吝惠赐佳作。《文库》坚持作品的原创性,理论构建与司法实践并重,崇尚严谨的治学态度,鼓励学术上的革故鼎新与百家争鸣。在出版经济法学专家学者力作的同时,也关注经济法学界的新人新作,包括在优秀博士学位论文基础上扩充整理的学术专著,在他们的学术之路上扶上一马、送上一程。

我们期望《文库》不但成为经济法专家学者交流思想的平台,成为青年才俊迈向学术生涯的入口,成为经济法学研究成果汇集的智库,更力图使其能为变动不居的社会主义市场体制运行提供前沿理论探索和阶段性制度保障,为中国的法治之路贡献自己的绵薄之力。

"厦门大学法学院经济法学文库"编辑委员会

2010 年 11 月 8 日

目　录

绪 论

一、选题背景

(一)利用知识产权避税成为全球税制改革的热点议题

反避税制度一直是世界各国和各经济组织关注的焦点,尤其是作为全球经济协调者的经济合作与发展组织(Organization for Economic Cooperation and Development,缩写为 OECD)和联合国(United Nations,缩写为 UN),相继出台了税收协定范本。其中,OECD 关于所得和财产的税收协定范本(以下简称 OECD 范本)英文全称为 *Articles of the OECD Model Tax Convention on Income and Capital*,最新一次修订是 2010 年;另一个主要的范本是 UN 关于所得和财产的税收协定范本(以下简称 UN 范本),英文全称为 *Convention between (State A) and (State B) with Respect to Taxes on Income and Capital*。这两部范本都致力减少国际避税行为,为反避税提供了制度借鉴。两个范本都在第 12 条规定了缔约国之间关于特许权使用费的征税权分配,对特许权使用费的概念做了明确界定,均指出专利、商标、外观设计、商业秘密等知识产权交易产生的特许权使用费属于范本适用范围。

二十国集团(Group of Twenty Finance Ministers and Central Bank Governors,简称 G20)在 2012 年 6 月洛斯卡沃斯(Los Cabos)的首脑会议上强调,有必要对跨国公司利润转移和避税采取行动。G20 成员国家在 2012 年 11 月于墨西哥召开的会议上宣布针对跨国公司的避税斗争,各国

政府要联合加强。① 随后,2013 年 2 月,在莫斯科召开的 G20 财长与央行
行长会议上,G20 承诺将在未来通过国际合作处理避税问题,限制跨国企业
向海外低税率区域转移利润。打击跨国避税成为与货币政策、汇率协调并
列的会议焦点。OECD 自 2013 年起至 2015 年,先后颁布《解决税基侵蚀和
利润转移》报告(*Addressing Base Erosion and Profit Shifting*,简称
"BEPS")②和《关于税基侵蚀和利润转移的行动计划》(*Action Plan on Base
Erosion and Profit Shifting*)③。这些报告指出了现代税收制度存在的根
本问题是税收规制协调步伐落后于跨境商业活动,因此,跨国企业通常利用
税收规则的国别差异来实现套利。④ 税基侵蚀和利润转移当之无愧地成为
当前全球最热门的税务议题。BEPS 项目产出成果注重在全球框架内协调
公司(企业)所得税制,以建立利益合理共享平台为目标,关注无形资产和劳
务跨境交易频繁的现状,明晰国际税收规则,降低不同国家税制沟通的模糊
性。无形资产转让定价和价值链是其中非常重要的内容,OECD 报告呼应
了知识经济时代知识产权在跨境避税中的锐不可当的趋势。2014 年和
2015 年,OECD 发布 13 项 BEPS 行动计划和相对应的解释性声明,可以看
出国际组织愈发重视税基侵蚀和利润转移导致的双重不征税现象。国际组
织已经发出清晰明确的信号,避税现象应当得到世界各国政府共同重视,无
形资产避税规模扩大化的趋势应当得到世界各国的共同应对。尽管多边税
收协定的谈判需要耗费巨大的时间成本,但是在经济一体化结构下,模糊国
界必然会在并不遥远的未来逐步实现。BEPS 具体包括 3 份报告和 4 份国

---

① Andrew Grice, G8 Summit: David Cameron Hails Landmark Deal to Rewrite
Global Rules to Stamp out Tax Evasion, http://www.bbc.com/news/uk-26687324,
2016-1-1.

② OECD, *Addressing Base Erosion and Profit Shifting*, Paris: OECD, 2013.

③ OECD, *Action Plan on Base Erosion and Profit Shifting*, Paris: OECD, 2013.

④ 《解决税基侵蚀和利润转移》的调查报告显示,一些跨国巨头利用各种避税措
施,导致实际税率远远低于名义税率,税负水平远远低于利润水平。

际税收规则草案。① 其中,根据《无形资产转让定价指引》的成果,当前适用的《转让定价指南》将得到相应增删,包括无形资产的概念和范围、无形资产的交易性质判断、无形资产的交易条件适用原则等。直至 2015 年 9 月,BEPS 行动终于陆续完成,其中第 8 项至第 10 项动议针对无形资产交易作出了详细规定。② 这三项动议关注无形资产交易,呼吁利润归属应当以价值创造为前提,限制了避税地知识产权控股公司配置无形资产的自由度,缩减税基侵蚀和利润转移空间。该报告大力支持反避税规则在国内和国际层面进行整合,为各国国内税法修订提供导向支持,确保征税权与利润归属地、交易发生地和价值创造地相匹配,同时提供给企业清晰的税收处理逻辑框架。③ 2017 年,联合国发布《发展中国家转让定价操作手册》(电子版),增加了集团内劳务、成本分摊安排和无形资产处理三章节的内容,国别实践中增加墨西哥。④

　　从著名的泛美卫星公司税案可以看出,我国知识产权有关跨境交易反避税的迫切性。泛美卫星国际系统责任有限公司(以下简称"泛美卫星公司")是美国的一家卫星公司,在全球通信领域中具有重要地位。1996 年,该公司与我国某家电视台签订了一份卫星传送数字电视的服务协议,双方于下一年针对该协议签订了修正案。随后,泛美卫星公司与中国税务机关就服务费的征税性质产生分歧。⑤ 主要争议在于,泛美卫星公司向中国电视台提供的传送数字电视信号的服务而取得的收入,是应当计入特许权使

---

① 三份报告是指:(1)《关于数字经济面临的税收挑战的报告》(第 1 项行动计划的最终报告);(2)《开发用于修订双边协定的多边工具》(第 15 项行动计划的最终报告);(3)《考虑透明度和实质性因素,有效打击有害税收实践》(第 5 项行动计划的中期报告)。四份国际税收规则草案是指:(1)《消除混合错配安排的影响》(第 2 项行动计划);(2)《防止税收协定优惠的不当授予》(第 6 项行动计划);(3)《无形资产转让定价指引》(第 8 项行动计划);(4)《转让定价同期资料和分国信息披露指引》(第 13 项行动计划)。

② OECD, BEPS-Frequently Asked Questions, http://www.oecd.org/ctp/beps-frequently askedquestions.htm, 最后访问时间:2018 年 12 月 8 日。

③ Alexandre Quiquerez, Intellectual Property Holding Companies: An International Legal Perspective, *Intellectual Property Quarterly*, 2013(4):p.303.

④ 高仲芳:《国际税讯》,载《国际税收》2017 年第 6 期。

⑤ 苏浩:《泛美卫星公司税案与跨国营业利润和特许权使用费的界分》,载《武大国际法评论》2004 年第 1 期。

用费,还是应当计入营业利润。根据《中美税收协定》第 11 条第 2 款的规定,中国税务当局认定泛美卫星公司收到的是特许权使用费。该协定中,双方对特许权使用范围界定产生冲突,未对特许权是否既涵盖有形财产也包括无形财产双方达成一致。泛美卫星公司认为依据《中美税收协定》第 5 条和第 7 条,认为提供卫星服务所得收入不属于特许权使用费,应当是营业利润。区别于特许权使用费的消极被动性质,该笔收入是靠主动工作取得的积极收入。此外,泛美卫星公司在中国没有设立常设机构,其收入并非来自常设机构,故不在中国纳税的观点也有理论依据。如果该笔收入属于跨国营业利润,在泛美卫星公司的居住国(即美国)和所得来源地国(即中国)之间应当按照如下方式解决征税冲突:首先要梳理的情况是,两国之间是否签有协定。如果两国没有签订避免双重征税协定,美国政府依据居民税收管辖权可主张课税,中国政府基于来源地税收管辖权也可主张课税。其次,需要判断泛美卫星公司是否为居民纳税人,因为非居民纳税人相对于居民纳税人而言,纳税义务较轻。那么,提供卫星传输服务是否构成常设机构就值得讨论。最后,需要探讨所得的性质。如果认定为投资所得,说明所得的收益人不直接参与企业的经营管理活动,其所得是消极和被动获得的。解决这一系列问题需要确定我国税务机关是否能向泛美卫星公司征收预提所得税,涉及不同国家对基础技术转让所得分类产生的定性差别,也就是技术转让所得可税性的法律分析。在知识经济时代,国际税法应当如何应对知识产权跨境交易的征税权分配,类似跨国卫星传送信号这样的协议如何确定所得来源,协议类型应当定性为服务合同还是设备租赁合同等,都影响着税款征收。通过泛美卫星公司税案也可以预见,高新技术和电子商务的发展给纳税人提供了许多选择知识产权跨境交易的交易发生地的可能性,更增加了国际税收协调和监管的难度。[①] 在这样的国际和国内背景下,为了维护一国税权,同时进行更好的知识产权制度规范,研究知识产权跨境交易反避税问题具有重要的实践意义。

不仅在我国,知识产权跨境交易避税案件总体上在全球范围内都呈上升趋势,避税手段愈发隐蔽。比较有名的苹果公司避税案、谷歌公司避税案、星巴克公司避税案等都将知识产权作为主要的避税工具。但是在这些

---

① 许秀芳:《国际技术转让所得课税法律问题》,北京大学出版社 2006 年版,第 208 页。

大型跨国公司之外,仍然不乏大量的中小型公司采取相同或类似手段进行避税交易,并且规避税款总量非常可观。联合国贸易和发展会议(United Nations Conference on Trade and Development,简称"贸发会议")估计,每年全球企业通过离岸金融中心转移海外投资避税大约 2000 亿美元。[①] 但是从这个数字中很难具体推测出因知识产权避税导致的税款损失,主要因为各种避税手段具有交叉性,避税金额是综合各种情况的统计,很难分离出某个原因导致的税款损失;还有很多避税案件在行政程序阶段通过纳税评估或稽查就已经结案,并没有形成统一的司法案例可以研究和统计;再有就是跨境交易避税案件涉及多个国家的税收损失,也给具体统计数据带来不便。但是纵观国际组织和各国政府反避税立法与实践,无论从数量上还是金额上,知识产权跨境交易避税现象都已经引起足够重视。

(二)激励创新与有害税收实践冲突激增

激励创新是全球各国的普遍法律价值取向,税法对于知识产权研发的税收优惠制度证明这一点。但正因如此,由此产生的有害税收实践会造成税基侵蚀与利润转移的后果,OECD 也对此专门发布报告。[②] BEPS 行动第 8 项至第 10 项对无形资产的避税规制提出了明确的建议,认为对跨国企业集团中各成员的补偿,应基于各成员通过其所履行的功能、使用的资产和承担的风险,在无形资产的开发、提升、维护、保护和利用等过程中所创造的价值。[③] 激励创新与有害税收实践产生冲突,税法和知识产权法的交叉研究随之呈上升之势。二者的交叉之处体现在知识产权作为征税客体,并能够起到避税工具的作用,同时,税法也在知识产权交易活动中起到规制或促进作用。科技进步使著作权、商标权、专利权等知识产权对企业至关重要,对一国税收收入而言,无形资产在关联企业中的避税作用正逐渐超越有形资产,其中,知识型无形资产更是起着至关重要的作用。但是,OECD 的转让定价报告指出正常交易原则很难用于包含无形资产的受控交易,因为无形资产的特点会使可比性研究复杂化,从而造成价值确定困难。而且,关联企

---

① 商务部:《全球企业年避税额达 2000 亿美元》,http://world.people.com.cn/n/2015/0703/c157278-27251246.html,最后访问时间:2018 年 7 月 3 日。

② OECD,Countering Harmful Tax Practices More Effectively,Taking into Account Transparency and Substance.Action 5:2015 Final Report.

③ [美]德洛里斯·R.赖特、哈里·A.基兹、贾斯汀·路易斯、拉纳·奥滕、陈新:《BEPS 行动计划 8 最终报告:经济学家的看法(上)》,载《国际税收》2016 年第 8 期。

业间知识产权的转让或许可往往资产负债表上没有账面价值,无法像有形资产一样调整,这是知识产权法和税法产生交叉的基础性条件。

知识产权法与税法交叉研究最直接的体现是"专利盒"(patent box)制度。"专利盒"制度下,企业能够得到政府为鼓励创新而提供的优惠税制,政府的最终目标是促进经济发展,这是与知识产权制度联系紧密的税收制度。在该制度下,税收目的与知识产权激励目的是重合的,税收手段要达到鼓励企业在本国境内从事与高科技产品研发、生产等高价值经营活动。专利等无形资产已成为众多商业模式的最主要的价值驱动因素。政府对"专利盒"制度的重视,正说明在让渡部分税权的前提下,知识产权得到激励后所产生的经济福利会大于让渡税权所造成的税收减损,同时避免引发有害税收竞争的后果。因此,实施"专利盒"制度要避免其成为避税地的辅佐工具,避免跨国公司利用该制度进行利润转移。这符合 G20 确定的改革原则:利润在经济活动发生地和价值创造地征税。[①] OECD 着重审查"专利盒"制度是否涉及实质性活动。最初,该制度重点关注与无形资产有关的优惠税制,并否认未涉及实质性活动的知识产权研发享受有关优惠制度。因此,"专利盒"制度特别关注"实质性活动"的界定,要将利润留在实质性活动发生地。具体而言,企业的研发与生产经营活动的支出发生地同可享受优惠的收入不能被人为割裂在不同国家,也就是企业不能通过私下安排利用"专利盒"制度侵蚀并未因企业科技发展而获得经济增长的国家税基。可见,为了给"专利盒"制度的实施准备良好的国际环境,各国应当对"实质性活动"的概念和范围阶段达成共识,杜绝有害税收实践给该制度造成负面影响。各国应当针对税收优惠制度和知识产权制度等提高透明度,按照统一的透明度标准进行考量。[②]

英国于 2012 年 7 月 5 日召开专利律师研讨会,其讨论的议题是知识产权的税务处理,研发费可以税收抵免,使企业享受归属于专利的 10% 的企业所得税税率。[③] 英国很多公司讨论利用知识产权产生的关键性税务问

---

① 王健:《中国开展国际情报交换围剿跨国避税》,http://news.xinhuanet.com/politics/2014-11/24/c_127243422.htm,最后访问时间:2018 年 11 月 24 日。

② OECD,BEPS—Frequently Asked Questions,http //www.oecd.org/ ctp/beps—frequentlyasked questions.htm,最后访问时间:2018 年 12 月 8 日。

③ Jackie Maguire,Intellectual Property,Patent Box and Tax,*Chartered Institute of Patent Agents Journal*,2012(41),p.7.

题,认为影响选择开发和利用知识产权的司法管辖权的因素有很多,包括转让定价、特许权使用费和股息的预提税、研发费的减免、增值税、所得税条约、反避税和所需要的物质水平等因素,这些因素决定了转让现有知识产权到不同的司法管辖区引发的税务问题。① 比较两个使用知识产权避税的方案:第一,在低税收管辖权的国家和地区拥有知识产权,并通过有双重征税协定的国家进行许可;第二,在能够提供知识产权税收优惠政策的国家持有知识产权,包括比利时、丹麦、卢森堡、荷兰和英国。② 考察了英国"专利盒"制度,主要包括该制度的目的、符合条件的企业和专利、"专利盒"在实践中的运作程序、有关知识产权的税率计算问题、知识产权损失计算、知识产权的特殊税率和反避税条款。③

但"专利盒"制度同时又受到很大争议。BEPS 所倡导的"连接方法",应当力求减少不同国家的"专利盒"制度摩擦。④ "专利盒"制度赋予纳税人选择低率的权利,前提是企业专利需要达到创新性标准,此时的所得有两种选择,既可作为许可费单独缴纳,也可以直接计入产品价格。英国、荷兰、爱尔兰、塞浦路斯等国都实行"专利盒"制度,能把更多的投资吸引到国内。比利时已采取了企业重组的措施,通过一系列立法措施建立税收友好型的投资环境(如几种类型的研究和开发扣除,专利盒或税收减免)。比利时法律支持跨国公司在激烈的竞争中安排商业规划,针对跨国公司的转移境外行为不采取保护主义措施干涉。"专利盒"制度避免利润转移到其他地方,鼓励企业将大部分专利收入保留在国内。但是在这种税收优惠制度的激励下,跨国公司很可能会设法转移利润,具体来说,就是从没有实施"专利盒"制度的国家转移到实施"专利盒"制度的国家,纳税人追逐税收优惠的行为客观上会造成侵蚀税基的后果。美国、德国等国家都反对"专利盒"制度,认为这是一种税收漏洞。意大利政府 2017 年公布第 50 号法令,第 56 条规定

---

① Nicholls Wendy, Smith, Paul, Questions Raised on the New UK Patent Box, *International Tax Review*, 2011, 22(8), pp.30-31.

② Neil Smith, Tax Issues In Structuring Intellectual Property Rights, *Tax Planning International Review*, 2011(12), p.38.

③ Donald Drysdale, Patent Box, *Tolley's Practical Tax Newsletter*, 2014(35), p.7.

④ 叶慧珏:《G20 税改风暴:谁和谁的较量?》,http://finance.jrj.com.cn/ 2014/11/150352183 60050.shtml, 最后访问时间:2018 年 11 月 15 日。

按照 BEPS 行动计划的要求修改"专利盒"制度,商标不再享受"专利盒"优惠制度。[①] 不过,由于目前没有统一针对"专利盒"制度无效的国际态度,因此这一制度短期内不会消失。因此,在激励创新与防范有害税收实践的双重要求下,该如何应对知识产权跨境交易避税行为,如何在激励与防范之间找到最佳平衡,实现创新驱动与保护税基的共同目标,这些都亟待解决。

(三)知识产权跨境交易反避税理论匮乏与立法缺位

知识产权跨境交易反避税理论匮乏与立法缺位主要体现在数字经济对知识产权交易征税方面。2014 年 OECD 公布的 BEPS 行动计划第一动议就是《关于数字经济面临的税收挑战的报告》(*Addressing the Tax Challenges of the Digital Economy*)。[②] 该报告指出,数字经济时代下,国际税收体系遭遇了前所未有的全方位的挑战,征税地、经济活动发生地和知识产权价值创造地等地域因素在现行国际税收框架中难以准确匹配。数字经济时代下新的商业模式不同于传统时代,数字时代更多关注"线上"与"线下"商业模式的结合,可以想象,在这种背景下,解决 BEPS 问题需要新的思路。该报告认为,应对数字经济挑战有多种备选方案,但是都不能圆满解决现有问题。[③] 该报告也敏锐地发现,虚拟常设机构标准的认定给一直以来都存在认定障碍的常设机构原则提出许多新问题,例如应当如何解释基于市场"显著数字化存在"这一概念的联结度(nexus)判定。完全虚拟化的数字经营正在成为越来越多高科技公司的主流经营模式,越来越多的税收与越来越隐蔽的避税安排都来自这种经营模式,显著数字化存在可能会成为应税活动的判断标准。为了应对数字经济下的知识产权跨境交易避税问题,需要进行整体行动计划的改进,并且根据已认可的框架对技术细节评估。[④]

数字时代的流动性对经济与贸易的启示。世界银行《1997 年世界经济

---

① 高仲芳:《国际税讯》,载《国际税收》2017 年第 6 期。

② OECD, Addressing the Tax Challenges of the Digital Economy, http://www.imf.org/external/np/seminars/eng/2014/asiatax/pdf/Battiau.pdf, 最后访问时间:2018 年 5 月 24 日。

③ OECD, BEPS-Frequently Asked Questions, http://www.oecd.org/ ctp/beps-frequently asked questions.htm, 最后访问时间:2018 年 9 月 24 日。

④ OECD, BEPS-Frequently Asked Questions, http://www.oecd.org/ ctp/beps-frequently asked questions.htm, 最后访问时间:2018 年 9 月 24 日。

发展报告》①指出:"国家在税收、贸易禁令和惩罚等方面的特权来源于其对领域内法律和法规制定的垄断权。这样,电子化数字经济的出现必然会削弱其他地理意义上的管辖权,地理空间和电子空间的差异也将产生一系列有关国内经济管理的基本问题。"②在知识产权的跨境交易中,数字经济将使得交易地点和服务都具有高度的流动性和不确定性。③ 数字经济语境下的电子贸易中,公司位置的改变或买卖合同的履行也许根本不涉及任何有形资产的转移,只是电子文档通过网络在计算机之间流转。由此可见,将公司从高税收地区转移到低税收地区的技术门槛大大降低。与此同时,电子货币的通行加剧了本来就难以监管的知识产权交易,其无形性也给知识产权评估带来难度,审计也会变得越来越难以实施。在许多国家,报税和税收取决于各种各样的中间渠道,如征收营业税的商人和登记个人收入的公司。如前所述,在网上进行信息交换的电子贸易将不通过绝大多数的中介机构,在这一点上采取电子货币支付的,包括信息交换在内的电子贸易尤其成问题。

　　知识产权跨境交易反避税理论匮乏与立法缺位还体现在版权跨境交易征税问题上。出版业是受到数字经济威胁最大的行业之一,但同时数字经济也为出版业提供了全新的发展路径。出版商依托互联网新动力,平衡投资并开发新战略,保持并拓展现有优势。④ 出版业最基本的产品是信息,数字经济时代下,出版商通过对信息的控制可以十分便利地发展新形式的出版业,一改过去传统的出版商收集和提供信息的低效和与读者之间对接机制不畅的局面。现在,数字经济对知识型产品的在线交易带来了革命性影响,数字经济使这两项功能在互动性和网络化的环境中发生急剧变化。通过网络,知识型产品可以在全球范围内随意交易,不存在生产、组装、运输等传统产业链。数字经济对知识型产品的在线交易具体影响表现在:第一,产

―――――――――

　　① 　The World Bank, *The State in a Changing World*, New York: Oxford University Press, 1997.

　　② 　[美]唐・泰普斯科特、亚历克斯・洛伊、戴维・泰科尔:《数字经济蓝图——电子商务时代的财富创造》,陈劲、何丹译,东北财经大学出版社 2003 年版,第 370 页。

　　③ 　Arthur J. Cockfield, Transforming The Internet Into A Taxable Forum: A Case Study In E-Commerce Taxation, *Minnesota Law Review*, 2001, 85(5), p.1171.

　　④ 　[美]唐・泰普斯科特、亚历克斯・洛伊、戴维・泰科尔:《数字经济蓝图——电子商务时代的财富创造》,陈劲、何丹译,东北财经大学出版社 2003 年版,第 125 页。

品交易类型。对于知识产权型的产品尤其是这样,其中最典型的影响是著作权交易,如音乐作品和软件作品。对于知识产权型产品来说,产品在网上迅速任意流动,产品本身就是沟通渠道。第二,产品交易渠道。传统的交易方式正在改变,网络平台成为知识型产品新的交易渠道。国内现在已经产生了专门的知识产权网络交易平台,并且衍生出第三方支付产品。第三,产品交易监管。通过网络下载国外的著作权产品,如何确定记录和征收这类不断增加的交易税的主体就成了监管难题。有形动产跨境交易,无论是传统交付还是网络交付,税收监管总是有迹可循,因为有形动产必然需要实体运输。但如果从网上下载信息,销售商则无法知道也不需要购买者的实际位置,给交易监管带来很大挑战。第四,产品交易跨境协调。数字经济给信息时代带来的无法逾越的障碍就是无法表示的税制。数字经济的无形性和知识产权的无形性交织在一起,使得如何征税就成为另一种障碍。① 数字经济给出版业带来颠覆性影响,同时支付手段也发生跨时代变革,电子货币和网络支付的诞生都给数字经济时代的知识产品征税增加了困难。

二、研究价值

知识产权跨境交易反避税研究具有理论价值和实践意义。研究知识产权跨境交易的理论价值之一,知识产权跨境交易是反避税理论研究的重要领域,从表现形式与影响、立法与执行、司法等多角度分析现有理论,寻求更有力的制度支撑。从表现形式出发分析,反避税表现形式可以从主体视角和方法视角来探讨,具体到知识产权跨境交易的反避税,知识产权的研发人与权利人、知识产权控股公司都具有重要的法律地位。首先,知识产权人,包括专利权人、商标权人、著作权人在进行知识产权跨境交易避税方面的区别,并且在避税形式中著作权部分着重关注计算机软件的征税性质判断和知识产权在线交易(主要是跨境下载);商标权的跨境交易反避税涉及商标特许权使用费的定价,商标与商誉的价值评估难点;专利权的跨境交易避税是高科技跨国公司最常用的税收筹划安排,也是各国政府的重点规制对象。其次,中介机构,包括律师事务所、会计师事务所、税务师事务所以及评估机构在进行知识产权跨境交易避税方面的区别。知识产权跨境交易反避税需

---

① [美]唐·泰普斯科特、亚历克斯·洛伊、戴维·泰科尔:《数字经济蓝图——电子商务时代的财富创造》,陈劲、何丹译,东北财经大学出版社 2003 年版,第 125 页。

要协调各中介机构共同完成。会计师事务所对知识产权跨境交易避税安排有着至关重要的作用。最后,有助于协调司法机关与行政机关的反避税理论。司法反避税与行政反避税一直以来都是反避税调查制度的两种主要形式。然而,司法反避税并不是传统的反避税模式,而是经历了从无到有的职能转变,并且不同的国家对司法反避税的态度也不尽相同。以美国为代表的是积极的司法态度,而以英联邦为代表的则是消极的司法态度,因为英联邦国家在英国的影响下,税制上具有许多特性。① 就知识产权跨境交易司法反避税而言,司法机关的主体特殊性在于,税务法院(Tax Court)和知识产权法院(IP Court)都是现有的特殊的审判机关,存在于世界各国的司法体系之中,如何协调二者在知识产权跨境交易反避税案件中的司法调查职能是理论和实践必须解决的问题。

理论价值之二,研究知识产权跨境交易反避税规制有助于寻找避税与反避税之间的平衡支点,从税法和知识产权法双向切入知识产权跨境交易的税收问题。解决避税问题的传统策略是从税法规制的视角来切入,无论是国内税制的完善还是国际税收的协调,但涉及知识产权跨境交易的反避税问题也许可以考虑同时从知识产权法的视角来应对。安德鲁·布莱尔-斯坦尼克(Andrew Blair-Stanek)在 *Intellectual Property Law Solutions to Tax Avoidance* 一文中提出的对策:跨国公司广泛利用知识产权(IP)进行避税,通过人为将其知识产权压低价格并离岸交易。② 然而,税收政策制定者和学者们一直无法制定可行的税收法律解决此问题。安德鲁·布莱尔-斯坦尼克提出了一项全新的解决方案:通过改变知识产权法而不是税法来规范知识产权交易。跨国公司的避税策略,往往依赖于低估自己的知识产权。通过修改现有的知识产权法律,使跨国公司很难通过低估的做法提起诉讼或许可知识产权。例如,将专利以低廉的价格转让给位于"避税天堂"的子公司,应当增加跨国公司证明专利的有效性、竞争对手的侵权,或享有任何禁令的难度。低廉的转让价格也相应只能获得较低的专利损害赔偿,甚至可能被裁定为专利滥用。通过这样的方式适用知识产权法律将阻

---

① 　[美]休·奥尔特、[加]布赖特·阿诺德:《比较所得税法——结构性分析》(第三版),丁一、崔威译,北京大学出版社 2013 年版,第 15 页。

② 　Andrew Blair-Stanek, Intellectual Property Law Solutions to Tax Avoidance, *University of Maryland Francis King Carey School of Law*, 2015(62), p.2.

止跨国公司利用知识产权来进行税收规避。案例法和知识产权理论都支持这种做法,也可能会给专利权人和著作权人带来意想不到的好处。采取这种方案应当注意:第一,知识产权作为避税工具的主要途径,包括低价许可或转让知识产权,与技术服务的区别以及成本分摊。第二,有哪些合适的知识产权解决方案,包括专利和商标的无效,限制使用范围,其中专利的等同原则(doctrine of equivalents)、版权的合理使用(fair use)、商标的强度标识(strength of mark)和著名程度不足以被淡化(not "famous" enough to be diluted)是应当考虑的因素。另外,还可以从专利、版权和商标侵权的损害赔偿限制、临时或永久限制申请禁令(证明关联性、提高保证金、平衡禁令)、权利滥用的角度进行规制。第三,解决该方案的理论基础。① 第四,需要解决知识产权法和税法的沟通障碍。

知识产权跨境交易反避税研究的实践意义有两个表现。其一,研究知识产权跨境交易反避税规制,可将避税行为从事后调整转向事前预防,减少执法成本。从各国税法和实践来看,管制国际避税行为的方法主要有两种:一般反避税规制和针对特定避税行为的专门规制。其中,专门规制包括制定转移定价税制防范跨国纳税人利用跨国转移定价避税;制定资本弱化税制防范跨国纳税人利用资本弱化方式避税;制定受控外国公司税制防范跨国纳税人利用在避税港或低税区设立的受控外国公司避税。② 但是,这些避税规制一般都是针对已经发生的避税行为进行的事后防范。针对知识产权而言,如果能合理地确定成本分摊协议,参与方按照各自合理预期进行收益分割,共同分摊研发成本与风险,则有可能将避税行为从事后调整转向事前规避,有效减少行政调查成本。但是,在成本分摊交易下,最根本的问题是确定无形资产开发成本以及合理预期收益份额。③ 美国成本分摊规章④中较为重要的原则就是事前确立的合同条款与风险分配相一致的估值原则、现实替代选择原则、折现率原则以及与投资者模型相一致的估值原则。另一种新型反避税机制——预约定价反避税,也是从事前规范的角度介入

① 经济背景、洛克的报应论和康德的自主论、知识产权的广泛使用与禁止反言的协调、对发明创造活动的误导补贴等。

② 廖益新:《国际税法学》,高等教育出版社 2008 年版,第 249 页。

③ 陈智超:《无形资产转让定价问题研究——以美国和 OECD 的制度为中心》,厦门大学 2012 年博士学位论文。

④ 2005 U.S. Treasury Proposed Regulations 1.482-7(d)(3)(ii).

反避税问题,是指税务机关与纳税人在交易活动产生纳税义务之前,就一定期限内的交易实施及法律适用做出定性和安排。这种方法也能够有效地节约税收执法成本。

其二,研究知识产权跨境交易反避税问题,能够弥补我国立法缺陷,构建完善的反避税立法体系。为配合知识产权跨境交易反避税工作,我国税务机关结合本国实际,对关联申报、同期资料、转让定价选案与立案积极创新工作方法,重点研究知识产权跨境交易反避税的重点领域,应当关注量化分析,对无形资产股权计价、价值链分析、超额利润分割等不同于其他反避税的知识产权专属问题加以重视,加大对位于避税地的关联企业支付大额费用的反避税力度,加强对境外投资企业特许权使用费的监控。从上述立法规范可以看出,我国知识产权跨境交易反避税的立法主要集中在特许权使用费方面。在反避税实践中,实质重于形式原则典型运用于对非居民企业间接转让居民股权的税务处理。国家税务总局针对非居民企业出台了《关于加强非居民企业股权转让所得企业所得税管理的通知》,其中在第 6 条规定了合理的商业目的原则。限制境外投资方或实际控制方以滥用组织形式等方法,间接转让中国居民企业股权,从而规避我国税收的情形,特别提出应当关注是否具有合理的商业目的。如果不具备合理商业目的,应当重新定性该股权转让交易,使其满足经济实质原则要求。因为被用作税收安排的境外控股公司具有导管公司属性,将不被我国承认具有合法性。当然在判断导管公司时,应参考所在地是否为避税港、公司的设立是否具有合理的商业目的、公司的资产与生产经营情况及对税收的影响等要素。[①] 国家税务总局还针对甄别税收协定中特许权使用费的标准出台通知,[②]对劳务报酬是属于特许权使用费还是劳动所得做了区分,也对知识产权反避税具有指导作用。国际社会对无形资产避税问题的关注程度逐年上升,知识产权推动知识经济的快速发展,因此,研究知识产权跨境交易反避税问题能够进一步弥补我国相关立法缺陷,对我国税制与国际税制接轨有着重要的意义。

---

① 熊伟:《非居民间接转让居民企业股权典型案例》,载刘剑文等:《财税法成案研究》,北京大学出版社 2012 年版,第 206 页。

② 《国家税务总局关于执行税收协定特许权使用费条款有关问题的通知》(国税函〔2009〕第 507 号)。

三、国内外文献综述

(一)国内文献综述

1.国内研究概况

国内与知识产权的反避税相关的博士论文包括:暨南大学沈肇章 2008 年的《基于企业避税行为分析的反避税策略研究》[①];同济大学徐勤 2007 年的《跨国公司转让定价反避税研究》[②];苏州大学朱长胜 2012 年的《关联企业跨国资产重组中的转让定价反避税研究》[③];武汉大学王宗涛 2013 年的《反避税法律规制研究》[④]。其中,徐勤在其博士论文中明确提到要"建立我国无形资产转让定价反避税体系"。为分析知识产权跨境交易反避税的研究概况,以中国知网(CNKI)、HeinOnline(http://www.heinonline.org/)、Westlaw International(http://www.westlaw.com/)、Google 学术(http://www.gfsoso.com)、国际学位论文全文检索平台(http://pqdt.calis.edu.cn/)为主要来源,对现有的研究成果进行了一个不完全统计,作为分析知识产权跨境交易反避税研究现状的基础。国内专门针对知识产权跨境交易反避税的研究,无论从知识产权管理的视角,还是从税法的视角来看,都显得过于薄弱。国内相关司法判例非常匮乏,缺乏研究样本,从北大法宝上有关知识产权反避税的案例统计结果来看,目前最典型的知识产权跨境交易反避税的司法案例当属"泛美卫星国际系统责任有限公司与北京市国家税务局对外分局第二税务所征税纠纷上诉案",尚未检索到其他典型案例。[⑤]

总体而言,我国国内对反避税的研究分为特定类型避税行为的研究和基本理论的研究。特定类型避税行为的研究,例如刘永伟的《转让定价法律

---

① 沈肇章:《基于企业避税行为分析的反避税策略研究》,暨南大学 2008 年博士学位论文。

② 徐勤:《跨国公司转让定价反避税研究》,同济大学 2007 年博士学位论文。

③ 朱长胜:《关联企业跨国资产重组中的转让定价反避税研究》,苏州大学 2012 年博士学位论文。

④ 王宗涛:《反避税法律规制研究》,武汉大学 2013 年博士学位论文。

⑤ 法宝引证码:CLI. C. 187354, http://pkulaw.cn/fulltext_form.aspx? Db = pfnl&Gid=117627866&keyword=特许权使用费 &EncodingName=&Search_Mode= accurate.

问题研究》一书，就是专门针对以转让定价方式的避税行为。① 叶姗的《税法之预约定价制度研究》，就是专门从预约定价制度进行的反避税研究。② 反避税基本理论和制度，例如俞敏的《税收规避的法律规制研究》就是从整体上进行反避税理论分析。③ 无论是特定类型研究，还是基本理论研究，都尚未对知识产权反避税进行深入剖析，但都与知识产权反避税有交叉之处。比如，转让定价与无形资产的关系越来越紧密，研究转让定价难以绕开无形资产，尤其是专利权、商标权等知识产权。从微观层面考察，我国的反避税研究包括具体避税方法、商业目的标准、经济实质认定、一般反避税条款的构成和适用等。具体可以将研究现状按照以下类别梳理：

（1）知识产权跨境交易反避税概念及要素分析。分析知识产权跨境交易反避税的前提是分析何为避税。因为"避税"本身是个弹性很大且颇受争议的概念，在其基础上衍生出来的"反避税"也很难被赋予统一的定义。不过从避税地缘范围上来看，国内避税和国际避税的区分还是得到普遍认同。本书立足知识产权跨境交易，因此仅探讨国际反避税范畴。具体到国际避税，刘李胜、刘隽亭主编的《纳税、避税与反避税》一书中认为，跨国纳税人利用两个或两国以上税收法规制度的差别，结合国际税收协定的不同甚至是漏洞，以规避相关国家税收法律，最大限度减轻跨国税收负担为目的。从这里可以推出，知识产权跨境交易很容易进行避税安排。④ 俞敏在《税收规避法律规制研究》一书中对税收规避外延从三方面做了分析：就划分相关概念的规范依据看，涉及税法内容的确定问题；就相关概念的法律性质判定看，涉及税法价值取向问题；就相关概念的法律效果看，包括应否确定纳税人预期的税收利益，以及相应的法律后果的设置，理论上涉及相应法律规制机制、制度的配置问题。⑤ 但是，避税问题之所难以界定，是因为在各国税法上并无统一明确之定义，对其限度并没有统一认识。在税法理论界，普遍认为避税一定要具备的就是主观方面必须是故意的，客观方面必须实施了某种主动降低税负的行为，该行为是公开的、形式上不违法。因为避税行为的

---

① 刘永伟：《转让定价法律问题研究》，北京大学出版社 2003 年版，第 86 页。

② 叶姗：《税法之预约定价制度研究》，人民出版社 2009 年版，第 10 页。

③ 俞敏：《税收规避的法律规制研究》，复旦大学出版社 2012 年版，第 1 页。

④ 刘李胜、刘隽亭主编：《纳税、避税与反避税》，西南财经大学出版社 2012 年版，第 267～272 页。

⑤ 俞敏：《税收规避法律规制研究》，复旦大学出版社 2012 年版，第 33～34 页。

违法性认定比较微妙,各国税务当局对纳税人的避税行为采取的措施并不是直接加以行政处罚,而是通过完善国内税法和参与订立双边或多边税收协定,针对不断出现的避税新形式,制定相应的反避税规制,堵塞税法漏洞。知识产权跨境交易反避税与其他反避税问题区别主要在于客体的不同,因为可能会涉及不同的反避税方法,因此上述反避税概念及要素的分析对知识产权跨境交易反思问题具有借鉴意义。

(2)知识产权跨境交易反避税的方法。知识产权跨境交易反避税可以参考通常情况下的反避税方法,加以改进利用。具体避税方法包括转让定价避税法、利润分配避税法、资本弱化避税法和滥用国际税收协定避税法等。① 俞敏在《税收规避法律规制研究》一书中认为,跨国关联企业主要避税方式是转移定价、避税港的利用、套用税收协定、资本弱化等形式。范坚主编的《国际反避税实务指引》一书中专章分析了"关于无形资产的特殊考虑",对转让定价中无形资产的范畴和所有权的判定、影响无形资产价值的因素、独立交易原则在无形资产关联交易中的特殊考虑、转让定价方法在无形资产关联交易中的特殊考虑等问题做了深入分析,认为知识产权是一类较为特殊的商业性无形资产,即可能是交易性无形资产,也可能是营销性无形资产。而专有技术并不完全涵盖在专利权中,从而加大了法律保护的难度。② 但是因为国内相关阐释不多,鲜见从交易角度对知识产权进一步分析。虽然会计准则对无形资产的定义和研发支出资本化的时点作了细致规定,但是税法只是进行了列举,缺乏释义和举例说明,二者外延的巨大差异也给理论研究与实践管理带来困扰。毛翠英在《会计师事务所避税业务对我国反避税的启迪》一文中分析了跨国公司利用特许权使用费的税收筹划。典型的案例当属美国世界通信公司(WorldCom)倒闭案,其就是受到会计师事务所的筹划安排,参与审计的甚至包括安达信会计师事务所(Arthur Anderson)③。

(3)无形资产转让定价及应对。刘永伟在《转让定价法律问题研究》一书中专章分析了"非有形财产交易转让定价法律问题研究",其中对提供劳

---

① 刘李胜、刘隽亭主编:《纳税、避税与反避税》,西南财经大学出版社 2012 年版,第 267～272 页。

② 范坚主编:《国际反避税实务指引》,江苏人民出版社 2012 年版,第 203 页。

③ 原国际五大会计师事务所之一,2002 年因安然事件倒闭。

务转让定价、成本分摊安排以及电子商务问题进行了探讨。① 作者对无形资产的类别做了区分,对知识产权的分类界定也有指导作用,根据其适用方式分为营销型和生产性。其中营销型无形资产与特许权、商标等影响公司销售水平的因素有关,因此有学者认为营销型无形资产难以向国外的分支机构转让,必须由受转让人积极保持,并且难以估价。② 而生产性无形资产通常是技术发展的结果,具有更高的技术成分,体现在生产或者加工方面,主要指专利和专有技术。③ 范坚主编的《国际反避税实务指引》一书中认为,由于无形资产的特殊性,很多问题在实际工作中比较难以界定和把握,例如持续经营能力(ongoing concern)、协同效应(group synergies)等是否属于无形资产,看法还不一致;在利润分割过程中,如何量化各参与方对非常规利润的贡献程度,还需进一步探索。④ 该书认为,无形资产转让定价问题中还需着重考虑可比非受控价格法和利润分割法的特殊适用情况。

(4)特许权使用费征税性质的探讨。特许权使用费在无形资产跨境交易反避税的研究中占有非常重要的地位。在跨国公司利用知识产权进行税收筹划时,许可比转让更大的优势就体现了出来。徐金强认为,特许权使用费的避税问题主要体现在回避特许权转让实质和回避特许权转让价格两个方面。回避特许权转让实质主要针对非居民企业而言,如果不构成常设机构,一般劳务无须缴纳企业所得税。因此,非居民企业通过隐瞒特许权使用费的性质,将其与提供劳务混淆,就可以进行避税筹划。回避特许权转让价格是跨国公司常用的另外一种特许权使用费避税安排,源于无形资产价格难以评估的特性。⑤ 毛翠英在《会计师事务所避税业务对我国反避税的启迪》一文中分析了跨国公司利用特许权使用费的税收筹划,其中,美国世界通信公司倒闭案的直接诱因就是避税,避税方案包括:通过以特许权使用费为媒介的避税方案,虚构了一项无形资产,所持理由是无任何制度依据的"管理远见"(management foresight)。为了降低税收成本,达到避税目的,美国世界通信公司在享有税收优惠政策的地区设立一个子公司,并将这一

---

① 刘永伟:《转让定价法律问题研究》,北京大学出版社 2003 年版,第 86 页。

② Shanda, Lawrence P, Royalties and Super-Royalties, *Taxes-The Tax Magazine*, 1989,67(9),p.576.

③ 刘永伟:《转让定价法律问题研究》,北京大学出版社 2003 年版,第 89 页。

④ 范坚主编:《国际反避税实务指引》,江苏人民出版社 2012 年版,第 213 页。

⑤ 徐金强:《关于非居民企业避税问题的探讨》,载《涉外税务》2011 年第 10 期。

项新设计的无形资产所有权归属于该子公司;然后进行集团内部安排,集团内的所有公司都需要对该子公司支付特许权使用费。这些公司在1998—2001年支付了200亿美元的特许权使用费,收取特许权使用费的子公司并没有因此多纳税,同时支付特许权使用费的集团内其他公司却因此减少利润。[①] 当然,除了采用该种手段,美国世界通信公司还在收购兼并过程中对会计报表进行修改,通过增加未完工研发支出金额和随意计提固定资产减值准备的方法减少利润。通过将支付购买知识产权的价格进行分摊,计入未完工研发支出科目,在收购当期确认为一次性损失的手段,美国世界通信公司在1999—2001年每年约虚增了6.95亿美元的税前利润。[②] 赵国庆在《审视跨国高科技公司避税行为,完善我国反避税制度》一文中详细论述了利用特许权使用费进行"双爱尔兰(荷兰三明治)"结构的避税安排,[③]论述了如何利用特许权使用费的性质并结合避税地的税法规定来进行避税安排,分析了软件的特许权使用费在避税安排时的特殊性。拥有高价值知识产权的公司,尤其可以利用特许权使用费安排实现"双爱尔兰三明治"(或者"双荷兰三明治")避税安排。

(5)常设机构在知识产权反避税中的作用。常设机构在避税与反避税研究领域一直处于重要的地位,该领域的研究以朱炎生教授的《国际税收协定中常设机构原则研究》[④]一书为代表。该著作对常设机构做了全面分析,而知常设机构作为重要的避税手段,自然也受到反避税理论的高度重视。常设机构对利润归属的影响:2001年2月,OECD颁布《常设机构利润归属报告(草案)》(以下简称《草案》),其中第1部分讨论了常设机构例如归属的一般问题,第2部分讨论了银行借贷利润归属问题。2003年3月4日,该《草案》制定了第3部分,讨论了银行从事全球金融产品交易时的常设机构

---

① 毛翠英:《会计师事务所避税业务对我国反避税的启迪》,载《税务研究》2013年第10期。

② 数据来源:http://baike.baidu.com/view/3042165.htm,最后访问时间:2018年12月1日。

③ 赵国庆:《审视跨国高科技公司避税行为,完善我国反避税制度——兼评"双爱尔兰(荷兰三明治)"避税安排》,载《国际税收》2013年第2期。

④ 朱炎生:《国际税收协定中常设机构原则研究》,法律出版社2006年版。具体内容包括常设机构的历史发展、常设机构内涵和外延、常设机构的利润归属、跨国电子商务中常设机构原则的适用及中国关于常设机构原则的实践与发展等。

利润归属问题。2005 年 9 月 16 日公布《草案》第 4 部分,讨论保险业中常设机构例如归属问题。尽管该《草案》立足金融市场的常设机构问题,但是不可避免地要讨论到无形资产对跨国银行分化应税利润计算的影响。

(6)完善我国知识产权跨境交易反避税的建议。完善知识产权跨境交易反避税的建议也是整个反避税研究中的最终落脚点,为此学者们进行了积极的探索。许秀芳博士在《国际技术转让所得课税法律问题》一书中,从主体和客体的视角来建议如何完善知识产权跨境交易反避税规制问题。[①]客体方面:将技术转让区分了不同类别,包括技术销售和技术授权所得,特许权使用费、技术服务费、租赁所得、代工所得、软件所得,并建议明确中国技术转让课税的原则、制定有中国特色的特许权使用费条款、明确居住国与来源国之间的税收中性原则;此外,还建议应当区分传统经济与知识经济之间的经济中立性原则与征税公平性原则。主体方面:论述了常设机构的认定对技术服务费征税权分配的影响,并建议明确常设机构和技术服务费的征税权归属,完善中国企业所得税制,以提供中外资企业公平竞争的优质投资环境(因为该书出版于 2007 年,在新《企业所得税法》实施之前,因此该建议目前并不存在相应的实践背景);有的学者从提高国际避税治理的立法层次和加强国际反避税合作的角度试图解决该问题。[②]陈智超博士则着重从转让定价的视角对完善无形资产反避税提出建议,认为我国应当对无形资产受控交易进行全面深入的探讨,并且作为技术进口国,我国税务当局应当抑制周期性调整和现实可替代选择的消极影响。另外,我国成本分摊协议的研究和立法规范都显得薄弱,应当借鉴美国成本分摊安排规章,增加技术性条款,提高规范的可操作性。[③]

除了上述研究成果之外,我国台湾地区的税法学对反避税的研究著述颇丰。葛克昌、黄茂荣、陈清秀、黄士洲等学者对避税反避税的领域注入了许多思想与理论。台湾地区学者的研究就避税案件与行政法院判决、两岸反避税法制比较分析给予特别关注。这些高水平著作展示了台湾地区对避

---

① 许秀芳:《国际技术转让所得课税法律问题》,北京大学出版社 2007 年版,第191～227 页。

② 肖太寿:《中国国际避税治理问题研究》,中国市场出版社 2011 年版,第 145 页。

③ 陈智超:《无形资产转让定价问题研究——以美国和 OECD 的制度为中心》,厦门大学出版社 2012 年版。

税反避税理论的研究深入程度,但是缺乏从知识产权视角出发的反避税理论构建。

2.国内研究现状之评析

总体而言,我国知识产权反避税的研究缺乏司法和行政反避税案例分析,缺乏司法视角和知识产权法视角的考察,缺少反避税制度的历史考察。具体到知识产权跨境交易反避税而言,上述文献均没有特别研究无形资产或者知识产权的反避税问题。从检索结果来看,现有研究都是将无形资产的反避税问题纳入文中某部分进行研究,研究对象呈点状分布,并没有对无形资产或知识产权反避税问题进行有条理的梳理,并未将无形资产与有形资产反避税问题区分开来;并未将无形资产跨境交易与境内交易反避税问题区分开来;并未将无形资产跨境交易直接税与间接税的反避税问题区分开来;并未将著作权、专利权、商标权跨境交易反避税的不同特点区分开来。

因此,本书拟在整合知识产权跨境交易反避税制度的基础理论的同时,探寻知识产权跨境交易反避税制度的演变历程,并对知识产权跨境交易在传统模式下一直留存的反避税难题和在新型数字经济模式下已经或者即将面临的新的反避税挑战等议题进行深入的探讨;在此基础上,论述知识产权跨境交易反避税制度的跨国协调问题;最后立足我国市场和税法环境,结合我国反避税立法的现状,建议采用单独立法模式,并落实到微观层面上知识产权跨境交易反避税制度的具体构建原则和完善路径。

此外,对知识产权跨境交易进行避税规制时,无论是技术层面还是征管层面都会面临极大的挑战,不仅应遵循反避税的一般原则,还必然要考虑知识产权本身的特性,为相关的政策制定者建立一套公平有效的反避税规则。哈佛大学兰德尔教授认为:"法律作为一套表述完整的原则体系,可以运用于任何涉及于法律的境况中。"①同理,税法作为这样一套表述完整的体系,运用在涉及税收问题的法律关系中。但因为税收也是一项经济活动,常常会遇到跨国贸易征税、避税等各种情况,反避税的法律规制就应运而生了。国际税收既是一个经济范畴,也是一个历史范畴。它虽然和国家税收有着密切关系,但不是自国家税收产生以后就有的,而是国际经济交往发展到一定历史阶段的产物,是伴随国家间经济贸易活动的发展和扩大而产生和发

---

① 高中:《后现代法学的思潮》,法律出版社 2005 年版,第 63 页。

展的。① 既然税法是有阶段性，那么可以肯定的是，反避税也具有历史性，在不同的历史阶段，反避税呈现出不同的时代特征。

(二)国外文献综述

1.国外研究概况

因为避税行为的违法性认定比较微妙，各国税务当局对纳税人的避税行为采取的措施并不是直接加以行政处罚，而是通过完善国内税法和参与订立双边或多边税收协定，针对不断出现的避税新形式，制定相应的反避税规制，堵塞税法漏洞。具体到知识产权跨境交易的反避税制度，就是指针对利用知识产权跨境交易的避税行为的税法规制措施。国外对反避税的研究主要集中在：避税及其对经济社会产生的效应，避税与反避税的基本属性，避税与反避税的基本法理，反避税的主体选择，反避税的司法判例研究，反避税的具体方式或手段，特殊反避税条款应对无形资产的方式，一般反避税条款及其法治构造，避税的具体认定标准或方法，各国反避税的国别化的差异性比较研究与国际条约适用的研究等。② 然而，这些研究热点既包括了反避税的一般性问题，也包括了与知识产权跨境交易反避税相关的特殊问题。

(1)知识产权跨境交易反避税的司法判例研究，包括各国反避税司法最新进展、司法判例确立的反避税原则及其演变、反避税司法案例的比较研究等。美国各法院有很多关于知识产权反避税的司法判例，对于英美法系国家而言，判例对司法原则起着非常重要的指引作用。典型的有 Bausch & Lomb 案。③ 在该案中，Bausch & Lomb Ireland 生产出来的产品仅销售给 Bausch & Lomb 集团内部的关联企业。美国国内收入署认为上述交易属于关联交易，但是税务法院则认为不属于受控交易。还有 Ciba-Geigy 案的判决体现了无形资产受控交易的经济实质要求，税务法院认为瑞士母公司与美国子公司之间不存在共同开发行为，认为瑞士母公司有能力单独研发且对研发项目完全控制和执行，同时承担了所有的研发支出，美国子公司（被许可方）对无形资产研发的贡献仅仅是商标等级等表面的、次要的活动，

---

① 董再平、王红晓：《国际税收》，东北财经大学出版社 2012 年版，第 2 页。

② 王宗涛：《反避税法律规制研究》，武汉大学 2013 年博士学位论文。

③ Bausch & Lomb, Inc. and Consolidated Subsidiaries, Petitioner v. Commissioner of Internal Revenue, Respondent. U.S. Tax Court, 1989；92 T.C.525-574.

显然不符合经济实质要求。[①] 上述案例都从不同的侧面反映出无形资产受控交易的判定原则和方法。税务法院从司法层面介入知识产权跨境交易的反避税规制,体现了司法与行政力量的结合效应。

(2)知识产权跨境交易反避税的具体方式或手段,知识产权跨境交易避税的具体认定标准或方法,如实质课税对知识产权交易实质的认定、经济实质对知识产权交易经济效用的认定、商业目的对知识产权交易的主观目的判断等各原则在知识产权跨境交易方面的运用,知识产权跨境交易下反避税的举证责任的特殊性等。还有各种特殊反避税手段在知识产权跨境交易方面如何适用,包括一般反避税条款、税法的法律解释等。避税方法和避税效应方面,2001 年,卡罗琳·亚当斯(Caroline Adams)和保罗·韦伯利(Paul Webley)两位学者在《经济心理学期刊》发表的《英国小企业主对增值税依法纳税的态度》一文指出避税行为至少有三项积极效应:一是避税行为有利于纳税人实现自身利益最大化;二是避税行为有利于增强纳税人对税收制度的顺从;三是避税行为有利于政府实现宏观调控的意图。因此,避税在一定程度上被认为是对社会有积极影响的经济行为。[②] 特许权使用费方面,国外期刊大多围绕某一所得种类(例如特许权使用费)或某一经营活动(例如软件征税)来讨论或比较无形资产与有形资产征税的差异,较少从整体技术转让之所得分类与征税权分配之间的互动关系这个宏观角度来探讨这一问题。[③] 目前,国外学界和实务界对技术转让法律模式和技术转让协议的税法问题进行深入研究。国际财政协会(International Fiscal Association)1997 年根据新德里年会出版的报告《提供技术所得之课税问题》[④],提供了将近三十个国家和地区技术出让方的观点,也反映了技术受让方课税负担的结果(tax consequence),从双方的角度探讨技术(也包括知识产权)交易的跨国征税权分配问题。此外,国际财政文献局出版的《技术转让课税

---

① Ciba-Geigy Corporation, Petitioner v. Internal Revenue, Respondent. US. Tax Court,1985;85 T.C 172.

② Adams Caroline, Webley Paul, Small Business Owners Attitudes on VAT Complicance in the UK. *Journal of Economic Psychology*,2001,22(2),pp.195-216.

③ 许秀芳:《国际技术转让所得课税法律问题》,北京大学出版社 2007 年版,第 2 页。

④ 许秀芳:《国际技术转让所得课税法律问题》,北京大学出版社 2007 年版,第 2 页。

问题的国际指引》①是一部介绍各国技术转让课税议题的著作。从该书中可以了解技术转让的跨国特征,以及协调跨国转让技术的国际征税协调。该书以技术出让方和技术受让方的视角探讨技术跨国交易对企业本身的全球税负影响,并采用比较研究的方法分析各类知识产权所得类别课税方式的异同,对全球知识经济时代下税制改革提出方向性建议。②

(3)知识产权跨境交易特殊反避税条款及其法治构造。特殊反避税条款是应对知识产权跨境交易反避税的法理基础,特殊反避税在不同国家均有不同的立法实践,各国特殊反避税制度差异都会对具体特殊反避税条款类型及适用给出不同的解释。具体来说,特殊反避税条款主要类型可以分为:转让定价(Transfer Pricing)反避税条款、预约定价(Advance Pricing Agreement)反避税条款、避税港与受控外国公司(Controlled Foreign Corporations)反避税条款、资本弱化(Thin-Capitalization)反避税条款等,都能对知识产权跨境交易避税行为进行不同方面的限制,也是国外研究集中的热点。

2.国外研究状况评析

通过上述对既有成果的梳理可知,国外关于知识产权跨境交易反避税的研究以无形资产反避税的研究成果为主要组成部分,融合了制度分析和技术分析两个层面的研究范畴。总体上来,国际税法在目前经济形势下面临重构的需要。国外学者对于知识产权跨境交易反避税的研究,着重在理论层面对反避税基础理论和各种反避税措施进行回应,也秉承着法律移植的美好愿望,主张反避税规制能够消弭国家主权的界限,实现全球反避税的行动统一。

首先,知识产权避税与反避税的基本理论研究主要包括知识产权避税与反避税经济社会效应和全球福利、知识产权跨国投资贸易及国际税收竞争等消极效应、知识产权避税的道德拷问、知识产权避税与利用知识产权进行税收筹划的区别、知识产权避税的构成要件和性质、知识产权避税与知识产权管理的性质认定等。特许权使用费是知识产权跨境交易面临的最重要的客体,因为知识产权交易征税对象主要是特许权使用费,不同于有形资产

---

① IBFD,The International Guide to the Taxation of Transfers of Technology,*IBFD*,2001.

② 许秀芳:《国际技术转让所得课税法律问题》,北京大学出版社 2007 年版,第 3 页。

那样直接出售,因此基本理论部分应当给予特许权使用费以足够重视。乔治·F(George F.Kopits)在《公司内部特许权使用费交叉前沿与转移定价行为》(Intra-Firm Royalties Crossing Frontiers and Transfer-Pricing Behavior)一文中较早对特许权使用费的转让定价问题进行了研究,对跨国公司特许权使用费的资金流动进行考察。文中以美国跨国公司对外投资中的特许权使用费作为实证分析的基础数据,分析认为决定特许权使用费转让定价的重要因素有两个:一是税收因素,另一个是现金收支平衡因素。[①] 查尔 P.杜托伊特(Charl P.Du Toit)在其博士论文《双边税收协定中特许权使用费的收益所有权研究》[②]中,就税收协定中特许权使用费的受益所有权这一问题做出了分析,并比较不同国家法制框架下,不同的所有权模式要求下的不同结论。[③]

其次,预约定价反避税条款。[④] 知识产权预约定价协议(Advance Pricing Agreement,APA)机制与传统的 APA 相比有自己的特点。戴夫·罗格斯(Dave Rutgers)、爱德华·斯鲍肯(Eduard Sporken)、德克·范·斯蒂本(Dirk Van Stappen)、帕斯卡尔·吕屈埃(Pascal Luquet)和安德鲁·希克曼(Andrew Hickman)于 2006 年在《中欧合作带来了预约定价协议的好处》(EU Cooperation Brings Out Benefits Of Advance Pricing Agreements)一文中讨论了多边预约定价协议(APA)在跨境交易中的优势,涉及货物、服务或无形资产交易,多边预约定价协议涉及欧洲现有金融服务操作。文中比较了荷兰、比利时、法国和英国税务机关在预约定价安排请求程序、范围和持续时间方面的规定。[⑤]

最后,知识产权跨境交易的比较研究。比较研究集中在各国反避税的政策化差异性方面,包括反避税立法、反避税运作等研究方向,以及反避税

---

① 许秀芳:《国际技术转让所得课税法律问题》,北京大学出版社 2007 年版,第 3 页。

② Charl P. Du Toit, *Beneficial Ownership of Royalties in Bilateral Tax Treaties*,The Netherlands:IBFD Publications,1999,p.16.

③ 许秀芳:《国际技术转让所得课税法律问题》,北京大学出版社 2007 年版,第 3 页。

④ Michelle Markham,*The Transfer Pricing Of Intangibles*,Kluwer Law International,2005,p.231.

⑤ Dave Rutges, Eduard Sporken, Dirk Van Stappen, Pascal Luquet, Andrew Hickman, EU Cooperation Brings Out Benefits of Advance Pricing Agreements,*International Tax Review*,2006,17(6),p.62.

的主体选择、司法反避税传统、反避税体制的未来趋势、知识产权跨境交易反避税的司法判例研究等具体问题。詹妮弗·K.霍华德(Jennifer K Howard)在其博士论文《无形资产的税收激励与公允价值计算》(*Tax Incentives And Fair Value Accounting for Intangible Assets*)中特别分析了税收对知识产权的作用,并指出了划分特许权使用费对知识产权交易所具有的重要意义,就一些容易引起纠纷的知识产权征税问题,如软件著作权交易、专有技术转让等具体交易客体进行具体分析。此外,还比较分析了税收协定中的特许权使用费定义,并比较了不同税收协定范本中对特许权使用费定义的态度差异。① 遗憾的是,理论界与实务界目前虽然对无形资产避税有了足够的认识,但是非常缺乏将知识产权从无形资产中抽离出来针对知识产权的特点进行研究。

此外,也有学者从特定行业的角度研究知识产权转让定价问题。约翰·M.韦尔斯(John M.Wells)、维塔利(Vitaliy Voytovych)等在《新黑金:石油天然气行业的转让定价》(*The New Black Gold:Transfer Pricing of Intangibles in the Oil and Gas Sector*)一文中,就石油和天然气行业无形资产的转让定价问题进行了分析,讨论了石油和天然气的上游行业里无形资产的跨境交易相关转让定价问题,以及利用无形财产进行开发勘探和生产的公司在全球和集中使用的无形财产所有权转移定价模型;同时还分析了油田服务公司无形财产转让定价方法,着重考察技术型无形资产、商业秘密和营销信息。② 马克(Mark Nehoray)、克里斯汀(Kristine Riisberg)和安娜(Anna Soubbotina)在《媒体娱乐行业的无形资产转让定价》(*Transfer Pricing of Intangibles:Media And Entertainment*)一文中,就媒体和娱乐行业的知识产权转让定价问题进行了探讨,着重考察了内容创新和货币化问题,分析了对媒体和娱乐行业起到至关重要作用的知识产权类型,讨论了美国垂直体系下的电视制作和发行公司的主要功能、风险和公司间典型

---

① Jennifer K Howard, *Tax Incentives And Fair Value Accounting for Intangible Assets*, The Faculty of the C.T.Bauer College of Business University of Houston,2014, p.43.

② John M. Wells, Vitaliy Voytovych, Firas Zebian, The New Black Gold: Transfer Pricing of Intangibles in The Oil And Gas Sector, *International Tax Review*, 2014,Oct Supp(Transfer Pricing Industry Guide),pp.12-16.

交易的内容和价值,以及提高数字化程度和权力下放的影响。①

但是,鉴于涉及知识产权跨境交易避税行为具有形式多样且手段复杂等特点,国外的研究还存在一些不足:一方面,传统税法存在立法技术欠缺,难以对不断变化的各国税法实践给予有效指导;另一方面,传统知识产权法对该问题的关注度不够,不能对知识产权反避税规制提供知识产权法理论的支持。知识产权转让定价是知识产权跨境交易避税最主要的方法,也是反避税研究的重点。知识产权跨境交易转让定价合法性与合理争论的核心是企业所创造的利润应当如何归属。在这一点上,发达国家和发展中国家的立场是截然不同的。跨国集团通常将管理或者总部运营方面的职能设置于发达国家,总部拥有自主知识产权,因此发达国家立法确认管理职能在价值链中的重要地位,并争取将较多的利润保留在知识产权研发地。但是,发展中国家则认为,低廉的生产成本、人力成本以及新兴中产阶级巨大的消费能力才是创造利润的管家。典型的代表以生产大国中国和印度为例,发展中国家认为转让定价将产生于发展中国家的利润转移至只履行管理职能的发达国家,显然是不公平的。

四、研究思路与方法

(一)研究思路

研究的起点是要解决知识产权跨境交易反避税的基本理论相关问题。因此本书第一章主要由知识产权跨境交易反避税的概念界定、知识产权跨境交易反避税原则、知识产权跨境交易反避税发展历史与立法模式、知识产权跨境交易反避税现状及存在问题几个部分组成。

阐述知识产权跨境交易基本理论问题之后,本书第二章着手从表现形式及影响角度进行分析。这一章主要从主体层面和方法层面来论述知识产权跨境交易反避税的参与主体和具体使用方法,主体包括知识产权研发者与权利人(知识产权控股公司等),通过数据分析、现状分析和中外对比的方式,对避税方法进行分类阐述,特别分析具有特殊性质的软件作为知识产权交易避税类型的典型;然后,从各国政府(税权分配问题)、各国税务当局(征

---

① John M. Wells, Vitaliy Voytovych, Firas Zebian, The New Black Gold: Transfer Pricing of Intangibles in The Oil And Gas Sector, *International Tax Review*, 2014, Oct Supp(Transfer Pricing Industry Guide), pp.12-16.

税机构)、中介机构(评估机构、律师事务所、会计师事务所与税务师事务所)、各国银行(税款支付机构)等视角来探讨知识产权跨境交易带来外部影响,以及外部机构应当如何协调共同行使反避税职能。知识产权跨境交易税的外部影响主要表现为主体之间的权益平衡,包括对各国税权分配及平衡的影响、避税私权利与反避税公权力界限的影响、中介机构的举证与配合责任的影响等。

表现形式及影响角度分析完毕之后,就进入知识产权跨境交易反避税运作这一视角进行考察。因此本书第三章考察知识产权跨境交易反避税调查的启动标准与具体运作。其主要由四部分组成:一是知识产权跨境许可反避税调查的启动标准,包括特许权使用费与营业利润之争、常设机构对特许权使用费的征税影响、特许权使用费转让定价特殊规定;二是知识产权跨境转让反避税调查的启动标准,包括转让定价方法选择和适用;三是知识产权跨境重组反避税调查的启动标准,包括知识产权跨境重组反避税的内涵和动机、知识产权跨境重组反避税的交易类型和支付方式分析、合理商业目的限度、知识产权交易适用独立交易原则的认定;四是知识产权跨境交易反避税调查的具体运作,包括知识产权跨境交易反避税调查的特殊方法和知识产权跨境交易反避税调查的配合。

知识产权跨境交易反避税的启动虽然绝大多数是行政调查,但是司法介入随着全球法制化进程的逐渐趋同必然会越来越重要。因此,本书第四章论述的是知识产权跨境交易反避税的司法救济。本章主要从司法救济的视角出发,阐述知识产权跨境交易反避税的国际司法经验和知识产权跨境交易反避税的国际司法态度,同时对专门法院,主要是指税务法院和知识产权法院对知识产权反避税案件的管辖做出理论探讨。

理论的探讨应当对实践起到指引作用,知识产权跨境交易反避税的理论探讨也应当落实到我国制度构建方面。因此,本书最后一章是在总结前面几章的基础上,对我国完善知识产权跨境交易反避税制度构建的分析和建议。其包括我国知识产权跨境交易反避税制度构建特点及意义、我国知识产权跨境交易反避税的参与主体与利益协调、我国知识产权跨境交易反避税制度调查的完善路径与特殊问题等。本书研究框架如图1所示。

(二)研究方法

知识产权跨境交易反避税本身是一个跨学科的课题,涉及许多研究方法的交叉使用,本书主要采用案例研究方法、历史分析研究方法、跨学科研

```
                         ┌─────────────────┐
                         │      绪论        │
                         └────────┬────────┘
                                  │
                  ┌───────────────────────────────┐
                  │ 第一章　知识产权跨境交易反避税基本理论 │
                  └───────────────────────────────┘
                                  │
        ┌─────────────────┬───────┴─────────┬─────────────────┐
   ┌──────────┐      ┌──────────┐      ┌──────────┐
   │  第二章    │      │  第三章    │      │  第四章    │
   │知识产权跨境交易│    │知识产权跨境交易反│   │知识产权跨境交易│
   │避税的表现形式及│    │避税调查的启动标准│   │反避税的司法救济│
   │外部影响    │      │与具体运作   │      │          │
   └────┬─────┘      └────┬─────┘      └────┬─────┘
        │                 │                 │
        └─────────────────┴─────────────────┘
                          │
              ┌───────────────────────────┐
              │         第五章             │
              │我国知识产权跨境交易反避税制度的构建 │
              └───────────────────────────┘
                          │
        ┌─────────────────┼─────────────────┐
   ┌──────────┐      ┌──────────┐      ┌──────────┐
   │我国知识产权跨境│    │我国知识产权跨境│    │我国知识产权跨境│
   │交易反避税制度的│    │交易反避税的参与│    │交易反避税制度的│
   │现状与存在问题 │     │主体与利益协调 │     │立法与运作   │
   └────┬─────┘      └────┬─────┘      └────┬─────┘
        │                 │                 │
        └─────────────────┼─────────────────┘
                          │
                   ┌──────────┐
                   │   结论     │
                   └──────────┘
```

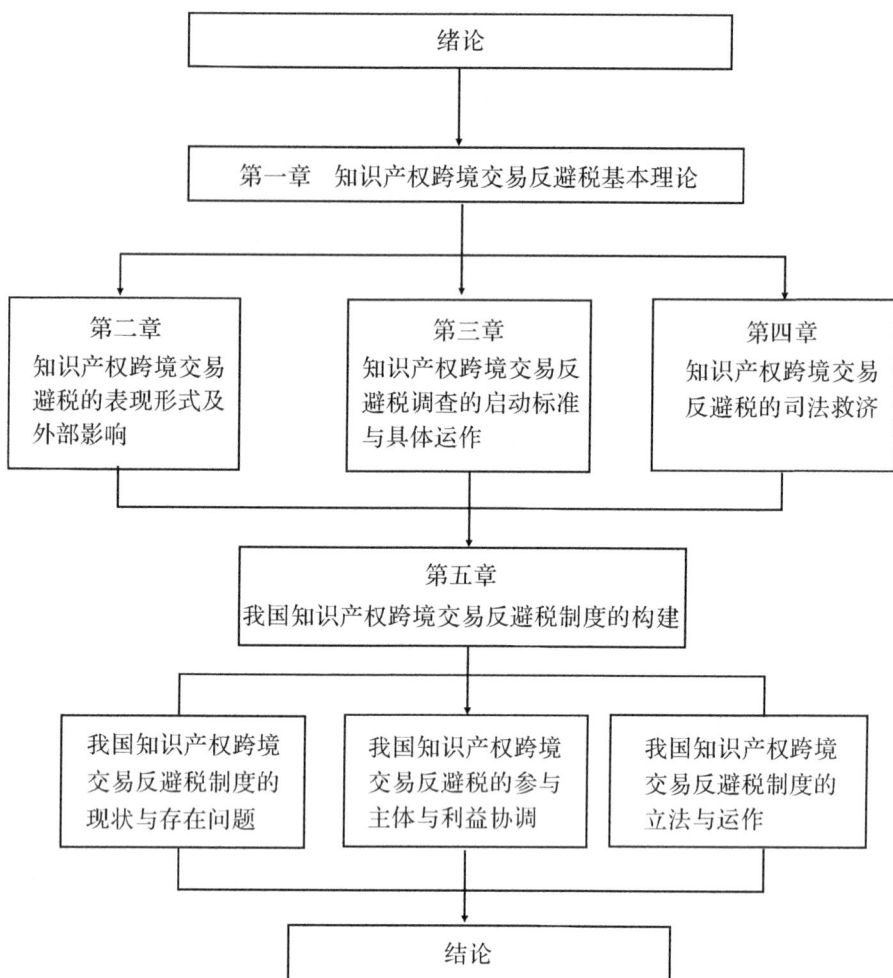

图 1　本书研究框架图

究方法等展开研究,同时在研究中涉及个别问题时可能也会用到其他方法。

1.案例研究方法。反避税的案例具有自己的特点,一般是跨国公司与政府间的博弈。研究典型案例可以为反避税理论增添实践经验。Westlaw 数据库可以检索出丰富的英美法系避税案例,从中筛选出涉及无形资产或知识产权的避税案件,为研究知识产权跨境交易反避税提供了大量的案例研究样本。

2.历史分析研究方法。反避税制度的发展是动态的,发展趋势越来越趋于国际化。而知识产权交易的反避税制度是无形资产反避税制度的重要组成部分。税制度是一个国际性的问题,OECD 和美国的研究处于国际领先地位。要研究知识产权跨境交易的反避税问题,需要认真比较分析 OECD《转让定价指南》以及 BEPS 行动计划,还有美国财政部规章。

3.跨学科研究方法。反避税制度不仅是一个法律问题,也是一个经济问题,研究反避税制度必然要涉及法律知识和会计知识。《国际会计准则》中"无形资产"一章的规定对知识产权跨境交易征税问题有着举足轻重的影响,由会计准则的差异导致同一企业按照不同国家会计制度记账而呈现巨大的利润反差的现象屡见不鲜;另外,知识产权跨境交易反避税的问题也涉及知识产权管理的内容,因此要深度解析该问题,需要运用跨学科的研究方法。

五、创新与难点

(一)创新点

1.研究问题新。第一,将"知识产权"从"无形资产"的概念中细化出来,并从交易形式的视角来专门研究知识产权跨境交易的反避税问题。税法学界偏爱对无形资产反避税的研究,因为这的确是一个非常复杂的国际税收问题。但是知识产权学界似乎更希望能有专门针对知识产权避税以及反避税的研究,因此厘清知识产权与无形财产权、知识资产与无形资产的概念就成了此类研究首先需要解决的问题。第二,具体研究著作权、商标权、专利权的跨境交易反避税制度与技术层面存在的异同,针对不同的知识产权涉及不同的反避税规范。

2.研究视角新。网络技术飞速发展,人类社会进一步信息化,数字时代对知识产权和税收都有非常重要的影响。[①] 但由此而来的问题就是,高速的网络流通和信息传播市场的全球自由化冲击着现有的知识产权制度,带来许多新的法律难题。不仅如此,数字经济一方面对传统知识产权法的概念、原则、制度提出了新的挑战,另一方面也对传统税法理论造成巨大冲击。数字经济对现行各国税法制度的冲击主要体现在由于电子商务交易的特点而引发的传统的税收管辖权概念、原则和所得分类规制,在适用于电子商务

---

① 吴汉东、胡开忠:《走向知识经济时代的知识产权法》,法律出版社 2002 年版,第95 页。

交易所得和交易当事人课税情形面临的困难和问题。① 因此,研究数字时代的知识产权反避税,不仅能够充实反避税理论,也能为知识产权制度的发展提供新的视角。此外,从主体视角、司法视角,研究知识产权跨交易反避税,并实现行政调查和司法救济的有机结合;从区别于传统国际税法的视角,尝试从知识产权法的角度来论述知识产权跨境交易反避税的制约规范。

(二)难点

1.实证研究及数据采集。现有国内外的数据库,如 Westlaw、HeinOn-line、北大法宝等关于知识产权跨境交易避税的案例分布比较分散,主要因为避税本身概念的模糊、避税手段的多样和难以明确。在我国,又因为很多避税案件在行政调查阶段已经终结,加剧了司法干预的有限性,进一步影响在司法判决中的检索结果,且行政调查对公众的不透明性使得学理研究非常受限,这些都构成实证研究的障碍。

2.知识产权反避税的理论构建。关于知识产权跨境交易反避税的传统研究大多集中在无形资产转让定价方面,但著作权、商标权、专利权的不同性质有必要分别进行反避税研究。在具体理论构建和实务操作中,作为知识产权的三大主要组成部分,著作权、商标权和专利权的交易形式和交易涉及的法律问题不尽相同,如何构建能够涵盖知识产权这三大种类的反避税理论还需要详细论证。此外,软件在知识产权跨境交易反避税中具有特殊的地位,软件因作品性质认定的不同可能产生避税形式的差别,本书对软件著作权征税做出初步讨论,但是构建完整的理论还需要后续探讨。

3.跨学科综合方法的运用。从宏观视角出发,知识产权跨境交易反避税问题首先应当认定为是一个法律问题,因为必须对知识产权避税工具合法性做出基础论断,对知识产权避税方法做统一梳理,明确合法与合理的限度。但其与经济法整个学科特殊性相关,知识产权跨境交易反避税法律问题如果要深入细致地探讨,离不开经济学和管理学的支撑,尤其离不开经济学基础理论的分析和管理学中财务会计知识的印证。受研究视角和学科背景的限制,知识产权跨境交易反避税这个交叉领域往往使得一个领域的学者难以得到最全面、最科学的研究结果,这是本书的最大的困难之处。

---

① 廖益新:《国际税法学》,高等教育出版社 2008 年版,第 362 页。

第一章　知识产权跨境交易反避税基本理论

伴随着国内经济与国际贸易的迅速发展,知识产权跨境交易应运而生,知识产权跨境交易税收也逐渐成为国家税收的重要组成。从20世纪开始,无形资产转让定价问题就成为国际税收中的焦点,各国都在长期的实践中积累了大量反避税的经验。对于知识产权跨境交易而言,是否应当反避税,答案已经十分明确,这注定成为反避税的特殊领域。但是,无论从理论上还是从实践上,这个特殊领域仍然有一些特殊问题没有取得共识。关于反避税立法、原则、现状和存在困难等问题,本章将一一论述。

第一节　知识产权跨境交易反避税的概念界定

知识产权跨境交易反避税是反避税诸多情形中的一种,因此,欲了解知识产权跨境交易的相关概念,必须先从反避税的分析入手。

一、知识产权跨境交易反避税的概念

知识产权跨境交易反避税主要涉及三个概念:知识产权、跨境交易、反避税,厘清每个概念的内涵和外延有助于剖析问题本身。知识产权的跨境交易会引起许多国际关系的变动,郑成思先生在20世纪末就已经发出这样的警告:如果我们不赶紧研究知识产权与国际贸易的关系,那么我们就要落后了。[①] 21世纪愈演愈烈的知识产权交锋证明了郑成思先生的预言具有前瞻性,大量的知识产权跨境交易引发了无数的贸易摩擦,而胜负的决定不仅仅是知识产权本身的优劣,更多的时候是知识产权立法的优劣。但是,毕竟

---

① 郑成思:《知识产权与国际关系》,载《国际商务(对外经济贸易大学学报)》1995年第3期。

知识产权跨境交易首要解决的问题是侵权时的权利保护,因此,郑成思先生当时的分析也着重在司法管辖等问题上,并没有言及在知识产权的跨境贸易中该如何保护本国征税权,如何有效地反避税。利用税收政策保护知识产权交易和通过知识产权交易实现税收增长成为国际市场无形资产跨境交易的发展趋势。当前法律、会计、国际贸易等相关领域亟须研究和解决该问题。因此,分析知识产权跨境贸易的理论成因及现实特点,可为我国反避税监管提供制度创新。① 就跨境交易来说,本书的研究范围限定在涉及两个或两个以上主权国家或实行不同税制的地区的知识产权转让、许可或研发安排等交易。因此,从概念上来说,知识产权跨境交易反避税是以知识产权为研究对象,针对权利人以避税为目的,利用知识产权进行跨境交易的行为进行立法规范、执法与司法协助,旨在填补知识产权跨境交易中的税法漏洞,协调知识产权跨境交易中的税收与会计的关系,平衡知识产权跨境交易中的各方利益,最终从国内与国际双重方面通过税法与知识产权法两个维度共同规制知识产权跨境交易避税现象。

二、知识产权跨境交易反避税相关概念区别

(一)避税与税务筹划的外延与内涵

纳税不遵从是从纳税人是否依法纳税的角度来分析的,主要有自私性不遵从、无知性不遵从和情感性不遵从。其中,避税行为是自私性不遵从的典型表现之一。自私性体现在个体利益对集体利益的侵蚀,是避税产生的主观不遵循原因。税收不遵从的影响因素主要有税收制度、税收征管、社会环境和用税机制。②

将避税与税务筹划两个概念进行对比分析早已不鲜见。在各国税法上,避税往往没有明确的定义。在税法理论上,学者们给避税赋予了不同的定义。例如,主流观点认为在避税安排中,纳税人利用税收立法漏洞,通过公开手法,在形式上达到不与税法相冲突的效果。③ 那么,利用知识产权跨

---

① 朱一青:《自贸协定视角下知识产权避税问题研究》,载《电子知识产权》2014 年第 9 期。

② 龚振中:《中国转轨时期政府和企业间的税收博弈》,湖北人民出版社 2009 年版,第 141 页。

③ 廖益新:《国际税法学》,高等教育出版社 2007 年版,第 245 页。

境交易进行避税,就是指国家机关或者国际组织为应对跨国公司等纳税人利用税法和国际税收协定漏洞在知识产权跨境交易时采取的一系列避税行为。国际财政文献局(IBFD)《国际税收词汇》的解释与之类似。同理,知识产权跨境交易避税是指纳税人也就是知识产权权利人,想要使集团达到经济利益最大化目的,却不通过合法的法律形式通过扩大交易的积极行为来实现该目的,而是附加通过降低不应当降低的税负成本的消极方式,减轻或免除该项知识产权交易本应产生的税收负担。

税务筹划也叫税收筹划,目前实务界与理论界对此并没有取得一致的认识,主要理论有广义和狭义之分。广义的税务筹划包括纳税人采取的不违反税法规定且能实现不负担或者少负担纳税义务的一切行为;而狭义的税务筹划则更强调除了不违反税法规定,更不能违反税法精神。因此,国家对狭义的税务筹划持肯定态度,而对广义的税务筹划持否定的态度。① 利用知识产权进行税收筹划是企业自我管理的权利,不应当被干涉,更不应当被剥夺。税务筹划的外延:税务筹划本质上也属于法律筹划,其不同之处在于税务筹划需要从财务上进行科学的量化分析,这是一项由法律专家、税务专家、财富管理专家与企业配合完成的任务。税务筹划本质上是一种事前计划,即进行决策前从税务角度对拟进行交易或事项进行事前计划和安排设计。税务筹划是动态的、系统性的安排和筹划。利用知识产权进行税务筹划的技术难度可能高于有形资产,因为无形资产的财务会计处理规定比较繁杂,但实施行为的实体难度肯定低于有形资产,只要具有专业的知识产权团队和财务团队、拥有完备的技术方案就能够有效进行知识产权管理,同时实施税收筹划。虽然在税务机关看来,这样的筹划等同于避税。因此,可以认为利用知识产权进行税收筹划与利用知识产权进行避税并没有严格的界限,实务中允许一定限度的知识产权税收筹划存在,而打击超越必要限度的知识产权避税。

知识产权反避税的实践通常是忽略跨国公司对知识产权进行安排的形式,而直接就其经济实质征税。否认避税安排的实质课税原则,源自德国的经济观察法,由量能课税原则推导而出。大多数国家的税法强调,当应税事实的法律形式与其经济实质发生冲突时,税法可以穿透法律形式的约束,对其经济实质课税。这一规定极大地压缩了企业的避税空间,对利用知识产

---

① 廖益新:《国际税法学》,高等教育出版社2007年版,第246页。

权无形性进行避税安排的高科技企业无疑是很大的冲击。从司法途径出发,法院常常会关注交易的实质而不是形式,以确定交易的法律和税收结果。① 实质课税原则写入税收立法很容易,但是如何在执法和司法中准确理解并界定这一原则,特别是其何时启动、界限何在,这对执法和司法机关而言是难以有效执行的。从这一角度出发,避税与税收筹划的界限就是要解决避税(tax avoidance)和逃税(tax evasion)的区别。

(二)知识产权与无形资产的外延与内涵

从法律概念上来讲,无形资产的范畴比知识产权广泛。国际税法领域对无形资产转让定价的关注主要集中在知识产权类无形资产上。医疗保健行业、电信行业、可选消费品行业等拥有大量的技术和商标,但另外一些行业,如公用事业企业,难以期待其具备表现出色的无形资产。然而目前的状态是,越来越多的行业都依仗着大量的知识产权。② 进行知识产权资产价值的定量分析,必须充分了解其经济属性。知识产权为了得到经济上的开发,必须与其他资产配合才能产生作用。

知识产权概念的外延小于无形资产。无形资产的外延范围较广,并受到不同类型的影响,类型的确定与出售或许可交易有关。一种无形资产可以提供在无形资产型市场的交易信息。如果有很少或没有交易数据,这一事实可能意味着无形资产类型只存在有限的市场利益。③ 无形资产在一定阶段保持类型相对稳定,在这种动态框架下,可归为四大类:一是知识产权类,包括版权、专利权、非专利技术、商标等;二是契约权利类;三是关系类无形资产;四是综合类无形资产,其必须依附于企业而存在,无法单独转让,如商誉、企业形象、企业文化等。④ 知识产权类无形资产与智力成果紧密相关,也是如今被广泛用来进行税收筹划乃至规避的主要介质。本书研究范围限定在知识产权类无形资产跨境交易的反避税问题上,着重探讨该类无形资产避税安排和反避税规制的特性。因此,需要对无形资产中属于知识

---

① Vern Krishna, *Tax Avoidance: the General Anti-avoidance Rule*. Toronto: Carswell, 1990, p.1151.

② [美]罗素·帕尔、戈登·史密斯:《知识产权价值评估、开发与侵权赔偿》,国家知识产权局专利管理司译,电子工业出版社 2012 年版,第 3 页。

③ Reilly, Robert F, Intangible Asset Valuation Due Diligence, *Practical Lawyer*, 2013, 59(5), p.51.

④ 王保平:《论无形资产领域的九大矛盾关系》,载《财会月刊》2007 年第 5 期。

产权的对象进行界定。知识产权区别于其他无形资产的显著特征是其属于智力成果类无形资产,因此有些学者认为上述第四类中的商誉也属于知识产权。[①] 考虑到本书所讨论的知识产权跨境交易中纳税人进行避税安排的知识产权工具通常也离不开商誉,因此认为商誉属于本书讨论对象。

(三)知识产权所得分类和相应课税方式的异同

知识产权交易类别对所得课税有着非常重要的影响。所得税计算中,不同类型的交易执行不同的会计制度或会计准则,因此需要先对知识产权交易类型进行区分,再来研究所得课税方式。按照知识产权所有权是否转移,可以如下划分:

1.所有权转移。如果是以技术折算股本,则按照股息征收所得税。如果是单纯销售技术,则按照营业利润征收所得税;如果是销售技术资产,则按照资本利得征收所得税。

2.所有权未转移。销售包含知识产权的产品,有可能按照营业利润、利息、租赁所得(营业利润或利息、特许权使用费)或其他所得来征收所得税。

3.知识传授。技术授权和程序授权(软件)产生的收益均属于特许权使用费,知识传授的情况下将按照特许权使用费原理征税。

4.知识未传授。如果是提供管理咨询服务,则属于技术服务费(包括在特许权使用费或者营业利润中)。技术授权征收特许权使用费。软件交易的征税比较特殊,如果是出售标准化的软件,则所得属于营业利润;如果是提供撰写程序的服务,则属于技术服务费。

5.常设机构的构成。常设机构是否成立影响到来源国对知识产权的征税权。知识产权本身不构成常设机构,除非是技术服务相关人员或者机器设备作为知识产权的载体固定在来源国才有可能构成常设机构,并且还需要达到期限要求。

三、知识产权跨境交易相关税种论争

一直以来,学界对跨国公司跨国投资的原因有个重大误解,普遍认为跨国投资的主要原因是基于低劳动力成本。但是美国学者拉弗·科佐罗(Ralph Kozlow)认为对外投资的主要原因是进入有利可图的新兴市场并

---

① 郑成思:《简论知识产权的评估》,载《中国社会科学院研究生院学报》1998 年第3 期。

扩展全球销售额。① 这从很多美国高科技公司利用知识产权跨境交易避税安排中都可以得出这个结论。很多跨国公司对知识产权进行全球布局,当然也离不开税收竞争的影响。为了研究这个问题,需要对与知识产权跨境交易相关的税种进行梳理。由于各国政治、经济和法律制度不同,知识产权征税范围和规定的税收种类也不尽一致,一般学者在研究知识产权避税问题的时候主要集中在特许权使用费对企业所得税的影响方面,但是经过对具体税种的分析发现,与知识产权跨境交易相关的税种主要可以归纳为四大类。

(一)知识产权跨境交易所得税

学界与政府对知识产权跨境交易产生的所得进行征税有着比较统一的认识。所得税(income tax)以企业和个人的纯收入或纯利润作为征税对象。不同的国家对所得税有不同的名称,例如美国称为公司所得税,在日本称为法人税。很多税法学者都将所得税作为无形资产反避税的重点税种。具体来说,知识产权与所得税的关系通常表现为通过知识产权控股公司的位置减轻所得税负担,此外还包括针对知识产权的税收优惠。例如 2007 年 12 月 21 日,卢森堡政府出台关于知识产权的优惠税收待遇。根据该制度,从软件著作权、专利、商标、设计、模型和域名衍生净收入和资本收益的 80% 免征企业所得税。② 爱尔兰岛实行全球最低的企业所得税率,计算机业与高科技护肤品等行业发展繁荣。而个人所得税政策对知识产权的影响会直接体现在高科技研发人才的国际流动,国际人才流动对经济成功影响巨大。③ 企业所得税造成的对外投资扭曲对知识产权跨境交易避税动机产生巨大影响,采取避税措施的很多美国高科技公司依然在美国本土进行高价值产品生产和研发活动。

各国普遍征收的所得税分为企业(公司)所得税和个人所得税,二者都

---

① Ralph Kozlow,Associate Drector for International Economics,U.S.Bureau of E-conomic Analysis,Globallization.offshoring and Multinatioanl Companies,American E-conomics Association Annual Meeting,Boston,January,2006(6),p.202.

② Charles Gielen,Nauta Dutilh,Luxembourg:Intellectual Property-Clarification of the Luxembourg Tax Treatment of Intellectual Property Income,*European Intellectual Property Review*,2009(7),p.59.

③ Margaret Thatcher,*The Downing Street Years*:1979—1990,New York:Harper Collins,1993,p.647.

是以纳税人在经济活动中创造的利润为征税基础。传统国际税收理论指出,税收抵免制度能够促进全球福利最大化实现。很多国家出台这一制度,表面上看起来国家损失了税收,但是鼓励企业向境外扩张会促进经济发展和就业增长。[①] 因此,知识产权跨境交易所涉及的各国税制差别会引导跨国纳税人做出内部控制的不同决策,从而对全球福利或本国福利产生影响。对知识产权贸易而言,各国一般适用居住地和所得来源地相结合的征税原则,对专有技术使用费和各项知识产权所得征收所得税需要分情形讨论。一种情形是,跨国公司在所得来源国设有营业机构。该营业机构取得知识产权转让所得,并入营业利润计算缴纳企业所得税。另一种情形是,纳税人未在所得来源国设立营业机构。此时取得来源于其国家境内的知识产权转让所得,由支付方扣缴预提所得税,这种扣缴方式的运用非常普遍。预提所得税是对将财产或权利供人使用的所得进行征税,包括对股息、利息、特许权使用费等进行源泉扣缴。对知识产权贸易来说,就是对特许权使用费征收预提所得税。在知识产权跨境交易中,作为离岸税收优惠,所得来源国可以通过免除预提税的方式吸引境外投资。[②] 因此,知识产权跨境交易避税涉及的所得税问题,要着重关注预提所得税的征免方式,离岸贸易对税收抵免与扣除的税制影响。

此外,不同国家的所得税制会给知识产权跨境交易提供避税空间,尤其是各国在合伙制度方面规定的差异,即合伙人是否能够被"穿透"直接影响所得课税。对此国际上一直存在"集合说"和"实体说"两种不同的观点,各国的现行制度多为两种学说交叉的观点。"集合说"理论认为,合伙企业从事的经营行为不应当拆分为个人行为,应当视为合伙人集体行为,由合伙人集体承担行为后果。在这种理念下,可以认为合伙人作为集体来行使全体合伙人意志,单个合伙人不具有法律上的权利能力。"集合说"理论认为,合伙企业是个被"穿透"的实体,企业收益及税收负担都直接归属于合伙人而非合伙企业;"实体说"则与之相反,不承认"穿透"规则,认为合伙企业也可以成为独立的纳税主体。从各国实践来看,"集合说"的观点较为普遍。[③] 可以设想,如果知识产权权利人利用各国税制对"穿透"的不同规定,结合居

---

① 李时:《境外投资所得税制的理论与实践》,载《税务研究》2013 年第 4 期。

② 曾军平:《公平分配、规则架构与财税政策选择》,载《税务研究》2015 年第 8 期。

③ 魏志梅:《合伙企业所得税制研究》,载《税务研究》2014 年第 4 期。

民国与来源国属地原则和属人原则的不同规定,利用知识产权避税工具性进行避税安排,进一步增加了知识产权跨境交易避税的隐蔽性。

(二)知识产权跨境交易财产税或资本利得税

财产税(property tax)是以财产为征税对象,但是目前知识产权并没有被纳入个别财产税征收。但是对于知识产权来说,财产税在知识产权转让后向权益人征收,并且只涉及转让方,只与转让方所在国的有关技术转让的税法有关。转让方计算其收入时,应把财产税作为直接成本考虑进去。财产税是对社会存量财产进行课税,理论上既可能涉及有形财产,也可能涉及无形财产。综合财产税制度下,知识产权可能会作为财产出现在财产税的征收范围中。具体征收时应当选择对纳税人权益侵害最小的方式,需符合"最小侵害原则"和"禁止过度原则"的要求,否则可能违反税收中性原则,扭曲纳税人对自身知识产权的运用或管理。但是财产税是静态的,且尚未有国家普遍对纳税人持有的知识产权征收财产税,只是理论探讨。相反,资本利得税(capital gains tax)是动态的,针对纳税人转让资本性财产的收益(低买高卖资产所获收益)进行征税,征收对象包括房地产、有价证券、无形资产等。但是,并不是所有国家都征收资本利得税。知识产权与资本利得税的关系表现在有关知识产权转让的其他税费包括对某些知识产权转让的资本利得税,再加上登记可能产生的印花税。[①] 有学者建议每个国家应当实质性地提供税收优惠以降低资本利得税所造成的扭曲。[②] 尤其对拥有高价值知识产权的跨国公司而言,降低或者废除资本利得税有助于刺激企业增长。但是关于是否对知识产权跨境交易征收资本利得税并未在国际上取得统一认识,实际上资本利得税对高科技产业的发展具有很大的刺激作用,以硅谷为例,降低资本利得税后,硅谷的高科技企业发展迅速。[③]

(三)知识产权跨境交易流转税

知识产权跨境交易反避税领域最早得到学者关注的流转税种是增值税,虽然增值税税种出现较晚。涉及知识产权的流转税(turnover tax)方面

---

① Alexandre Quiquerez, Intellectual Property Holding Companies: An International Legal Perspective, *Intellectual Property Quarterly*, 2013(4), p.333.

② [美]克里斯·爱德华兹、丹尼尔·米切尔:《全球税收革命——税收竞争的兴起及其反对者》,黄凯平、李德源译,中国发展出版社 2015 年版,第 47 页。

③ Chris Edwards, Entrepreneurial Dynamism and the Success of U.S. High-Tech, *Joint Economic Committee*, 1999(31), p.161.

的税式支出,涵盖了计算机软件、集成电路布图、技术装备、通信领域、医药产品、科研设备等多个产业领域。知识产权与流转税的关系最重要表现在各种税收激励方面,虽然所得税制的设计更加复杂,但是转让仍然是知识产权交易规避的主要方式。流转税是以商品流转额或非商品营业额作为征税对象的,例如增值税是典型的流转税。但是各国对于增值税的征收范围的规定并不一致。

为了统一各国对流转税的规定,同时减少无形资产跨境交易因各国流转税制度差导致的双重征税或者双重不征税现象发生,OECD 财政事务委员会于 2001 年和 2003 年针对电子商务背景出台流转税指南,比较重要的指南一个是《电子商务背景下跨境服务与无形资产消费税指南》(*Guidelines on Consumption Taxation of Cross-Border Services and Intangible Property in the Context of E-commerce*)①,另一个是《消费税系列指南》(*Consumption Tax Guidance Series*),②对国际服务贸易领域的目的地征税原则进行明确,对消费发生国的税收管辖权进行界定。③ 之后,OECD 于 2013 年发布了《国际增值税、商品及服务税指南征求意见稿》,④对增值税消费地原则、涉及服务行业、商品流转及提供服务的时间确定、商品流转及提供服务的归属地规则、商品和服务的定价、双重征税的免除等方面提出了指导意见。⑤ 随后,OECD 于 2014 年发布《国际增值税(货劳税):指南(2014)》(*International VAT/GST Guidelines*,下称《增值税指南》)。⑥

---

① OECD,Guidelines on Consumption Taxation of Cross-Border Services and Intangible Property in the Context of E-commerce,http://www. oecd. org/tax/consumption/5594831.pdf,2013-3-1.

② OECD, Consumption Tax Guidance Series,http:// www.oecd.org/ tax/consumption/ consump tiontaxguidanceseries.htm, 2013-3-1.

③ 赵芸淇、王丽君、张新:《能否比肩 OECD 范本?——简评 OECD〈国际增值税指南(2014)〉》,载《国际税收》2014 年第 10 期。

④ OECD,International VAT/GST Guidelines-Draft Consolidated Version:Invitation for Comments, http://www. oecd. org/ctp/consumption/ConsolidatedGuidelines20130131.pdf, 2016-4-1.

⑤ 国际税收:《增值税税制:是否会统一为单一税率、宽税基的制度》,载《国际税收》2014 年第 1 期。

⑥ OECD, International VAT/GST Guidelines, http://www. oecd. org/ctp/consumption/international-vat-gst-guidelines.htm,2016-1-1.

该《指南》重点关注如何消除增值税对跨境贸易的重大扭曲,防止各国财政收入的流失,对知识产权跨境交易反避税具有指导意义。

目前我国是全球实行增值税的国家中征收范围最广的,全行业实行增值税抵扣的税制设计,将对国民经济各行业利益格局重新分配,行业间流转税负担将进行结构性调整,全面抵扣的增值税制度将更有利于促进资本密集型行业和技术密集型行业投资的增长,[1]增值税制度改革从而对知识产权跨境交易产生推动作用。对知识产权贸易而言,被许可方利用引进知识产权生产的产品,所负担的增值税属于国内税的范畴,与知识产权许可方并无直接关系,因此知识产权贸易谈判不必对增值税的承担方作出特别规定。流转税税收优惠政策的效果在促进技术进步中的作用表现明显,但双方在计算知识产权转让而产生的经济利益时,则应考虑增值税对卖方实际收益的影响。如合同中规定按利润分成时,则应明确是税前利润还是税后利润。所得来源地原则显然已经不足以应对知识产权跨境交易避税安排的新形式,必须兼顾生产地和销售地税收利益。互联网颠覆式地改变了企业集团传统的运营方式,"线上"模式为知识产权跨境交易提供了极速交易的无限可能,可以说,知识产权跨境交易是受高科技影响最大的避税领域。地理国界限制无法为知识产权跨境交易流转税征税提供地点证明,交易分布具有全球性和即时性特征,价值形成的所在地无法准确定义。因此,必须兼顾生产地和消费地。这是《增值税指南》中的明确建议,为数字经济行动计划解决增值税征税问题提供清晰框架。

(四)知识产权跨境交易关税

知识产权跨境交易与关税(tariff)亦息息相关,关税税率的高低是影响税收的重要因素。[2] 关税是各国海关根据海关税则对进出各国边境的物品征收的税。知识产权保护往往通过关税壁垒来实现,例如美国关税法专门针对进口产品侵犯美国知识产权的情况进行管制。[3] 但是,也有学者认为

---

① 国家税务总局货物和劳务税司:《增值税转型:税制改革与经济发展共赢——增值税转型改革基本精神与内涵解读》,载《中国税务》2009 年第 1 期。

② 王志强、李骏:《跨国公司转让定价逃避海关税收的实证研究》,载《税务研究》2007 年第 10 期。

③ 19 U.S.C. § 1337(2006).

知识产权保护是国际贸易自由化的障碍。[①] 尤其在知识产权跨境交易反避税领域,虽然得到最多关注的是所得征税与避税,但是对于跨境交易来说,关税的作用不可忽视。只要自由贸易区未达到一定开放程度,知识产权跨境交易涉及的关税情况就不会消失,世界贸易组织本身就是其自身成功的受害者。首先,为达到合作伙伴相互之间的妥协是一个令人难以置信的艰难过程,同时各国之间的税权对抗也一直未曾消弭。其次,跨境贸易涉及问题越来越复杂。对卫生法规、技术标准、知识产权等的谈判已经逐步在取代关税壁垒传统的会谈。最后,对主权的关注上升成为谈判的重点。因此,双边和区域自由贸易协定大幅增加,成为替代大一统局面的暂时性方案。[②] 由于国际知识产权贸易的标的主要是知识产权,无形商品一般不与海关发生直接联系,因此关税难以针对单纯的知识产权交易产生影响。但当知识产权贸易涉及引进技术设备时,则应对引进技术设备征收关税。关税对知识产权的影响还表现在关税减免方面,一般能得到关税减免的知识产权包括能够改善产品性能、节约能源、节省原材料、提高生产效益的高新专利技术,适应市场需要的新设备、新材料等涉及知识产权的高科技行业也能获得一定的关税优惠。随着 TPP、TIPP 等自贸协定谈判的展开,知识产权与关税都同时成为自贸协定成员国关注的焦点,知识产权避税的话题再次被推到国际税法的前沿。

第二节　知识产权跨境交易反避税的原则和理论依据

一、知识产权跨境交易反避税的原则

知识产权跨境交易反避税需要遵循反避税的一般原则,并结合知识产

[①]　徐忆斌:《知识产权国际法律保护的原因、困境与完善》,载《学术探索》2013 年第 2 期。

[②]　Viviane De Beaufort, The European Union and The New Face(S)of International Trade, *International Business Law Journal*, 2015,15(1),p.39.

权自身的特点进行运用。就一般原则而言,以下几项原则对启动知识产权跨境交易反避税调查具有非常重要的作用,并且在这些一般原则基础之上,衍生出针对知识产权的特殊反避税方法。虽然这些原则在反避税领域具有基础指导地位,但是鉴于客体的区别,在无形资产领域和有形资产领域衍生出的方法也有很大差异,最典型的就是转让定价方法适合无形资产的利润分劈法,而不是可比非受控价格法。因此,以下几项原则在知识产权跨境交易反避税领域应当受到足够重视,并对具体方法的运用起到呼应作用。

(一)实质重于形式原则

实质重于形式原则本是一个会计原则,美国的税收制度倾向于实质重于形式原则,在税收交易强调经济实质的考察。这一原则于 2009 年出现在我国的法律文件中,即《特别纳税调整实施办法(试行)》。知识产权跨境交易反避税原则应当首推实质重于形式原则。利用知识产权跨境交易的避税行为很多发生的是虚假交易。虚假交易虽然有账面形式的体现,其实并不是为了追求经营活动的扩张,只为了实现税收负担降低的目标。这些交易表现非常异常,在形式上存在虚假性或纯粹为虚构。从最低层面来看,虚假交易原则通常指"事实虚假",对司法原则有重要影响。[1] 例如,纳税人单纯出于避税的目的,将知识产权的研发地转移至跨国集团内位于低税国的子公司,但实际上该子公司并未完成知识产权的研发,法庭可以运用虚假交易原则批判仅存在合法形式却不具有实质内容的交易,即仅存在税收目的,而不存在商业目的。根据这种观点,最重要的不是关于资产产权的财产记录,而是未来带来经济效益的资产属性。这是一种务实的做法,具有盎格鲁-撒克逊的会计血统。在国际会计准则统一的模式下,企业财务状态与避税安排具有某种一致性。可见,如果从经济角度来看,可以调和形式与实质的矛盾;但是从法律角度看,则是不可能的。[2]

实质重于形式原则在知识产权跨境交易反避税中具有重要指导意义,在外购、自行研发、接受投资的知识产权等会计核算时必须严格遵守该原

---

① Ji-Hyun, Yoon, Giant Leap for Fairer Tax or Blind Compromise with Public Opinion: A Review on the New Case Law on Substance-over-Form by the Supreme Court of Korea, *Journal of Korean Law*, 2013, 13(1), p.139.

② Irmie Emil Popa, Adrian Inceu, Law and Accounting Interference, *Jura: A Pecsi Tudomanyegyetem Allames Jogtudomanyi Karanak tudomanyos lapja*, 2006 (1), pp.141-142.

则。尤其在本书第二章即将论述的知识产权控股公司运作机理方面,必须运用实质重于形式原则对知识产权跨境交易进行分析。一般来说,虚假交易原则适用于为获取税收利益而存在的不必要的经济活动,从"奥卡姆剃刀"的哲学原理出发,有理由认为多余的事实安排远离了事情真相。例如,纳税人将一项知识产权交易通过运作产生利润损失,从形式上看起来,这是对权利人不经济的一项行为。但是权利人可以通过担保方式转移风险,不但能够避免利润损失,而且还可以获得税收利益。这类交易仍被认为缺乏真实的意思表示,存在以合法形式掩盖非法目的的可能。司法判决交易经济实质和商业目的的关联性时,通常也因缺乏证据或者举证责任不明晰而产生认定困难,例如实质重于形式之经典案例 Gregory v. Helvering, Commissioner of Internal Revenue。[①] 在同类型的印度沃达丰税案中,印度最高院的判断因素更为谨慎和全面。印度最高院认为,税务机关必须运用整体观察法,对商业机构在印度的经营期限、属于印度的应税收入、外商退出机制以及退出后的持续性经营状况等因素与实质交易联系起来。

　　与之相似的原则是经济实质原则。经济实质原则通常的判定方法就是考量纳税人负担的交易风险与预期可能获得的利润是否成正比,并与税收利益相比较,从而可以看出是经济实质还是税收规避的实质。在许多知识产权跨境交易中,拨开层层叠叠的公司组织架构来启动反避税调查离不开经济实质原则的辅助。经济实质原则得到美国国会的确定认可。[②] 知识产权跨境交易与经济实质原则也具有高度相关性,二者的联系可以追溯到 20世纪。经济实质原则与交易宗旨的冲突涉及对该原则的理解以及如何对知识产权交易与服务的定性。基于这个原理,软件公司间转移软件著作权确实可以认为是一般服务。[③] 在交易中,纳税人为潜在经济利润而承担的风险和损失虽然表面看起来是有关联性的,但是如果税收套利的规模远大于此,那么该原则可否认交易具有经济目的。可见,经济实质原则强调风险、潜在利润与税收利益的量化比较作为判断基础。

---

　　①　293U.S.465,55S.Ct.266.

　　②　Rosembuj, Tulio, Hybrid Entities Why Not Tax Pass-throughs as Corporations.*Intertax*, 2012,40(5),p.298.

　　③　Laan, R.A,Computer Software in International Tax Law,*Intertax*, 1991,19(5),p.266.

(二)商业目的原则

商业目的原则是一个主观判断原则,用以辅助经济实质原则。[1] 税收法律、政策、会计和商业目的原则与国际税收协定必须结合起来。在知识产权跨境交易中,许多跨国公司倾向于利用避税地安排多层避税架构,利用这种形式的关联公司模式进行避税运作,这种情况通常就可以运用商业目的原则进行反避税判断。在判例法环境下,司法领域商业目的原则的运用需要遵循对纳税人交易目的的认定和对交易经济实质的判断。通过对知识产权跨境交易的考察,商业实质通常与税收目的相混淆,经济利益依附极少。通常情况下,不符合商业目的的知识产权控股公司设立、不符合商业目的的知识产权转让或许可等行为,尽管不构成唯一避税目的,也会被认定仅为税收目的。商业实质在知识产权跨境交易反避税领域中最重要的特征是对权利人主观动机的考察。司法运用该原则时应对交易进行梳理,对非关联交易中的交易活动进行税收目的的评判,以确定整个交易中纳税人主观的商业目的的状态。

(三)国际合作原则

知识产权跨境交易反避税最不可或缺的一个原则就是国际合作原则。如果不能有效地、自由地在各国之间交换税务信息,跨国反避税的实现将成为天方夜谭。国际合作建立在忠诚履行国际义务的基础之上,为了有效打击跨国避税,国际组织和国际条约应运而生,履行国际义务在这种情况下主要体现为条约必须遵守。许多国际性组织,比如国际联盟、联合国、欧洲经济合作发展组织、欧洲经济共同体、国际税收协会和国际商会,通过制定协定范本或者提出有关报告的形式来推动反避税国际合作。[2]

知识产权跨境交易反避税国际合作离不开国际协定。1928年国际联盟通过了《关于消除直接税的双重征税特别问题的双边协定范本》,这是最早的避免双重征税的双边协定范本。最早的国际税收协定由比利时倡导,其于1843年和法国签订双边税收协定,并随后于1845年和卢森堡、荷兰分

---

[1]　王建伟:《美国反税收庇护的五大司法原则》,http://www.acview.net/2/01/01/02/179820.html,最后访问时间:2018年1月19日。

[2]　陈元兴:《简论国际税法的产生、概念和范围》,载《厦门大学学报(哲学社会科学版)》1987年第1期。

别签订税收协定。① 这是最早的避免双重征税的双边协定范本。经过多年的努力,国际联盟财政委员会于 1946 年制定《所得税、财产税、遗产税和继承税的查定和征收中建立相互行政协助关系的协定范本》(简称"伦敦草案")。② 伦敦草案为知识产权跨境交易反避税奠定了多边合作的基础。1972 年年底北欧五国签署了《关于税务协助协定》,规范了跨国文件交流、税务调查、税收课征和税法执行等反避税合作的程序法问题。同时,欧洲经济共同体(EEC)也在积极推动欧洲范围内反避税合作,1973 年形成反避税初步文件,1979 年通过决议,规范成员国之间主动沟通所得和利润征税的所有情报,提升了协调税收管理的立法和行政手段。此后,欧共体理事会先后发布多项指令,对成员国进行税务多边合作进行指引。后来欧洲联盟代替了欧洲经济共同体,但是欧洲经济共同体的所有法律文件包括反避税协定,在欧盟范围内继续有效。

比起上述地域范围较强的国际协定,OECD 和联合国真正将国际反避税行动推向前所未有的高度和广度。OECD 于 1977 年正式发布《OECD 税收协定范本》,范本的出台为国际间双边或多边合作交换税收情报、统一打击国际避税提供了清晰规则。因为该范本具有相当成熟的立法技术,并且顺应时代新形式,因此得到成员国的普遍接受,甚至是非成员国的普遍借鉴。2014 年 9 月 OECD 税基侵蚀和利润转移(BEPS)工作小组发布了产出报告和 1 份针对这些成果的解释性声明,其中第 8 个行动计划单独列出,重点针对无形资产转让定价出台报告,跨国集团知识产权避税运作空间被压缩。对此可以看出,跨国集团在全球范围内的避税运作具有统一高效的特点。而牵涉到不同国家征税权,各国为了相应提高反避税效率,必须扩大合作的范围和深度。直到 2015 年,BEPS 行动第 8 项至第 10 项关于无形资产部分终于完成,本部分成为指导知识产权跨境交易反避税的国际协定范本。③ 因为劳动和资本的流动性日益增加,再加上无形资产比重的提升,BEPS 为确定的模式对传统的通过法律所有权和经济所有权来判定无形资

---

① Stef van Weeghel,he Improper Use of Tax Treaties with Particular Reference to the Netherlands and the United States,London：Kluwer Law,1997.27.

② 靳东升、张智慧:《反避税的国际合作及发展趋势》,载《国际税收》2013 年第 12 期。

③ OECD,Aligning Transfer Pricing Outcomes with Value Creation,OECD/G20 Base Erosion and Profit Shifting Project,2015,p.144.

产相关利润归属的分析范式进行重构。国与国之间在判定无形资产相关利润归属方面存在越来越多的争议,这也呼吁国际合作在更大层面上展开对知识产权跨境交易避税对策的研究。通过建立多国参与的分析框架,来研究解决知识产权跨境交易的利润贡献及归属问题。①

联合国有关国际逃避税的研究主要集中在跨国公司和国家间的税收条约,相比 OECD 更为关注大多数发展中国家的利益。对跨国公司的研究中,包括了对知识产权转让定价处理方式的分析。国家间税收条约集中在对发达国家与发展中国家之间税收条约的研究,包括与所得分配与情报交换等与避税最相关的问题。发达国家与发展中国家不仅税制差异明显,其经济发展水平也直接影响知识产权发展与保护力度。联合国与 OECD 最大的区别就是双方服务的国家层次不同,OECD 更多关注发达国家的利益,而联合国需要关注全世界各个层次不同发展程度的国家利益。因此联合国关于发达国家与发展中国家之间税收条约的特别专家小组多次提出对发展中国家有利的条款。特别专家小组提交的报告对国际逃避税问题给予很大关注,尤其重视跨国税收情报交换。1984 年,联合国特别专家小组完成了指令草案,草案对共享情报、交换情报、避税地位、银行义务、协定滥用等进行明确。《联合国税收协定范本》是各国政府制定双边或多边反逃避税的基础。所得税规则的国际融合使谈判达成统一国际税收规则成为可能,税务信息共享的国际合作是反避税的前提,因此国家主权作为全球统一所得税(a grand unified global income tax)最大的障碍迅速被削弱,全球统一所得税的实现也许就在并不遥远的未来。②

二、知识产权跨境交易反避税的理论依据

有学者认为税收竞争具有包括人权和人的自由在内的伦理因素。③ 从这个思路出发,可以认为税收竞争为知识产权跨境交易避税提供了机遇,并且知识产权跨境交易避税也会涉及伦理因素。归根结底,知识产权避税与

---

① Brauner, Yariv, What the BEPS, *Florida Tax Review*, 2014,16(2),p.55.

② Henryordower, Utopian Visions Toward A Grand Unified Global Income Tax, *Florida Tax Review*,2013,15(9),pp.361-418.

③ [美]克里斯·爱德华兹、丹尼尔·米切尔:《全球税收革命——税收竞争的兴起及其反对者》,黄凯平、李德源译,中国发展出版社 2014 年版,第 218 页。

反避税的博弈就是公权力与私权利的博弈,公权力从公平价值出发要求对知识产权避税行为加以规范,私权利从知识财产权的人权目标出发呼吁税收筹划与知识产权管理的合理性。

(一)法理学基础:效率与公平的价值位阶

在法的价值位阶的问题上,一直以来最困扰法学家的是效率和公平的问题,这也是在讨论法的价值时最常见的一对矛盾,效率与公平通常被认为是两个对立的概念。① 在讨论知识产权跨境交易反避税的问题时,效率与公平依然是显著的价值对立,即企业为了追求自身效率最大化而随意处分知识产权的权利,与政府为了维护税收公平而采取反避税措施的权力之间的冲突。当今世界各国政府都在和企业进行这样一场博弈,利润的流向是争夺的焦点,也是双方论战效率与公平的逻辑起点。

制度主义方法的一个特点是拒绝接受芝加哥学派所强调的有效率地决定司法判决。制度主义者认可效率作为法经济学分析中的重要变量,并且认为效率是非常重要的。② 但是,效率无法决定权利安排。经济活动并非自然现象,而是取决于存在的权利结构,且每个变量的大小和变化是权利的一个偏微分函数,因此,其也是随着时间变化的司法制度和司法变革的函数。③ 因此,对于纳税人而言,利用知识产权避税对其自身是有效率的行为,但是必将破坏整个市场中全体纳税人的税负均衡,暂且不说并不是所有纳税人都有可以赖以充当避税工具的知识产权,即使假设大家都可以实施知识产权避税且避税行为在合理限度内是合法的,那么,权利人也会因为公司结构、财务水平、企业规模等种种原因不能公平地降低税负,最终效率和公平的矛盾还是无法解决。

从效率的价值角度来看,知识产权权利人通过知识产权避税能够提高经济福利。知识产权权利人通过垄断获利,但垄断往往带来社会福利的损失。在关于专利法不确定性、不正当利益的讨论中,伊恩·艾尔斯和保罗·克伦佩勒认为,专利的有效性和可执行性的不确定性略有增加,通常就能防

---

① [美]乌戈·马太:《比较法律经济学》,沈宗灵译,北京大学出版社 2005 年版,第 1 页。

② [美]尼古拉斯·麦考罗、斯蒂文·G.曼德姆:《经济学与法律——从波斯纳到后现代主义》,吴晓露、潘晓松、朱慧译,法律出版社 2005 年版,第 158 页。

③ [美]尼古拉斯·麦考罗、斯蒂文·G.曼德姆:《经济学与法律——从波斯纳到后现代主义》,吴晓露、潘晓松、朱慧译法律出版社 2005 年版,第 158 页。

止专利权人收取全额垄断价格。① 换言之,一定量的不确定性能带来低成本和高收益,促进社会福利净增长。这一结论也完全适用于一个拥有知识产权的跨国公司通过知识产权避税给自身带来的不确定性。罗伯特(Robert Merges)教授认为,知识产权很大程度依赖于判例法,因此,必须考虑知识产权的哲学基础。洛克的"劳动报酬论"是主要的哲学基础。② 一旦效率不再仅仅是学术界规定的经济观念,而进入法律范畴时,法律工作者就会不断地根据需要将效率赋予不同经济学上的意义,这就意味着效率进入法律实践领域后,必然丧失了它所主张的科学严肃性和客观性。③ 公平和效率的矛盾可以通过制度优化来解决。在外部性学说中,法律经济学说明了为什么禁令补救方法在很多情况下比损害赔偿更为有效,以及为什么法官始终应对以上两种办法做出自由选择。④ 同理,在解决知识产权跨境交易反避税的问题时,或许通过知识产权法来明确财产规则比利用税法规定责任规则更为有效率。然而,知识产权跨境交易反避税的实施不仅关系到一国的税收与经济,也关系到一国的知识产权保护与发展。最终,面对知识产权跨境交易避税行为时,效率与公平的价值位阶如何确定,各国政府给出了不同的法律态度。鼓励创新的国家可能倾向于适当交换一部分税收利益来支持技术研发,对税收利益有较高期待的国家则可能选择减少知识产权交易税收优惠。因此,效率与公平在该领域的价值位阶必须综合考虑一国的经济状况与法律问题土壤。

(二)经济学基础:经济人与理性人的假设

"经济人"假设决定了纳税人希望通过规划知识产权跨境交易减少纳税

---

① Ian Ayres,Paul Klemperer,Limiting Patentees Market Power without Reducing Innovation Incentives:The Perverse Benefits of Uncertainty and Non-Injunctive Remedies,*Michigan Law Review*,1999,97,p.985.

② Merges,*An Excellent,Comprehensive Survey Of The Justifications for IP Law is Robert*,Merges,2011,p.31.

③ [美]乌戈·马太:《比较法律经济学》,沈宗灵译,北京大学出版社 2005 年版,第23 页。

④ Robert Cooter,Thomas Ulen.Law & Economics,6th ed.,格致出版社 2012 年版,p.60.

义务,增加企业利润。"经济人"假设成为西方一切经济学命题或解释的前提,[①]有理由认为,知识产权的权利人对其知识产权进行避税安排也是遵循了这一经济假设。"经济人"理论认为经济活动中的个人经济行为是自利的,人们会计算和判断其不同经济结果的各种可能性,从而实现追求的利益最大化的目的。理性人(rational people)假定意思是作为经济决策的主体都具有理性的思维模式,追求利益最大化就是理性的验证。[②]"理性经济人"作为西方经济学的一个基本假设,认为经济主体在面临两种以上选择时,总会选择利己方案。由此推出,可以认为知识产权跨境交易避税安排就是一项利己决策。法人也一样,企业法人追求利润最大化、要素所有者追求收入最大化。但是,与一般经济互动不同,纳税活动并非纯粹的经济活动,而是纳税人在税法指导下履行的法定义务。纳税人在纳税活动中扮演的"经济人"角色行为,不同于一般经济活动。首先,纳税人的纳税行为是一种公共理性选择结果。税收是文明的对价,纳税人愿意付出自己财产的一部分是因为只有这样才能保证剩余财产的安全并且可以随意享用。[③] 其次,纳税人的纳税行为是有限理性行为。[④] 纳税人大多数情况下是理性的,这就是为什么多数纳税人选择税收遵从,而少数纳税人选择税收不遵从,从而反避税调查才得以启动。知识产权跨境交易中,从经济学视角来看,权利人的避税安排是符合"经济人"假设的。

在机会成本为既定的条件下,理性人系统而有目的地尽最大努力去实现目标。但是生活中许多决策都不是完全对立的选择,往往需要做出中立的决策。[⑤] 古典主义者亚当·斯密在《国富论》中论述了市场扩大对分工和工艺创新的促进作用,今天看来对知识产权跨境交易也有理论支持。[⑥] 对行业从业者而言,市场规模的扩大使更多购买者具有意愿,贸易全球化就是扩大市场的典型表现。知识产权制度在全球的实施对脑力劳动分工的促进

---

① 张严、孔扬:《"亚当·斯密问题"的哲学反思与时代意义》,载《社会科学战线》2015 年第 3 期。

② [美]曼昆:《经济学基础》(第 5 版),梁小民、梁砾译,北京大学出版社 2010 年版,第 5 页。

③ [法]孟德斯鸠:《论法的精神》,张雁深译,商务印书馆 1961 年版,第 213 页。

④ 王鸿貌:《谁发现的立场与理论》,中国税务出版社 2008 年版,第 20 页。

⑤ 王鸿貌:《谁发现的立场与理论》,中国税务出版社 2008 年版,第 20 页。

⑥ [英]亚当·斯密:《道德情操论》,蒋自强等译,商务印书馆 2010 年版,第 230 页。

作用也是源自类似机制。古典学派通常将政府视为"守夜人"角色。如果经济主体是理性的,而且其自发决策在符合个体利益的同时也符合社会利益,那么,从政府角度看,只要不妨碍经济主体的自由决策权就可以了。亚当·斯密主张,在市场交换中,一个为自己的私利而互动的人,最终也会为别人提供便利。① 根据理性人假设的理论,纳税人在利用知识产权避税时应当遵循一定的尺度,必须在制度框架内进行合理筹划,否则最终会为自己过度追逐经济利益付出代价。

新古典主义否认市场对资源有效配置的主导作用,认为政策应当并且可以纠正市场失灵,从这个角度出发,税法和知识产权都是为了实现资源有效配置而存在。市场失灵的类型包括公共产品问题、外部性问题、信息不对称问题和垄断导致的效率损失。因此,制度是保障知识产权实现的必要手段。曼斯菲尔德曾估计,如果没有专利制度,60%的化学药品不会诞生。② 甚至美国在 19 世纪早于其他国家进入信息社会,也与美国有较为完善的版权制度密不可分。可见,经济人与理性人的假设都证明了知识产权人需要知识产权制度来保护全力实现,当知识产权人具备纳税人身份时,又会设法运用知识产权作为避税工具降低税负。然而这两种目的是有冲突的,尤其是在对知识产权估价时,本书第四章会详细分析该问题。

(三)管理学基础:知识产权管理与税务行政管理的冲突

知识产权管理的角度认为,知识产权属于特殊企业资产,以知识财产为外在表现,为企业拥有或者控制,能够以货币计量,计入企业财务报表,属于企业经济资源。③ 尤其在经济全球化时代背景下,知识经济成为整个经济产业的支柱,企业财富和实力增长的衡量建立在知识产权形成的知识财产中,因此跨国公司对知识产权的管理提出更苛刻的要求。从知识产权管理角度上看,知识产权人可以合法地对知识产权实行财产所有权管理。即权利人可以在法律规定的范围内,对其所有的知识产权实施完整的权能。知识产权的财产性质得到法律确认,并且可以通过有形财产体现无形价值,这一点已经得到普遍认可,其财产的客观性不随着形态发生改变。跨国公司

---

① [英]亚当·斯密:《国民财富的性质和原因的研究》,郭大力、王亚南译,商务印书馆 1996 年版,第 27 页。

② 施红兵:《我国入世后制药企业的专利战略探讨》,载《上海医药》2003 年第 4 期。

③ 柯涛、林葵:《知识产权管理》,高等教育出版社 2004 年版,第 4 页。

对无形的知识产权进行科学管理,是在法律框架之内的行为。知识产权经济从独特的视角认识经济现象,并揭示这种经济现象的内在规律,从而形成新的经济理论体系。[①] 知识产权经济由特殊经济要素来表达,现有的经济理论,包括价值理论、竞争优势理论、增长理论、交易理论等在解答知识产权在经济社会中的各种问题都有局限性。知识产权管理包括知识产权的开发、使用、收益和处分。权利人应当从鼓励发明创造的目的出发,配合公司治理制度,促进知识产权研发,对完全占有的知识产权进行各种交易安排,对部分占有的知识产权各种交易安排提供合理化建议。权利人还可以对知识产权的经营和使用进行规范,研究核定知识产权的经营方式和管理方式。知识产权管理是企业战略发展的需要,税收制度在这里起到激励作用。[②] 近年来,技术联盟的知识产权转移也成为知识产权管理讨论的重要内容。[③] 在知识产权跨境交易避税安排中,跨国公司都涉及对其所有的知识产权进行开发、经营、收益、处分权利的行使,这不能不说在一定程度上符合企业知识产权管理的目标。美国在过去 20 年,尽管政府科研投入的绝对数额在不断上升,但是来自企业的研发投入上升更快,最终超过了政府的投入。在 OECD 成员国内,来自产业的科研经费比重也越来越大。[④] 因此,企业处分其所拥有的知识产权是其固有的权利。在知识产权制度下,知识产权资产成为企业的一类特殊资产,知识产权资产的收益具有排他性,企业通过有效运营实现其经济价值。虽然知识产权资产被誉为"知识经济中的货币",但它毕竟不是货币,需要直接或间接地通过市场流通来变现。税务行政管理是税务机关基于国家公权力所行使的行政管理,与企业运用知识产权进行税收筹划的私权利会产生冲突。

---

① 郭民生:《论知识产权经济理论的基本架构》,载《经济经纬》2007 年第 3 期。

② Kowalski, Stanley P, Overcoming India's Food Security Challenges: The Role of Intellectual Property Management and Technology Transfer Capacity Building, *Indian Journal of Law and Technology*, 2014(10), p.93.

③ 曹兴:《技术联盟知识转移行为研究》,科学出版社 2014 年版,第 43 页。

④ 吴欣望:《知识产权——经济、规则与政策》,经济科学出版社 2007 年版,第 73 页。

第三节　知识产权跨境交易反避税的历史沿革与立法模式

一、知识产权跨境交易反避税的历史沿革

中国古代就产生了避税思想。在唐代后期,土地兼并和规避税赋的现象日益严重,摊逃现象愈演愈烈。李渤(公元 773—831 年)曾向朝廷上疏:"税额长定,有逃即摊,似投石井中,不到底不止;摊逃之避,户不尽不休。"[1]到了宋代,王安石变法,在全国范围内推行全面改革措施,通过"方田均税法"体现了租税平均、税负普遍的思想,通过税制公平合理来避免逃税现象产生。[2] 但真正意义上的避税产生于西方。意大利 19 世纪中叶就产生了专门为纳税人提供税务咨询和避税方案的税务专家。[3] 具体到知识产权跨境交易避税,其实历史并不久远。伴随着知识经济时代的崛起和知识经济所得大幅增加,知识产权跨境交易的征税日益被税务机关和税法学界重视。与所有的跨境交易一样,知识产权跨境交易必然会涉及国际税收的问题,并且现在大部分国家通行的做法都是依据《OECD 税收协定范本》和《UN 税收协定范本》。但是传统的税收协定在解决对以无形性为主的知识产权的交易所得分类问题时常常产生较大分歧,加上电子商务的发展突破了以往对交易平台固定性的认识,降低了纳税人利用知识产权进行税收筹划的法律或者技术门槛。跨国纳税人也可以通过避税港或者关联企业之间的转让定价,以降低全球税负,达到双重避免征收的目的,侵蚀成员国税基。[4]

---

[1]　刁培俊:《乡村中国家制度的运作、互动与绩效——试论两宋户等制的紊乱及其对乡役制的影响》,载《中国社会经济史研究》2006 年第 3 期。

[2]　田晓忠:《宋代的"富民"与国家关系——以税制改革为核心的考察》,载《中国社会经济史研究》2015 年第 3 期。

[3]　重庆市国际税收研究会课题组:《国内避税现实存在分析及对策》,载中国国际税收研究会:《跨国经济税收的国际借鉴研究》,中国税务出版社 2008 年版。

[4]　许秀芳:《国际技术转让所得课税法律问题研究》,北京大学出版社 2007 年版,第 12 页。

知识产权跨境交易必然涉及技术使用费的征税与恶性税收竞争。[1] 世界知识产权组织(WIPO)《供大学和研发机构发展知识产权政策的指南》[2] (*Guidelines on Developing Intellectual Property Policy for Universities and R&D Organizations*)中认为,技术指一种系统的知识,其目的是制造产品、应用工艺方法或提供服务。联合国《国际技术转让行动守则》[3] (*United Nations Conference on Trade and Development Transfer of Technology*)对技术的定义与之类似,认为是工业、农业或商业等领域中,为制造某种产品、应用某项服务所需的系统性知识。技术跨境交易征税是各国通行税收制度之一,知识经济时代对技术的征税以及利用技术使用费进行避税更是非常普遍。恶性税收竞争(harmful tax competition)降低预提所得税率是发达国家为了促进区域经济发展所设计的制度之一,OECD为了协调各国之间的征税权分配,早就在 1998 年发布了《恶性税收竞争:一个正在出现的全球性问题》报告(*Organization for Economic Co-operation and Development "Harmful Tax Competition:An Emerging Global Issue"*)。2015 年 1 月,欧盟在其《欧盟母、子公司指令》(*EU Parent-Subsidiary Directive*)中,取消欧盟境内母子公司之间资金流动的预提所得税率,通过一项反滥用条款,允许成员国挑战以激进的税收筹划或避税为目的而设立的企业集团。[4] 这对利用知识产权控股公司避税的权利人具有激励作用。

除了国际组织的努力,各国国内税法的发展也为知识产权跨境交易反避税提供依据。以美国为例,1986 年美国税法引入"与所得相配比"原则,此后对无形资产反避税的发展起到很大推动作用,从 1992 年至 2009 年美

---

[1] 徐红菊:《国际技术转让法学》,知识产权出版社 2011 年版,第 152 页。

[2] WIPO,Guidelines on Developing Intellectual Property Policy for Universities and R&D Organizations,http://www.wipo.int/export/sites/www/uipc/en/guidelines/pdf/ip policy.pdf,2016-3-31.

[3] UN,United Nations Conference on Trade and Development Transfer of Technology,http://unctad.org/en/docs/psiteiitd28.en.pdf,2016-3-31.

[4] De Groot,Isabella,Exemption Method in the EU Parent—Subsidiary Directive Amended in Respect of Hybrid Instruments:What about the Credit Method,*EC Tax Review*,2015,24(3),pp.158-165.

国财政部又多次修订暂行规章。① 此外,知识产权跨境交易反避税涉及技术转让与研究、开发、制造以及与这些程序联系在一起的劳动成本和质量,知识产权制度以及高科技人才流动制度等都会对此产生影响。美国倡导北美贸易协定的讨论,发现大量工作机会可能转移到国外,因此出于国家安全考虑而限制高科技出口。② 如果采取高科技出口限制措施,就会给跨国公司利益知识产权跨境交易避税造成制度障碍。作为当今世界上经济和科技实力最强大的国家,同时也是技术出口管制最严厉的国家,美国税收政策是阻止技术出口的主要壁垒之一,也会对国际组织和其他国家的立法产生影响。

二、知识产权跨境交易反避税的立法模式

立法模式,或者说立法体例,是指法律规范制定的形式。综观各国法律,对知识产权跨境交易反避税主要有下列两种立法体例:特殊反避税和一般反避税。具体言之,知识产权跨境交易也是通过上述两种方式来进行反避税法律规制。英美法系国家税收司法体系中,确立了反避税指导原则:第一个指导原则基于目的标准,即商业目的为判断标准的主观原则;第二个指导原则基于人为标准,即对交易形式进行考察的原则。③ 在多年反避税司法实践的基础上,美国《联邦税法典》(Internal Revenue Code)完善了许多反避税条款,增补了新的原则和规则。这些反避税条款对知识产权跨境交易而言,赋予权利人在交易避税目的和交易所获得的税收优惠之间的选择权利。换言之,如果交易的"主要目的之一"是避税,即便符合知识产权激励的条件,权利人也不得享受该交易所获得的税收优惠。但是,前面已经论述过,对于集团公司来说,一项知识产权跨境交易安排可能会具有知识产权管理与全球布局目的、经济目的、税收目的甚至人力资源目的等多种考量,很难就"唯一的主要目的"或是"主要目的之一"进行区分。大陆法系国家也有自己特有的反避税规则。以法国为代表,税收司法实践还确立了"异常经营行为原则"(doctrine of abnormal management act),并且确立了两个检测

---

① 1995—2009 U.S.Treasury Temporary Regulations.

② 刘蓉:《政府垄断与税收竞争》,经济科学出版社 2009 年版,第 50 页。

③ Ostwal, T. P, Vijayaraghavan, Vikram, Anti-Avoidance Measures, *National Law School of India Review*, 2015,22(2),p.78.

标准:"唯一目的避税(欺诈)"和"交易虚构'模拟'"。① 英美法系和大陆法系的具体做法差别较大,对主客观认定程度和对知识产权管理界限的认定都存在差异。因此,为了应对知识产权跨境交易避税安排,有必要将特殊反避税规则和一般反避税规则结合运用。

(一)知识产权跨境交易特殊反避税(SAAR)

知识产权跨境交易特殊反避税主要包括转让定价反避税、预约定价反避税和避税港与受控外国公司反避税三种情况。如果说征税权解决知识产权跨境交易应当由哪个国家征税这一问题,那么转让定价反避税则解决的是税基与利润的分配这一方面。预约定价反避税则试图给知识产权跨境交易避税问题找出一个逻辑起点并从源头上解决,避税港与受控外国公司则是避税操作的实体工具。知识产权跨境交易反避税也需要从这几种情况来分析。知识产权转让定价问题与大部分无形资产转让定价问题是一致的,需要通过最合适的方法来确定资产价值;知识产权预约定价安排是当下行之有效的反避税措施,需要界定开发成本与预期收益;避税港与受控外国公司则需要通过多边或双边协定来进行征税协调,甚至需要税款支付机构的配合。

OECD《转让定价指南》作为知识产权跨境交易反避税的国际法依据,主要针对商业性无形资产进行说明,包括除了计算机软件以外的其本身就是作为转让给顾客的商业资产或用于企业经营的无形资产,以及用于产品生产或提供劳务的专利、专有技术、设计或模型。不同的知识资产根据功能可能会被划分到不同的类型中,例如,生产性或营销型的知识产权的不同功能对征税性质和避税安排的不同影响。考虑到这些具体问题,知识产权跨境交易反避税的国内法依据和国际协定依据中规定的一般避税安排有:涉及税收优惠的不当适用、涉及税收协定的不当适用、涉及公司组织形式的不当适用及其他不具有合理商业目的的安排等。税务机关有权按照经济实质对纳税人的避税安排重新定性,决定其是否符合享受税收利益的条件。对于设在避税港协助集团关联方避税的知识产权控股公司,在何种情况下可在税收上否定其合法地位,或者否定交易的合法性等,都是知识产权跨境交易特殊反避税应当关注的内容:

---

① Vijayaraghavan, Vikram, Anti-Avoidance Measures, *National Law School of India Review*, 2015, 22(2), p.59.

1.在收入来源地设立营业机构。厘清此种情况需要根据常设机构原则并判断特许权使用费与营业利润的区别。依据现行的国际税收规则,双边税收协定缔约国一方企业的利润应仅在该缔约国纳税,但如果再在另一缔约国设置常设机构并获得营业利润的情况除外。特许权使用费则应当在收益一方所在国征税。[①] 营业机构一般指技术许可方在特许权使用费来源地设立的常设机构。根据常设机构原则,跨国公司通过常设机构所取得的利润(包括特许权使用费)可以并入该机构的营业利润,统一征收企业所得税。对于特许权使用费来源地,各国协定中的规定趋于一致,一般都明确将标准规定为,特许权使用费来源地即费用支付方居住地和实际负担人所在地二者之一。许可行为发生地的确定也是明确的,即特许权使用费的被许可方如果是缔约国居民,应认定许可行为发生在缔约国,可以适用国际条约。技术转让费的支付方与收取方可能同为缔约国一方的居民,也可能不同为缔约国一方的居民。如果是后者,非缔约国一方居民在缔约国一方设有常设机构或固定基地,应满足两个条件:支付技术转让费的义务与该常设机构或固定基地有实际联系;由该常设机构或固定基地负担利息或费用,这样就可以认定为技术使用费发生在该常设机构或固定基地所在的缔约国一方。[②] 在知识产权跨境交易反避税执行中,判断来源国是否存在常设机构或固定基地非常重要。一旦认定常设机构或固定基地存在,就能降低知识产权避税工具性的效力。

2.在收入来源地未设立营业机构。在收入来源地没有设营业机构,按照"源泉扣缴"原则,一般由技术使用方向许可方支付技术使用费,通过预提所得税形式(withholding tax)并代扣代缴。世界上大多数国家对技术使用费都采取这种形式来避免双重征税。对于技术转让费,由于许可费所属国可以依据属人管辖权征收所得税,而被许可方所在国有权依据收入来源地对技术许可费进行属地管辖,所以必然产生双重征税问题。实践中,有关国家解决这一双重征税问题的做法可能会给企业留有避税的空间。

[①]　延峰、冯炜、崔煜晨:《数字经济对国际税收的影响及典型案例分析》,载《国际税收》2015年第3期。

[②]　徐红菊:《国际技术转让法学》,知识产权出版社2011年版,第153页。

(二)知识产权跨境交易一般反避税(GAAR)

1.一般反避税条款的立法基础

在是否引入一般反避税条款(General Anti-tax Avoidance Rule)问题上,一些国家经过了漫长的博弈过程。美国普通司法辖区发现对一般反避税条款需求的案件大量增长,并最终确定了该条款。[①] 2010 年 12 月,英国财政部开始研究英国税法引入一般反避税条款的必要性和可能性,经过格雷厄姆·阿伦森教授(Graham Aaronson QC)团队的分析论证,最终认为英国有必要引入一般反避税条款。[②] 也有一些国家和地区反对制定一般反避税条款,担心因确立一般反避税条款会引起税收负担的不确定性。英国反避税立法内容最早出现在 1970 年《收入及公司税务法》(*Income and Corporation Taxes Act* 1970)第 478 条(针对个人避税)和第 482 条(针对企业避税)。其中,制约企业避税方面的主要条款包括:公司出境受限,如果要到国外经营业务需英国财政部同意;居民身份的法人向非居民身份的法人转让业务受限,这是为了防止企业通过外国分支机构避税;股份转让受限,居民企业购买股份或者转让股份需财政部统一,防止通过股份转让设立避税地公司或者将子公司转移到境外避税。[③] 美国的一般反避税条款中,规定了"报告公司"制度,与日本的"应税公司"制度类似,均不限制持股方式,但是美国规定的控股比例为 25% 及以上。德国的税收制度与英美法系差异较大,是直接税和间接税并重的模式,因此反避税措施也与众不同,不但适用于所得税,而且在贸易税、资产净值税和继承税方面都有涉及。德国转让定价调整时更注重企业管理目标及具体实施中的灵活性,同时针对利用避税港进行避税的企业实行全球所得课税;针对德国境外的家族基金,也通过立法防止避税地导管公司和家庭信托进行避税。日本也推行一般反避税制度,并且对实质重于形式原则特别重视,同时对家族公司给予特别税收待遇。具体而言,日本并没有像德国或中国台湾地区一样明确一般反避税

---

① Sulami, Orly, Tax Abuse-Lessons from Abroad, *SMU Law Review*, 2012, 65 (3), p.562.

② GAAR Study: A Study to Consider Whether a General Anti-tax avoidance Rule Should be Introduced into the UK Tax System, http://www.hmtreasury.gov.uk/tax_avoidance_gaar.htm, 2013-6-20.

③ 周自吉:《转让定价基础理论与实务操作》,中国财政经济出版社 2014 年第 2 版,第 247 页。

条款,而是散见于具体税收法律之中。①

　　相比特殊反避税条款,一般反避税条款具有强制性,对不具有合理商业目的的避税安排强制赋予其必须满足的最低义务。这就为知识产权跨境交易反避税提供了兜底条款,也一定程度缓解了知识产权跨境反避税调查的难度。如德国《税收通则》第42条规定了租税请求权,规定请求权产生条件是依据与经济事实相当的法律形式,前提是出现了税法滥用情形。② 和大多数国家一样,我国也立法明确了一般反避税条款的地位,体现在《企业所得税法》第47条。该条确立了税务机关对于不具有合理商业目的的避税安排的纳税调整权,无论是在无形资产还是在有形资产领域。当然,税务机关负有举证何为"不具有合理商业目的"的义务。此外,我国税法规定了税务机关核定计税价格的权力,包括纳税人提供应税劳务、转让无形资产的价格;税务机关针对无形资产计税价格等明显偏低并无正当理由的,对销售额计税价格可以依法在合理限度内调整。最终,我国确立了转让无形资产的一般反避税条款的依据。随着技术的进步,知识产权跨境交易避税方式也在不断更新,在知识产权跨境交易中确立一般反避税条款,能够弥补特殊反避税条款应对无形资产跨境交易避税的立法漏洞。

　　2.一般反避税条款对知识产权跨境交易反避税的影响

　　有学者认为,制定一般反避税条款有鼓励税务机关过度行使特别纳税调整权的嫌疑而忽视了纳税人通过行使税收筹划权以减轻税收负担的行为应当受到保护的情形。而且,反避税条款最受质疑的是其"有利于国库"而不是"有利于纳税人"的价值取向。③ 因此,一般反避税条款固有的缺陷就是其不确定性,由此产生的扩大解释对行政机关有利,而对纳税人不利。如果企业的安排属于转让定价、成本分摊、受控外国企业、资本弱化等特别纳税调整范围的,最好应当先启动特别纳税调整,增加法律适用的透明度。在公平原则下,服务交易、金融交易或知识产权交易超出了一般反避税规则

① 黄士洲:《一般反避税立法实践的比较研究——以中国台湾地区、日本与德国税法相关规定与实例为主线》,载《交大法学》2015年第1期。
② [德]《德国租税通则》,陈敏编译,台湾财政事务主管部门财税人员训练所1985年版,第54页。
③ 叶姗:《一般反避税条款适用之关键问题分析》,载《法学》2013年第9期。

(GAAR),特定税务机关可以调整应纳税所得额。[①]

因此,一般反避税条款扩大了反避税的解释范围,从而对知识产权跨境交易反避税具有兜底的作用。税法的解释与适用的合法性,与权利人依据私法形成的跨国公司的合法性之间出现了此消彼长的现象。然而,一般反避税条款虽然依私法自治原则,承认避税安排的私法效果,但在税法上否认其避税安排行为的合法性,因此避税安排规避的经济行为也会产生纳税义务。启用一般反避税条款之后,合理商业目的和经济实质的审查权力就交由税务行政机关或司法机关来决定。其中,具体调整要按照实质重于形式的原则,调整方法通常包括:对交易性质和交易主体性质的甄别,这在知识产权领域非常重要,还要对交易行为进行重新界定。由此可知,如果企业的知识产权跨境交易属于一般反避税管理范围的,则有可能面临如下风险:交易合法性否定、税收金额被否定、核对账务、税收优惠被取消或范围被限制等税收风险。因此,对于企业来说,在利用知识产权跨境交易时,一旦被动适用了一般反避税条款,就要面临与法律条文之外的法律规范性的博弈。与此同时,企业还将可能承受高昂的税收负担,以及由此带来的经济损失。

第四节 知识产权跨境交易反避税的现状及存在问题

一、知识产权跨境交易反避税的现状

(一)知识产权跨境交易反避税浪潮的全球化

第一,跨国研发迅猛发展,通过技术转让、成本分摊转移利润避税现象日益增加。在经济全球化背景下,国际避税构成呈现许多时代特点。[②] 跨国资本和技术的全球流动、资本市场的复杂运作,这都增加了知识产权跨境避税的操作空间。其中,资本市场是国际避税、逃税及税收筹划的主要领域,跨国金融机构以及它们提供的层出不穷的交易形式使得一国难以有效

---

① Al-thani, Salman Bin Hassan, Transfer Pricing in the Gulf Cooperation Council, *International Tax Review*, 2014, 25(9), p.31.

② 中国国际税收研究会:《跨国税源监控研究》,中国税务出版社 2010 年版,第 42 页。

地进行税收管理。跨国研发是国际避税及税收筹划的核心领域,最近几年跨国公司涉及知识产权的避税行为越来越多。20世纪90年代以来,随着经济全球化的日益深化,跨国公司国际投资逐渐改变传统的寻求低成本与低劳动力模式,过渡到资本密集、技术密集为导向的模式,并最终迈向知识创新为导向的模式。跨国公司技术研究与开发的传统在悄然改变,跨国公司可以在全球安排研发机构,依赖母国作为技术研发根据地不再是主要方式。目前全世界所有专利技术国际许可费中大部分是支付给跨国公司及境外子系统的,即都发生在关联企业内部,很多用于避税安排。① 大部分外商投资企业制造产品的更新技术的获得依靠支付给境外母公司专利技术许可费来实现,通过成本分摊协议转移利润。为了防范企业通过成本分摊协议安排境内企业承担高于或低于正常比例的成本费用,进行利润调节或转移税收风险,必须按照功能风险与利润相配比的转让定价原则处理。

第二,跨国并购活动中受控公司避税成为更为隐蔽的避税形式。跨国贸易变化较大,集团内部贸易转让定价复杂多样。伴随跨国活动不断增长,借集团业务重组避税,非居民税收流失不容忽。通常情况下,跨国公司将全球运营或者财务中心设置在低税国家或地区,然后再向世界范围内的其他子公司均收取服务费或者许可费。总部制定分摊协议,要求利润在各子公司之间分摊。所有的跨国公司,即使是低技术含量的,都会想方设法利用知识产权进行避税,都在争取将知识产权产生的利润转移到避税天堂。② 电子商务的发展进一步推动了滥用知识产权避税的可能。正如威廉·兰德斯教授和理查德·波斯纳法官观察,知识产权的经济分析仍然是不确定的。③ 在这样的背景下不好理解成本和收益的相关性,也不可能有任何最优的经济后果。当然,设立知识产权控股公司和广泛开展业务对反避税中主体利益平衡也带来一定困扰,需要各国共同协商解决。

第三,跨国网络日益发达带动数字经济与电子商务迅速发展。数字经济中企业往往通过合同,将知识产权转移至位于低税区的无实质性商业活

---

① 中国国际税收研究会:《跨国税源监控研究》,中国税务出版社2010年版,第42页。

② Lee A.Sheppard, Is Transfer Pricing Worth Salvaging?,*Tax Notes*,2012,22:136-467.

③ Charles F.green,Clsbank v.Alice Corp:What Does It Mean for Software Patent Eligibility?,*John Marshall Review of Intellectual Property Law*,2014,13(3),p.603.

动的关联企业,并在合同中规定由低税区实体承担大部分或者所有风险,而从事实质性经营活动的关联实体则被重组为不承担或承担较小风险的合约研发商,分配有限的利润份额。要规制这种税基侵蚀和利润转移问题,需要对现行的涉及知识产权的转让定价规则和依据功能、资产和风险分配关联交易利润标准进行改革,以实现利润课税与实质经济活动地和价值创造地相匹配。电子商务对知识产权流转税体制下的法律属性确定和所得税体制下的避税与反避税有着巨大影响。这种影响主要针对依附于有形媒介物上的数字化的知识产品,如储存在硬盘、U盘、光碟中的书籍,以及期刊、报纸、录音制品、录像制品等,现在更多的是不依附于有形载体的数字化知识产品,仅仅依靠互联网传输,例如各种云盘。① 企业通过网络远程销售数字化的知识产权产品或服务,虽然可以在销售国获取大量销售利润,但因在销售国不构成物理性的机构场所而无须纳税。传统的常设机构概念对此无能为力,应寻找能够体现国际税收公平分配原则并能够有效实现的课税联结点。OECD《应对数字经济的税收挑战:第1项行动计划》对数字经济及其商业模式的主要特征进行分析,并就数字经济环境中的BEPS问题以及如何应对进行讨论,但未能推出解决数字经济下知识产权避税问题的最终方案。② 总之,数字经济和知识经济在网络时代通过特殊方式紧密结合,对知识产权跨境交易反避税的调查启动的标准和具体操作的国别差异产生许多重要影响。

第四,跨国服务中离岸外包(offshoring)成为国际避税新途径。伊德里斯认为,知识产权是推动经济增长和财富创造的有力工具。③ 通过运作知识产权离岸外包,以跨国服务的途径来避税是跨国公司的新兴选择。离岸外包是指跨国境的服务外包活动,包括战略外包、职能外包和操作外包,如IT、人力资源、金融和财务管理、税收筹划、设施管理、物流和客户服务等运营业务、核心技术研发、设计和市场营销等。跨国公司海外直接投资需要复杂庞大的知识体系,利用知识产权跨境交易避税还面临知识产权法律保护

---

① 廖益新:《论电子商务交易的流转税法律属性问题》,载《法律科学》2005年第3期。

② 廖益新:《应对数字经济对国际税收法律秩序的挑战》,载《国际税收》2015年第3期。

③ [苏丹]伊德里斯:《知识产权:推动经济增长的有力工》,曾燕妮译,知识产权出版社2008年版,第112页。

的风险。因为各国不仅存在税制差异,还存在知识产权制度差异。由于知识产权在投资经营中起到关键作用,是重要的海外投资资产,在避税安排中会涉及多次对外许可,要注意不同国家的知识产权保护力度和水平差异给用于充当避税工具的知识产权带来的潜在危害。知识资产占跨国公司境外分公司的总资产比重也会受东道国知识产权制度、所有权制度、知识产权保护水平、避税筹划可接受程度以及潜在风险等因素的影响。因为增加现金和实物的权益投资的税收监管较为容易,反避税制度比较成熟且易操作,因此避税筹划难度较大,导致跨国公司更倾向于采取以知识产权为主的无形资产作为出资方式。随着知识产权资本化增强,跨国公司资本弱化和债务融资增加,离岸外包中知识产权服务增加,导致知识产权在跨国投资中的比重超过有形资产,最终达到一个效果:知识产权愈发适合充当避税工具。[①]最终,离岸外包中知识产权服务的增加对知识产权跨境交易反避税的跨国司法协助等方面提出更高的要求。

综上,金融危机背景下,跨国税源发展面临新动向。[②] 跨国税源增量急剧收缩,跨国税源存量迅速减少;跨国交易活动明显减弱;同时,跨国税源境外亏损向境内转移现象频现值得关注。跨国税源的行业比例构成发生变化。内资企业海外并购空前活跃,利用避税港向境外转让股权等方式避税层出不穷。这些活动都为知识产权跨境交易避税提供了便利。

(二)各国税法差异导致知识产权跨境避税的空间依然存在

第一,各国国内税法差异可能会带来"双重不征税"的后果。如果将避税地的存在视为是税收竞争的结果,那么诺贝尔奖得主米尔顿·弗里德曼则支持这种竞争现象,他认为税收竞争解放了世界经济的生产力,并为经济活动创造税负更低的环境。[③] 维京群岛等一批"避税天堂"的存在为各国税法差异提供了可供税收筹划的巨大空间。近年来,一些国家甚至自由贸易区纷纷也设立了保税区、避税区,因此"避税天堂"以新的形式出现在世界各地。资本外逃现象愈演愈烈,或是在避税港注册公司转移利润,或是通过专

---

① 王习农:《培育国内服务外包市场加大服务业引资力度》,载《国际贸易》2007 年第 1 期。

② 中国国际税收研究会:《跨国税源监控研究》,中国税务出版社 2010 年版,第 50 页。

③ Alex Easson, Harmful Tax Competiton: An Evaluation of the OECD Initiative, *Tax Notes International*, 2004, 34(7), p.1055.

业运作改变居民身份手段逃税漏税,加大了各国税务机关反避税工作的难度。知识产权作为重要的无形资产,其本身的法律性质尚在不断探讨与定位之中,税务机关就不得不在权利属性尚未明确之际应对其与生俱来的避税工具性被跨国公司大肆运用的难题。国际联手打击跨国金融犯罪已经刻不容缓。双重不征税不应当被视为一种孤立行为,虽然看起来这是一个不违法的结果,但是在宏观角度来看,这对全球福利是一种抑制,对企业知识产权研发也并没有起到激励作用。因此各国应当在多边公约框架内,遏制知识产权跨境交易双重不征税这一情况的蔓延。

第二,多边税收协定的立法缺陷。随着各国对外开放程度的不断提高,无论是有形资产还是无形资产,其空间流动范围都不局限于一国之内,跨境交易成为常态。交易范围的空间限制减弱在知识产权跨境交易领域表现得尤为明显。但是随之而来的是各国税法规定上的差异和各国金融制度漏洞导致的跨国逃避税行为。国与国之间信息沟通和交流有赖于呼吁通过多边税收协定进行协调。在这种背景下,多边税收协定的出台非常重要。目前,全球范围内约半数国家签署了《税收事务行政互助多边公约》(Convention on Mutual Administrative Assistance in Tax Matters),以此作为跨境交易避税协调的国际基础,该公约也成为包括知识产权跨境交易避税安排在内的多边调查的基础性公约。[①] 在此公约框架下,知识产权跨境交易反避税的国际合作首先在于交换税制信息并消除税制差异。信息交换双方负有对等的交换义务,包括各国税法当中涉及相关且必要的信息;信息交换双方负有严格保密义务;信息交换双方负有仅能以特定用途利用信息的义务。在公约框架下,信息交换双方还应当交换消除双重课税方法,并相互给予税收饶让等优惠,鼓励知识产权跨国流动不受税制壁垒牵制。应当说,相比双边协定,多边协定的执法成本更低,沟通效率更高。OECD、G20 集团等国际组织以及 TPP、TIPP 等自贸协定都在不同的视角下致力于税务信息的交流工作,各国税务机关间的合作更加顺畅和便利。不过,值得注意的是,在知识产权跨境交易反避税中,多边税收协定的立法缺陷或冲突都有可能对司法协助、情报交换等反避税手段的平衡造成障碍。

---

① OECD, Convention on Mutual Administrative Assistance in Tax Matters, http://www.Oecd.org/ctp/exchange-of-tax-information/conventiononmutualadministrativeassistanceintaxmatters.htm,2016-3-31.

二、知识产权跨境交易反避税存在的主要问题

(一)发达国家与发展中国家的价值冲突

立法价值影响不同国家的反避税政策。例如,美国企业免税分立制度中,立法价值取向包括阻止纳税人滥用免税分立交易从事避税活动。[①] 发达国家与发展中国家的立法价值冲突反映在反避税活动中就是具体的制度冲突,具体到知识产权跨境交易反避税,还要考虑知识产权交易本身的特殊性,即知识产权保护在发达国家和发展中国家最突出的矛盾就是到底应当公平优先,还是效率优先。知识产权制度的价值目标对不同发展水平国家有着不同的影响,发达国家在其自身的知识产权制度目标驱使下,借助TRIPs 协议对研发为基础的产业提供强劲知识产权保护。但对发展中国家而言,TRIPs 协议未必能够真正顾及它们的利益。[②] 国家间利益冲突的存在,导致在消除国际避税的态度上往往相反。站在不同国家的角度来看,各国利益难以平衡。各国的态度不同原因在于跨国纳税人避税行为给各国带来的客观结果不同,高税负的发达国家可能更多关注科技进步、税收福利等目标,低税负发展中国家可能更多关注增加投资、增加就业等良性后果。因此,发达国家主要以经济扩张为目的,在这种目标驱使下,对国际反避税的态度一般是支持和肯定的。而发展中国家出于资本需求考虑,宁愿牺牲本国税收利益换取引进技术和资金,在客观上给予跨国纳税人避税的地理条件和经济条件,经济发展的国际化差异导致国际税收竞争。发达国家倾向于知识产权强保护,但是对于发展中国家来说,效率在经济发展中的地位不容忽视。[③] 为了实现效率的目标,有时候公平可能会受到制约。例如,发展中国家为了提高经济发展速度,为知识产权的研发和转化提供良好的经济土壤,一定程度上会让步本国税收利益,通过税收优惠的方式来鼓励

① 林德木:《美国联邦所得税法公司免税分立制度的介评》,载《福州大学学报(哲学社会科学版)》2011 年第 2 期。

② 欧洲专利局:《未来知识产权制度的愿景》,郭民生、杜建惠、刘卫红译,知识产权出版社 2008 年版,第 21 页。

③ 庞凤喜、贺鹏皓:《基于反避税要求的税制改革国际视野》,载《税务研究》2015年第 7 期。

和引进知识产权,但大量的税收优惠会给跨国纳税人营造混合错配的牟利空间。[①]

(二)"避税天堂"的合理性与合法性质疑

后危机时代,全球信贷紧缩压力依然存在,很多福利国家面临税收收入不足的现状,需要重新考虑以金融保密制度和低税率甚至零税率作为优惠条件来吸引投资的"避税天堂"的合法性与合理性。很多跨国公司更是利用避税港对知识产权跨境交易进行大规模避税。"荷兰三明治"结构作为如今被跨国公司普遍采用的知识产权跨境交易避税架构安排,其实施的有效性离不开国际税收对"避税天堂"地位合理性与合法性的判断。同时,"避税天堂"的性质界定还会对知识产权跨境交易反避税的司法保护、司法协助产生影响。

第一,"避税天堂"的制度优势是知识产权跨境交易反避税的障碍。OECD《转让定价指南》对安全港有详细规定,而各国关于资本弱化税制规定有所差别,有的国家规定向非居民企业支付利息视同股息分配,该规定对知识产权控股公司纳税义务产生影响,另外还有很多国家实行安全港制度。[②] 苹果公司的案例也完美展现了大型跨国企业如何运用"避税天堂"和知识产权进行避税安排。出于税收竞争的原因,一些国家倾向于减少其跨国公司海外经营活动税收负担的结构,为双重不征税提供方便。[③] 控股公司以离岸的形式存在,是"避税天堂"中最为普遍性的经济实体,这种经济实体的金融目的远大于交易目的,可以说欠缺必要的实质内容,仅具有形式意义,因为集团公司的实质性经营活动并不在离岸公司进行。跨国纳税人利用离岸公司实现销售利润的跨国转移,规避母公司所在国对特许权使用费征税,也规避了"避税天堂"作为离岸地所在国对企业利润征税。这些共同构成"避税天堂"的立法与财务方面的技术优势,成功吸引各种跨国避税安排尤其是知识产权跨境交易避税安排借助"避税天堂"来实现,从而构成反避税的现实障碍。

---

① Leonard Wagenaar, *The Effect of the OECD Base Erosion and Profit Shifting Action Plan on Developing Countries*, Bulletin For International Taxation, February 2015.

② 杨斌:《防止跨国公司避税之对策的比较研究(上)》,载《涉外税务》2003 年第 6 期。

③ H.J.Ault, Some Reflections on the OECD and the Sources of International Tax Principles, *Tax Notes International*, 2013(70), p.1195.

第二,"避税天堂"存在的合法性与合理性对知识产权跨境交易反避税造成的障碍。"避税天堂"既有合理性,也有非理性因素,它的产生和繁荣都是人为政策驱动的结果。一方面,国际离岸地均具有合法的国际法上的主体资格,其税收及金融法律的制定符合国际法,同时与许多国家签署平等的税收协定,无论是双边还是多边形式,这种避免双重征税协定进一步支持了"避税天堂"合法性基础,其制定税收优惠政策符合本国法律以及国际条约。另一方面,离岸国通常在自然资源和人力资源方面受限,创造宽松的金融及税收环境来引进资金是其发展经济最合理、最有效的做法。因此,"避税天堂"的存在绝对有其合理并合法的依据,这种合理并合法的视角给全球范围内打击"避税天堂"造成一定困扰,也成为制约知识产权跨境交易反避税的障碍——因为没有足够的理由在全球范围内彻底铲平"避税天堂"的制度优势。

第三,"避税天堂"的监管困境对知识产权跨境交易反避税提出尖锐难题。全球范围内对避税天堂的监管目前主要体现在三个层次:第一个层次是国际经济组织[①],第二个层次是区域经济组织和某些国家[②],第三个层次是避税地自身[③]。三个层次的监管困境产生叠加效应,对大量涌现在"避税天堂"的知识产权控股公司的监管难度提升到很高的级别。为了实现监管,需要同时提高国家、区域和全球的监管力度和相互之间的信息交流强度。在主权国家之间,在利益矛盾的大环境下,任何条约都难以一蹴而就。即使目前全球范围内各国和各区域经济体普遍出台各种政策打击"避税天堂"的避税优势,但是依然无法从监管途径取得有效突破,尤其是知识产权跨境交易多利用"避税天堂"作为避税模式架构的主要连接点,要想揭开这层面纱依然有许多制度上和技术上的桎梏[④]。

---

① 包括国际货币基金组织、世界银行、国际清算银行、金融稳定论坛等,这些组织的作用是在世界范围内统一离岸金融中心的监管标准。

② 由于加勒比海和太平洋的不少离岸金融中心属于欧洲国家海外领地,欧盟和英国等欧洲国家对其监管影响较大。

③ 网易财经:《避税天堂的罪与罚》,http://money.163.com/09/0416/10/5710KGG4002533TM.Html,最后访问时间:2018年12月10日。

④ Dr.Gabriel Gari,International Initiatives for Reconciling the Sovereign Right to Tax with Free Trade in Services,*Law & Business Review of the Americas*,2012(18),pp.18-55.

(三)知识产权跨境交易反避税国际合作的困境

第一,税企间的利益博弈对知识产权跨境交易反避税的主体利益平衡的影响。跨国公司作为企业法人,资本逐利性是基于跨国公司为经济人的假设,实际上正是如此,并且资本逐利的本质也是受到货币金融制度的影响,为了抵御通货膨胀的压力,跨国公司最理性的选择就是在全球范围内攫取最高利润。加之经济理性的考虑,跨国纳税人尽可能降低自身税负,减少自身既得利益的损失,或减少经济行为的成本。各国政府在法律权限内保护税基也是符合其行政法上的义务。不过,政府可能存在这两种截然相反的动机——保护税基或牺牲税基。国际税收征纳过程中,各国政府与跨国纳税人之间的税收博弈结果也随着政府态度的不同而改变。但是大型跨国公司往往也与政治利益有千丝万缕的关系,跨国公司的政治代言人要求重视维护跨国纳税人的权益,避税与反避税的博弈更加激烈。另外,许多国家在司法实践中,根据一般法律原则,不允许税法滥用,需满足实质优先于形式等原则,屏蔽税收协定的效力,加剧国际税收协调的难度。但是,反避税必须维持在某一限度内,因为根据经济学理论,税收有可能扭曲激励,引起市场配置资源时的无效率,从而造成无谓损失(deadweight loss)。[①] 而过度反避税也可能引起对贸易的限制与对研发的束缚。正如反竞争行为造成无谓损失,知识产权避税在投资配置不当和成本方面造成大量的无谓损失。例如,从事反竞争行为的企业,将价值从消费者转移到企业本身,相当于避税筹划者将税收负担转移到其他纳税人。当今世界,国际交易占所有贸易总利润额的一半以上,跨国集团跨境交易又是全部国际贸易的主体部分。[②]税基侵蚀与利润转移严重威胁国际税收秩序,挑战税收公平原则。快速发展的经济全球化趋势与相对滞后的国际税收秩序矛盾重重,全球性的税收监管合作以及信息的公开与交流力度仍需要提高。2014 年 OECD 起草了《税务事项信息自动交换宣言》(*Standard for Automatic Exchange of Financial Account Information in Tax Matters*),2017 年又颁布了第 2 股。有 100 多个包括主要国际金融中心的司法辖区代表承诺自动交换信息,仅

---

① [美]曼昆:《经济学基础》(第 5 版),北京大学出版社 2010 年版,第 131 页。

② 何雨欣、韩洁:《中国加入国际反避税行动:堵跨国公司避税通道》,http://news.sina.com.cn/c/ 2014−11−23/173131189808.shtml,最后访问时间:2018 年 11 月 23 日。

有小部分司法辖区尚未通过国内立法,这是国际政府间反避税合作的又一重要文件,①全球跨境交易反避税的政企博弈正式开始。

第二,国际税收政策与全球福利实现的矛盾对知识产权跨境交易反避税的立法价值影响。从公正的角度出发,税收的全球福利有相当大的吸引力,生产要素比较有优势,给母国和东道国提供了最大化的全球福利累积收益。②从道德角度来说,世界各地是平等的,出于本国利益考虑而扩大本国税权会遭到其他国际主体的抗辩。然而,一个公正的哲学家的无私在政治立场上往往难以获得支持,通常会遭受具有次道德准则人们的拷问。因此,至少在文明行为的限制下,各国完全从国内福利的角度而非世界性福利角度来考虑问题的视角具有一定争议性。③ 国际税收政策包括多重主权的问题。在国内税收政策中,人们可以设置一个国家层面上对每个人使用的税收规制。然而从国际角度来说,每个国家只能制定自己的税收政策,这是各国政府的权力。但是当本国税收政策企图以其他方式试图影响别国政府时,最后政策选择就是各国政府税权博弈的结果。应当说,国际税收的目的应当是促进全球福利,知识产权跨境交易的不当进行会导致税基侵蚀和利润转移,而由此降低全球福利。④ 因此,国际税收政策有两个核心的非确定性:如何确定中性的限制幅度,以及在实施过程中考量与平衡全球福利与单个国家福利。实践中,在人们对国际税收政策得出明确结论之前,必须解决这两个非确定性,否则会使当前政策选择无法达到全球福利最优选择。知识产权跨境交易反避税的立法冲突也正在于此,并且该问题在各国税权冲突的维度之上又增加了知识产权保护与激励的维度,更加难以确定全球福利的实现路径。因此,目前的争论依然普遍存在。

第三,区域性协调与合作的不足对知识产权跨境交易反避税的启动与

---

① 廖冰清、何雨欣:《全球反跨国避税行动再升级多国政府重拳出击》,http://world.people.com.cn/n/ 2014/0926/c157278－25737415.html,最后访问时间:2018 年 9 月 26 日。

② Larkins, Ernest R, Double Tax Relief for Foreign Income: A Comparative Study of Advanced Economies,*Virginia Tax Review*, 2001,21(2),p.236.

③ [美]丹尼尔·沙维尔:《解密美国公司税法》,许多奇译,北京大学出版社 2011 年版,第 108 页。

④ 雷超:《经济全球化所引起的国际税收竞争及其防治》,载《税务研究》2001 年第 8 期。

司法制度的影响。由于知识产权跨境交易涉及数个国家,单边性的国内法和双边协定对其难以进行有效监管,多边税收协调与知识产权制度协调才是解决知识产权跨境交易反避税的根本途径。总部经济在经济全球化和技术信息化时代背景下带来税收贡献外溢效应,但是也产生了一些负外部性。例如,高端研发和低端生产逐渐向不同区域聚拢,国家间税收竞争加剧。[①]区域性国际协调与合作已有很多成熟的组织结构,诸如欧盟、北美自由贸易区、东盟,以及影响广泛的协议,如跨太平洋伙伴关系协定和跨大西洋贸易与投资伙伴协议等,都有涉及税收协调和知识产权保护的内容。这些区域性组织或协议的运作已有相当广泛的推动作用。例如,欧盟订有《税务行政相互协助公约》(*Convention on Mutual Administrative Assistance in Tax Matters*),作为欧盟内部多边税收合作的基础。区域组织内部的谈判成本较松散协议下的谈判成本低,因为区域组织的成立,说明各部分成员国已经具备初步的共识目标。跨区域协调与合作最典型的是 OECD 国际税收管理论坛,其旨在促进各国税务机关信息沟通,以对抗国际逃避税。此外美国等国组成的七国就避税港情报交易达成一致。但是,国际多边协定在细节上还有诸多需要完善之处,BEPS 中涉及无形资产部分尚未得到国际普遍认可,只能从区域协调的层面寻找知识产权跨境交易反避税的出路。

第四,国际税收协定的执行难度对知识产权跨境交易反避税的影响。国际税收协定无法跨越主权国家的税权,也无法进行有效的违约制裁,目前只能作为松散的协议存在。目前国际税收协定多集中在所得和财产避免双重征税方面,这对企业向境外投资、向境外技术援助等是有利的。但是,如前所述,现在各国面临严重的税基流失问题,各国期待能有督促税收协定执行的方案出台。比如,区域内的税收协定是否能够依托区域组织本身的一些金融方面的手段作为制裁,但是很难想象货币一体化实施前能有如此有效的手段。当前除了欧盟能够针对同一税基出台方案,这离不开欧元的货币支持。否则,因为各国都是以维护本国税权为出发点,在国际合作方面,如何让渡本国税权以及如何保护本国知识产权是各国会首先考虑的问题,WTO 谈判如此艰难也是在知识产权和税收方面迟迟无法达成共识。TPP 作为目前对知识产权保护要求最高的区域经济框架,其谈判一开始就对这

---

① 杨虹:《总部经济模式下区域税收与税源背离的思考》,载《中央财经大学学报》2009 年第 7 期。

两个问题高度重视,不允许任何形式的针对不放开关税的保留条款。但是,如果仅根据经济发展水平来发展自贸区并且在自贸区内执行国际税收协定,依然无法阻止国际贸易的全球化走向。此外,了解各国国际税收规则对外国税法专家来说困难重重,外国政府则更是难以理解。因此,从纯粹国家福利角度来说,考虑到别国互惠政策,最佳状态下的福利效果似乎不可能为最优。因此,知识产权跨境交易反避税国际合作的重点不是通过对跨国无形资产交易税制设计将国家福利和全球福利完美地结合,而是如何处理大量重叠的复杂关系。总之,在国际税收政策的领域内,因为最终国家角度占统治地位,导致国际税收协定在执行上不得不存在偏向国家福利的可能性。

(四)知识产权税收筹划的自由限度

知识产权税收筹划的自由限度是知识产权跨境交易反避税立法价值冲突的主要表现形式之一。知识产权是一种无形财产权,是一种权利型财产,如果没有法律规定对其保护,知识产权只是一种存在。① 对知识产权交易产生的所得征税也是挑战几千年来的税制史。从知识产权管理的角度而言,能够成为征税对象,是因为知识产权具有法律价值、信息价值和创新价值。首先,知识产权具有法律价值。与其他权利不同,其诞生伊始便具备法定权利和垄断权利的特点,从知识产权许可费在英文中被称为"royalty""license fee"就可以看出。可以说,知识产权的法律价值是知识产权成为征税对象的第一因素,如果知识产权没有得到法律的认可和保护,一方面可能会造成智力成果(显然没有得到法律任何保护的情况下就不存在"知识产权"这个名词)被肆意滥用,价值降低;另一方面也为纳税人利用智力成果进行避税提供了便利,从而加大了反避税的管理难度。知识产权的法律价值实质体现为商业竞争带来的商业价值,是对权利主体的价值体现和增值。② 其次,知识产权具有信息价值。按照通常的法律常识判断,根据私法规范形成的法律形式与其经济实质应当相符。私法赋予权利人意思自治的自由,纳税人可以在法律限度内任意安排私有权利。滥用法律事实,以行使知识产权私权利为由抗辩税法,是知识产权跨境交易避税安排缺乏法理依据的体现。但是知识产权自由筹划的限度必须在税法的界限内,前提是税法必须符合其自身的立法宗旨。

---

① 曾德国:《知识产权管理》,知识产权出版社 2012 年版,第 2 页。
② 曾德国:《知识产权管理》,知识产权出版社 2012 年版,第 3 页。

（五）知识产权跨境交易税收套利与 R&D 发展并存空间的寻求

现今，智力成果进入井喷式发展时期，知识产权的数量之多、质量之高也为历来之最。在知识产权跨境交易反避税这个语境下，如果要 R&D 在健康有序的条件下发展，税收优惠是国际通行措施。但是，强调税收优惠的同时又会造成混合错配的滥用，因此，如何平衡税收套利与 R&D 发展是知识产权跨境交易反避税面临的难题。各国税收政策都倾向于通过赋予知识产权研发、购买或使用等行为一定的税收优惠，旨在鼓励企业创新，提高科研能力。类似的税收优惠给纳税人税收套利提供了操作空间，而全球反避税浪潮的兴起又对这种税收套利行为发起了质疑。"专利盒"是一种基于知识产权的税收激励，对于高科技行业具有较强的吸引力，因为这些行业的知识产权收入一般都达到总收入的 60％以上。[①] 芬兰的就业和经济部正在研究介绍"专利盒"概念到本国的可能性。"专利盒"的目的是将知识产权留在芬兰，同时也将吸引知识产权到芬兰，允许知识产权产生的收入按照较低的公司税率征收，前提是需要明确界定哪些收入属于"专利盒"制度的范畴。[②]这些收入可以来自以下途径：全球销售的具有知识产权价值的产品；知识产权许可收入；侵权损害赔偿收入；知识产权保险赔偿等，按照这些服务或销售此类产品的收入占总收入比例适用"专利盒"制度。此外，不能忽视"专利盒"制度的负面影响。OECD 与 G20 集团正在逐步规范或废止"专利盒"制度名义下的不具有实际作用的税收优惠，目的是将企业研发活动主要发生地的各项成本支出与可享受税收优惠的各项收入进行匹配验证，结合实质性因素和透明度对关于知识产权的税收优惠制度评估考量。[③] 评估考量时要顾及专利从研发到获得专利权的时间限制，以及研发结果的待确定性，需要投入较大的时间成本与资金成本。"专利盒"制度的负面影响还表现在对权利人择协避税的不可控性，政府期待"专利盒"制度能带来激励知识产权

[①]　赵书博：《中国与欧洲各国"专利盒（PatentBox）"制度比较研究》，载《会计之友》2015 年第 5 期。

[②]　David Wilson, Laura Deacon, Howard Murray, Pindy Gainda, Making the Most of the New UK "Patent Box" Tax Regime, *European Intellectual Property Review*, 2013, 35(3), pp.175-178.

[③]　阎传雨：《OECD：全球性打击国际逃税行动将持续下去》，http://www.ctaxnews.com.cn/guoji/gjcaijing/201503/t20150317_56647.htm，最后访问时间：2018 年 3 月 11 日。

的效果,但是很难评估享受该制度的专利权的价值增值与因该制度而损失的税收收入二者之间的利弊。[①]

知识产权可转移性非常强,从研发地区向低税率地区转移不会遇到太多技术障碍。具体执行方面中,需实证分析来研究各国"专利盒"制度模型的不同影响。一些国家在"专利盒"制度方面已有所实践,例如:美国在此基础上准备出台自己的"专利盒"制度;[②]列支敦士登提供最优惠的"专利盒"税率;爱尔兰针对版权、工艺产品、外观设计、实用新型适用"专利盒"制度,商业秘密和商标被排除在该制度之外。然而,英国的"专利盒"制度要求企业必须依靠合格的知识产权并从中获利。[③] 此外,对企业 R & D 投入实行税收优惠的经济合理性分析,也是弥补市场失灵的一种手段,而且 R & D 投入的社会会报超过私人回报。实证分析结得出结论是,税收优惠对激励企业 R & D 投入具有重大作用。[④]

本章小结

知识产权跨境交易反避税的制度构建对国际税制建设来说具有重大意义。从国内法角度来说,其能够有效保证国家税收增长,同时也能给知识产权发展提供良好的税制背景;从国际法角度来看,知识产权跨境交易反避税协调有助于平衡发达国家和发展中国家的利益冲突,为区域经济一体化提供制度选择,从而达到不同国家整体利益最大化。同时,对发展中国家来说,知识产权跨境交易反避税制度构建将从经济和科技两方面同时推动兴国战略。对发达国家来说,吸引投资的目的相对较弱,更多的是想将知识产

---

① 卢宝锋:《"专利盒":催生优质专利的税收杠杆》,载《电子知识产权》2012 年第 4 期。

② Brown, Jason M, Patent Box Taxation: A Comparison of Four Recent European Patent Box Tax Regimes and an Analytical Consideration of if and How the U-nited States Should Implement Its Own Patent Box, *International Lawyer*, 2012, 46 (3), p.914.

③ Anwer, Afzana, OECD Cracks down on the Patent Box, *Managing Intellectual Property*, 2014(244), p.26.

④ 林秀芹:《促进企业 R&D 投入的税收法律制度研究》,载《南京大学法律评论》2008 年第 1 期。

权交易征税权留在本国。从知识产权跨境交易反避税国际协调发展的现状和趋势来看,BEPS 应更多关注发展中国家的利益诉求。另外,税基侵蚀和转让定价已成为全球共同的挑战。在这个挑战中,知识产权权利人的诉求与各国政府机关的诉求应当有效平衡,发展中国家市场溢价与成本节约等产业优势也不再是对立关系,既要将各国政府的税基保持作为立法目标,也要将权利人的研发水平作为考量因素。

第二章　知识产权跨境交易避税的表现形式及外部影响

知识产权跨境交易避税有着独特的表现形式,并且产生相应的外部影响。知识产权跨境交易避税表现形式多样,可以从不同的主体和不同的方法来讨论。其外部影响表现在对不同参与主体的权利义务的影响。按照各参与主体在经济法律关系中所处的地位,大致可以分为经济规制主体和经济活动主体两大类。经济规制主体主要指依法设立的国家机关,也包括经授权承担一定管理职能的特殊企事业或公司组织,主要以管理者、决策者或社会正义维护者等身份出现,包括政府、税务机关、法院、银行监管机构等。经济活动主体主要指直接从事生产、流通、服务和经济协作等活动的自然人和依法设立的组织,包括商业银行、中介机构、知识产权权利人等。本章将对这些参与主体的特征、表现形式、危害与影响等逐一进行分析。

第一节　知识产权跨境交易避税的表现形式

知识产权跨境交易的表现形式可以从主体层面和方法层面来探讨。主体层面的表现形式要解决的是通过何种媒介进行避税安排,方法层面的表现形式要解决的是具体避税方法的适用。

一、主体层面:从知识产权跨境交易避税实施主体视角考察

知识产权跨境交易避税的表现形式随着经济和法律的发展而不断改变,知识产权控股公司扮演着避税安排主要载体的角色。知识产权控股公司的存在对跨国公司和公权力机构都有影响。就微观影响来说,会影响税收条约的适用。一般情况下,税收条约对地点的确认非常谨慎,不同的收入适用不同的原则。比如,对所得来源地,按照服务提供地来确认;或者股息红利所得,按照股息红利的付款人居住地确定;或者资本利得收入,按照资

产出售人居住地确定;等等。但是,对于知识产权跨境交易而言,很多时候这类判定标准不是那么适用,因为决定所得类型非常困难。例如,从网上下载软件,在商店购买软件(包括在 APP 上购买),或者计算机上的预装软件,到底应当区分为销售所得、服务所得还是特许权使用费所得,一直困扰着税法学者们。这样的问题在许多经济学家看来缺乏意义。[①] 这也是针对知识产权跨境交易反避税特别关注的问题,跨国公司来源地的复杂性涉及在不同税收管辖权的地区之间分配受控公司群体的所得,无形资产转让定价税制都是为了解决这个问题。

(一)知识产权控股公司成为反避税关注的主要主体形式

1.跨境交易数量增多、税额增大,促进知识产权控股公司的产生。诞生伊始,知识产权控股公司离不开金融业的发展,并且伴随资金池的大量出现而应运而生。知识产权控股公司最早出现在 19 世纪的美国,是工业化发展和对资本需求增加的产物。[②] 最初的知识产权控股公司以转移专利权为主要业务,将所有专利权集中在集团内部特定公司,该公司对外许可专利权,通过收取制造商的许可费赚取利润。随后,控股公司组织形式从美国蔓延到欧洲,欧洲有些国家非常适合充当离岸公司所在地,因为它们很早就开始利用优惠税制吸引外资。如今,设立控股公司是跨国公司的普遍选择,按照集团公司的经营目标或者税收目标,承担相应的职责,并且按照职责范围选择离岸地。知识产权控股公司的设立形式,包括直接控股或者间接控股方式。一般按照如下流程运作:首先,知识产权控股公司取得知识产权的所有权或者使用权,并有权对外许可;其次,知识产权控股公司收取特许权使用费和佣金;再次,知识产权控股公司分配销售费用,生产成本和广告服务以及本集团内部子公司技术管理费;最后,通过上述安排,知识产权控股公司的存在能够明显降低集团公司应税所得。现在知识产权控股公司多以避税地为注册地,利用避税地的优惠税收和金融制度实现避税安排。

2.避税安排的技术难度催生控股公司形式多样化和专业化。随着知识经济的兴起,控股公司所持有知识产权的价值在不断增加。一方面,知识产

---

① ［美］鲁文·S.阿维-约纳:《国际法视角下的跨国征税——国际税收体系分析》,熊伟译,法律出版社 2007 年版,第 26 页。

② OECD, Statistics, Knowledge and Policy Key Indicators to Inform Decision Making. OECD, 2006. p.632.

权控股公司拥有多项知识产权,并且与其直接或间接控股的公司相独立。另一方面,知识产权控股公司虽然持有知识产权,但是主要的经营模式是对外许可并收取特许权使用费。当然,目标许可公司主要控制在集团范围之内,是基于避税目标的实现考虑。个别情况下,只要能有获利空间,目标公司也可能是集团之外的实体。

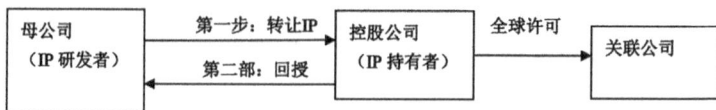

图 2-1 知识产权控股公司避税安排图

这里就产生一个概念:知识产权资产。具体来说,所有与创意项目有关的排他权利都可以被认为是知识产权资产,这一特殊概念界定下的资产就是知识产权控股公司所持有的最主要的资产形式。[①] 知识产权资产的特殊地位在于很容易被人为确定所有权的权属。创新性企业将其最有价值的知识产权交由控股公司持有。像其他资产一样,知识产权资产能够被评估,在评估中应当重视综合方法的运用。[②] 同时,知识产权资产可以出售、融资和抵押等,最重要的是,它还可以在不转让所有权的前提下进行许可,这些都是设立前提和设立价值所在。此外,实践中,这种转让与回授加上全球许可的安排使其能够以最优成本赚取和分配收入。设立之前从经济利益角度先评估知识产权控股公司的设立成本与收益。知识产权控股公司形式多样,交易灵活,因为知识产权客体的无形性特征使其转让所受限制减少。不仅如此,正是因为同样的无形特征可能性,也使知识产权能够具有许多功能,包括充当避税安排工具或者资产管理工具等。[③] 但同时,信息不对称的存

---

① 王岩:《知识产权资产——从法律到经济的枢纽概念》,载《知识产权》2013 年第 7 期。

② 苏平:《美国知识产权资产评估方法选择及其启示——以我国上市公司的知识产权资产评估为视角》,载《知识产权》2010 年第 3 期。

③ Valoir Tamsen, Exploring the Intersection between Tax and Intellectual Property, *Taxes: The Tax Magazine*, 2007, 85(12), pp.19-51.

在也会增加控股公司税收筹划的财务报告成本。^① 知识产权控股公司还有融资功能,这也是知识资产所具有的功能之一。^②

(二)知识产权控股公司的运作形式与避税目的一致性

"控股公司"一词已经成为描述以持有其他公司股份为商业目的的实体的规范术语,它代表这样一类经济实体:其存在目标与正常商业目的背离较远,或者仅具有形式上的符合集团管理目标的表现。^③ 知识产权控股公司运作形式通常建立在避税目的之上,二者具有一致性。具体形式安排上,控股层数并不受限制,有时候有一级子公司持有知识产权,有时候有多级分别持有,共同组成完整的网络架构,通常遍布世界范围内。^④ 例如,跨国集团在各国的子公司的营利状态不同,对集团整体税收负担产生影响,控股公司的债务通常以股息形式通过业务收入来支付。^⑤ 若跨国公司在一国拥有多个子公司,这种情况下,有的子公司的利润报表可能反映出该公司盈利,而有的子公司的利润报表可能反映出该公司亏损。控股公司的存在就是要完成这样的使命,即不以单独的子公司的经营状况来判断集团的税收负担,而是根据母公司的指示,以集团整体利益最大化为宗旨,人为调节亏损或盈利状态并且通过特许权使用费等调节方式进行内部移转利润或弥补亏损。设立控股公司并通过不同国家税制差异进行税收逃离,能够以盈利抵消亏损,改变利润分配和亏损负担结果。但是,这类公司的注册、成立、经营很难说是违法的,加上现在依然存在的避税空间,给它们的客观存在提供便利。顶级控股公司掌握着最重要的管理权,双重结构安排的制度对知识产权控股公司的影响较大。涉及知识产权控股公司的公司结构在实践中通常是不容

---

①　谢香兵:《税制改革、产权安排与避税动因的盈余管理》,载《经济经纬》2013 年第 5 期。

②　杨千雨:《论我国知识产权融资许可制度之构建——以美国 UCITA 法的融资许可为借鉴》,载《法律科学(西北政法大学学报)》2014 年第 3 期。

③　Christel Van Eynden, *Joint Ventures in Belgium in Martin Mankabady(ed.)*, *Joint Ventures in Europe*, Tottel, 2008, p.29.

④　Stefaniavitali, James Glattfelder, Stephano Battiston, The Network of Global Corporate Control, http//www. plosone. org/article/info% 3Adoi% 2F10. 1371% 2Fjournal.pone.0025995,最后访问时间:2018 年 12 月 24 日。

⑤　Petri Mäntysaari, *The Law of Corporate Finance:General Principles and EU Law:Funding*, *Exit*, *Take overs*, Springer, 2009, p.566.

易察觉的,往往会因多层次的控股和多角度的许可而淹没了存在证据。此外,税收原因也加剧了认识控股公司的难度,因为集团内部税收和会计处理非常复杂。最后,双边税收协定的广泛适用,以及在 OECD 税收协定范本框架下,母公司对离岸注册的选择也变得非常谨慎,当然还需要考虑离岸地当地的税收和金融甚至知识产权政策对避税安排的影响。总之,知识产权控股公司按照这样的机理进行运作,符合集团公司的避税目的性。

(三)知识产权控股公司设立形式以集团税收利益最大化为基础

知识产权控股公司设立目的以最大限度的集团税收利益为出发点。控股公司层面专注于重要的管理决策。首先,实现知识产权战略,加大知识产权保护力度,并实现知识产权价值保持甚至不断增长。集团利益表现在税收套利的实现和知识产权盈利最大化相协调。控股公司必须承担这样的义务:要控制产生管理与利润方面的影响,影响范围可能涉及避税地的导管公司或者其他地区的生产工厂。此外,还需要处理许多知识产权日常业务。在集团利益最大化这个问题上,集团公司必须考虑非常复杂的管理成本,因为在多层的控股公司架构中,需要解决许多知识产权授权问题,并且会涉及多个关联公司的许可安排。为了简化操作,最常见的处理方式就是将全部知识产权集中在一家不存在实体经营的公司统一进行对外许可,包括对母公司和其他子公司。在这样的安排中,知识产权法律保护成本也相应降低,比如应对侵权风险,侵权诉讼不必涉及多家公司,必须了解多国的侵权法律规定,甚至在真正遭遇侵权时能够启动司法保护。其次,实现税收战略,在合法范围内使集团税负达到最优水平。① 最后,实现财务管理战略,通过知识产权控股公司解决公司财产管理问题,将有价值的知识产权转移至其他公司,或者从其他公司获得有价值的知识产权。

(四)知识产权控股公司的形式合理性是避税合法性的条件

知识产权控股公司的合理性是避税合法性的必要条件。能够通过知识产权控股公司在法律允许的限度内进行避税筹划,就说明知识产权控股公司的设立和运作具有合理性。采取避税措施的公司结构的合法性与经济性都值得考量,经济危机更是成为学者和政府关注解决跨境逃税方案的诱因。在后危机时代,更应当评估控股公司对经济发展和公众利益的影响,尤其不

---

① IBFD,Raffaele Russo,Fundamentals of International Tax Planning,IBFD,2007,p.33.

能忽视知识产权控股公司这一特殊而广泛存在的组织形式。^① 但是,如何客观地界定控股公司对经济发展和公众利益的整体影响值得考虑,毕竟它在离岸地是合法的存在。同时,知识产权控股公司设立与运作较为隐蔽,调查取证需要耗费巨大成本。如果专门设立一个公司结构仅用于税收筹划,从而规避发起人居住国的税收,收入将归结到位于低税率国的知识产权控股公司,那么控股公司必须先解决形式合理性问题,才能为避税安排的合法性提供基础。从连接点角度来看,征税地与研发地并不是统一的,唯一的连接因素就是控股公司注册地。总之,合法性会引起复杂的跨国税收司法协调问题。这些客观条件进一步促成知识产权控股公司具有合理成立并且合法规避税收的理由。最优方案是能够既保证国家税基不被侵蚀,又保证跨国公司利益不受影响,即将避税安排控制在可容忍的行为限度内。

(五)知识产权控股公司作为避税媒介的司法地位

知识产权控股公司的存在对于整个集团的重要作用不仅表现在上述方面,还能够在企业诉讼或破产时提供最后的财产保护,尤其是知识产权保护。可以这样理解,在集团公司陷入诉讼或者破产时,为了避免整个集团遭受更大的损失,可以将知识产权转让给集团内其他关联公司,从而使知识产权仍然保留在集团内部。虽然很多国家对上述行为都规定在司法途径中,债权人可以行使撤销权,但是知识产权的无形性使得转让相对有形资产较为容易,也一定程度上加重了债权人行使撤销权时的举证责任。鉴于此,规范企业行为的法律框架,应当在国家、区域和全球层面分别建立,以达到全方位的制衡效果。以澳大利亚为例,1998 年澳大利亚国会通过一项决议,决议对跨国公司必须符合的企业社会责任标准(CSR)提出一系列要求。但是,该决议也有反对的声音。因为界定企业社会责任标准需要得到各个公司的意见反馈,最终达成一致意见的标准往往是多个公司博弈后的平均水平。虽然该法案没有包括税收的具体规定,但仍然将跨国公司必须遵守经营地国家的税法作为强制性义务限制在条款中。这种规定就是跨国公司需要遵守的最低税法方面的要求。但是,最低要求往往因为太宏观而欠缺实际可操作性。对跨国公司而言,不仅要遵守所在国的税收法律,还需要针对

---

① 　Richard A.gordon,Tax Havens and Their Use by United States Taxpayers—An Overview, http://www. archive. org/stream/taxhavenstheirus01gord/taxhavenstheirus01gord_djvu.txt,最后访问时间:2018 年 11 月 25 日。

不同的企业类型和交易类型提供具体操作规范。[①] 现状是大多数跨国公司都会存在知识产权跨境交易,为了防止过度避税现象的发生,企业应当在章程中区分其知识产权保护目的和税收筹划目的。

二、方法层面:从知识产权跨境交易避税具体方法视角考察

(一)制度架构

第一,利用各国税收制度差异建立公司结构和营业模式。涉及知识产权的跨国公司,通过利用各国税收管辖权漏洞形成的法律空白,包括利用协定与国内法结合时出现的法律漏洞,搭建避税架构。最常见的包括国际税收协定与国内税法对税收居民身份的不同认可条件,存在的差异经过一定筹划程序,完全可以使企业不符合任何一个国家的居民纳税人标准,达到"双边均不纳税"的效果。全球知名的高科技公司往往通过规避荷兰或者同时规避荷兰和爱尔兰的居民纳税人标准来避税。[②]

第二,通过成本分摊协议,分割知识产权的法律权利和知识产权的经济权利。企业的核心价值以商品中蕴含的知识产权作为主要载体,研发能力直接影响知识产权价值的高低,因此判断一个企业的潜力也更注重科技因素。通过成本分摊协议调整知识产权的归属,将价值巨大的知识产权转移到税负较低的国家的子公司,由此产生的相应利润也留在子公司所在国,通过对知识产权法律所有权的改变从而改变经济利润的分配,达到避税效果。正是由于集团公司通过人为剥离知识产权的法律权利和经济权利,使得知识产权在集团内部交易中的风险与经济权利享有者结合,法律权利享有者规避纳税义务。同时通过成本分摊协议,跨国公司可以人为调节利润,最大限度地寻找双边均不纳税的可能性,降低集团整体税负。[③]

第三,设立避税地离岸公司作为控股主体进行避税安排。避税地或者离岸金融中心都是跨国公司选择设立控股公司的首选,通过在形式上达到当地法律要求而获得合法身份。离岸公司不进行与生产制造有关的任何实

[①] Solpicciotto, Rights, Responsibilities and Regulation of International Business, *Columbia Journal of Transnational Law*, 2003, 42(1), p.131.

[②] 丁家辉、陈新:《iTax—苹果公司的国际避税结构和双重不征税问题(中)》,载《国际税收》2015 年第 3 期。

[③] 延峰、冯炜、崔煜晨:《数字经济对国际税收的影响及典型案例分析》,载《国际税收》2015 年第 3 期。

质性经营活动。母公司利用离岸子公司的特殊身份,对集团内的其他子公司进行投融资或者知识产权许可,包括商标、专利和著作权等的特许权使用,将利润转至低税国家或地区。通过形式上的特许权使用费合同,母公司及避税地之外的子公司向导管公司支付大量的特许权使用费。[①] 这种行为利用专利特许权使用费很常见,利用商标特许权使用费操作更为简便。但实际上,品牌的影响力主要在支付商标使用费的子公司当地,建设品牌的营销投入也主要发生在支付商标使用费一方,但该子公司仍然向境外导管公司支付价值可观的特许权费用。

第四,利用全球价值链结合跨国生产模式避税。该模式下,跨国公司会进行关联公司的全球布局,将生产功能、营销功能或研发功能分别归属于不同国家的不同子公司,这些子公司并不能获得由知识产权带来的超额利润,因为知识产权的法律所有权仍然属于母公司。母公司一般设在低税国,获得全球范围内的关联子公司所支付的大量的特许权使用费。[②] 在全球价值链模式下,跨国公司通过转让定价等工具,不仅可以跨国转移利润,甚至可以将某一销售大区的利润都集体转移。这样留给发展中国家的机会非常有限,无论获得技术支持,还是获得税收支持,都难以实现,却承担了相应较大的生产风险。因为发展中国家的子公司难以获得知识产权的排他或者独占许可,无法自主更新技术,生产行为仅仅处于价值链低层,价值增值有限,税基增加有限。

第五,境内子公司虚构或者虚增特许权使用费。这一点也是利用了跨国公司对知识产权的全球布局战略。虚构或者虚增不合理特许权使用费难以被及时发现,特别是违反独立交易原则而支付特许权使用费。例如,有些企业支付给境外关联方的特许权支付费用并不能给自己带来经济利润流入;有些跨国公司针对已经拥有的知识产权,先通过分离所有权的操作,然后再向外支付特许权使用费。因为权利人掌握着最全面的价值信息,对知识产权的价值最为知悉,对方难以举证特许权使用费支付不合理。在账务处理中,权利人掌握着向关联方支付特许权使用费的主动权。还有一些企业履行非研发职责,比如仅仅履行生产制造功能,这个过程中增值部分只是

---

① 朱莹、刘笋:《离岸公司国际避税问题研究》,载《湖北社会科学》2012 年第 1 期。
② 宁琦、励贺林:《苹果公司避税案例研究和中国应对 BEPS 的紧迫性分析及策略建议》,载《中国注册会计》2014 年第 2 期。

生产加工所付出的必要劳动,并无产品的技术附加或者品牌附加,如果仍向关联公司支付知识产权许可使用费,显然不合理。[①] 上述措施都是通过支付不合理的特许权使用费来侵蚀税基,是知识产权跨境交易反避税调查的重点。

(二)协议运作

采取无形资产转让这种形式的转让定价还具有很强的隐蔽性。知识产权交易中的转移定价避税安排中,集团公司内部各公司之间签订合同,通常有技术援助、技术咨询或者技术许可等合同类型,合同中对知识产权价格进行控制,实现将集团总利润进行跨国转移的目的。这类转让定价主要涉及专利权、商标权和著作权等知识产权,更多的是高科技知识产权。具体的定价标准和市场价格存在确定方法存疑,主要表现在以下四个方面:

第一,调整知识产权交易产生的特许权使用费支付时间与支付比例,将利润转向低税区。低税区的关联企业在向位于高税率国家的关联企业转让知识产权时,采取提高一次付清特许权使用费支付的额度,或者以受让企业的产成品销售收入或利润为基数,提高特许权使用费在收入或利润中所占的比例。相比一次性付清的许可费,这种方法具有长期性。

第二,受让方将知识产权交易产生的特许权使用费计入成本,以增加支出,减少税基。位于低税率国家的企业向全球范围内子公司转让知识产权,通过将技术附加在产品中的方式,尤其是针对高税率国家的关联公司时,在货物价格中包含难以估价的高昂许可费,客观上造成了高税率国家关联公司费用支出增加;或不同国家的关联公司联合开发的知识产权,位于低税率国家子公司向位于高税率国家的关联企业参与研究与开发知识产权时已经分摊过研发费用,但是在转让研究成果时仍收取特许权转让使用费。

第三,转让方将知识产权交易产生的特许权使用费计入成本,以隐匿所得,规避预提所得税。相比于第二点是为了降低被转让方的税负,这一点是针对转让方而言。位于低税率国家的企业,向位于高税率国家的关联企业转让知识产权时,把技术转让费与设备价款合并计价。当然,该方法的实施应当以该国对设备征税的税率大于预提所得税率为条件,这样才能达到减少特许权使用费收入的预提所得税的目的。

---

① 赵国庆:《跨国公司全球避税安排机制研究——基于 OECD"税基侵蚀与利润转移"报告的分析》,载《国际税收》2014 年第 3 期。

第四,集团公司共同研发知识产权时,不合理分摊研发成本。集团公司研发知识产权时,知识产权研发成本与保护成本相关。当知识产权保护程度提高时,拥有高质量产品的跨国公司通过全球产业价值布局,将生产制造部分放置于成本较低的国家,从而增加技术转让流动性。[①] 这种考虑对知识产权跨境交易反避税也有相应影响。很多跨国公司都是母公司与多家子公司共同研发知识产权,在分摊研发成本时,集团不按独立交易原则,各参与方之间研发费用并没有根据其贡献合理分摊,而是倾向于让高税率国家的企业承担较多研发费用。

第二节　知识产权跨境交易避税的外部影响

知识产权跨境交易避税会产生外部效应。一种观点认为税收竞争会驱动资本与人才从高税负国家向低税负国家流动,从而造成私营企业效率低下。[②] 这在有形资产避税领域或许是客观存在的,但是在知识产权避税领域,资本流向低税负国家往往并不伴随着人才流动,知识产权跨境交易的法律程序简便,并不一定造成效率低下。另一种观点认为税收竞争会导致公共部门效率低下。从这种观点来看,知识产权跨境交易避税的确会对公共部门产生外部影响,尤其是政府部门、评估部门、代理机构以及金融机构。

一、知识产权跨境交易避税对各国税权分配以及平衡机制的影响

(一)知识产权跨境交易避税带来的税收竞争与技术障碍

在平行进口的情况下,知识产权便被作为组织平行进口商品流入本国的一种重要手段而得到利用。当外国企业对自己的商品在本国拥有知识产权时,多数情况下,会基于该知识产权,请求行为人停止平行进口行为或者禁止在本国内销售平行进口商品等。对许可协议的另一个重要方面是竞争

---

①　胡海容、雷云:《知识产权侵权适用惩罚性赔偿的是与非——从法经济学角度解读》,载《知识产权》2011 年第 2 期。

②　John Douglas Wilsom, Theories of Tax Competition, *National Tax Journal*, 1999,(52),p.269.

法的影响。根据欧盟竞争法,许可协议在《知识性商标许可》一章,但细节并没有反映出来。这也将会对控制商标许可在美国和其他可能的司法管辖区的竞争产生影响或增加反托拉斯的风险。根据欧盟、英国和美国的法律,许可协议可以明确商标权利用尽和平行进口权利界定。[①] 税收竞争状态下,政府通过税收制度作为导向,以行政行为辅助,达到吸引资金流入本地区的目的。税收竞争是制度竞争的一种,德国学者卡斯帕(Kasper)认为,制度竞争(或体制竞争)过程中,内在规则和外在规则体系同时对一个国家的成本水平进行作用,制度竞争要达到的目的是通过制度变革影响国家的国际竞争力。由于全球化对高成本的制度系统会产生直接影响,税收竞争如果能带来效率增加就是有益的,但如果竞争结果是降低公共服务水平,则会引发新的风险。[②] 税收竞争的外部性典型的例子就是避税港的税收制度,因为存在显著的优惠从而对其他国家产生了负外部性的结果,影响并未提供类似税收制度的国家征税权。税收竞争对知识产权(技术)流动及创新的影响。[③] 知识产权在企业内部或企业之间流动主要表现在几个方面:(1)知识产权在企业内部转移。对许多大型企业来说,这种流转以自主研发为基础,能够最大化获取智力成果的回报。(2)知识产权从企业外部引进。引入外部知识产权的模式可能会增加企业资金成本支出,但是降低了时间成本支出,知识产权向企业外部扩散。企业从自身利益考虑,最有价值的知识产权往往是不对外转让的,但是非核心知识产权可以通过许可或者打包许可的方式获取收入。知识产权跨境交易避税行为的泛滥,以这几种转移模式为主,对全球技术发展和进步也带来障碍。如果跨国公司普遍将知识产权用作避税工具,能够从这个途径利用知识产权获得经济利益,如果避税达到一定规模,有理由相信,跨国公司研发新技术的动机也会相应减弱,甚至很多虽然还在保护期限内但是已经不具备先进性的知识产权都会继续充当避税工具。

(二)知识产权跨境交易避税对举证责任分配的影响

知识产权跨境交易反避税是税务行政的一种,涉及事实认定,因而属于

---

① Neilwilkof, Daniel Burkitt, Trade MarkLicensing, *Journal of Business Law*, 2006(1), pp.130-131.

② [德]柯武刚、史漫飞:《制度经济学——社会秩序与公共政策》,商务印书馆2000年版,第60页。

③ 刘蓉:《政府垄断与税收竞争》,经济科学出版社2009年版,第125页。

程序法问题,这样就必须考察责任配置和证明标准。① 但是知识产权跨境交易避税可能对举证责任制度提出挑战。很早就有学者提出,在国际避税案件中,应当加重纳税人的举证责任。② 我国也有学者对现有税务行政及司法过程中举证责任的分配规则进行探析。③ 在知识产权跨境交易反避税中,举证规则需要保障反避税调查有明确的结果,必须明确举证责任,包括确定税务机关与知识产权权利人也就是纳税人中哪方负有举证义务。当待证避税事实真伪不明时,需要确定不利后果的承担者。④ 国外对反避税过程中举证责任分配的具体规定:OECD《转让定价指南》中对举证责任的意见是,并不限定举证责任的归属模式。OECD 认为,分情况讨论举证责任才是合理的,不同情况下,举证责任分别由税务机关和纳税人分别承担。这是一种灵活的安排,纳税人和税务机关在公平交易原则下各自承担证明责任。在该规则下,知识产权权利人需要对知识产权定价合理性进行论证。该《指南》还对管辖权问题给出建议。

如美国《国内收入法典》第 482 节对举证责任分配专门进行详细规定。法院有权力就国内税收署对关联企业间所得的税负分配进行司法调整。此时,纳税人如果认为调整是不合理的,需要负担证明义务,即纳税人此时的证明责任较重。⑤ 在该规定下,知识产权跨境交易反避税的司法程序中,法院有权司法调整,但是如果调整不合理,权利人需要证明转让价格等合理性。美国《联邦税法典》中"课税与裁罚的举证责任"条款下,纳税人应当按照税法规定,提供会计账簿作为证据,并提供必要的调查协力。如果纳税人已经依法举证,则此时由税务机关负担诉讼中的举证责任。⑥ 可见,举证责任分配以纳税人的行为合法为影响因子在征纳双方之间呈动态博弈。原则上应税事实依据经济实质认定,应当始终注重贯彻纳税人权利保护的理念。在美国规则下,税务机关需要对知识产权权利人将知识产权作为避税工具的权利予以认可,为此美国也出台了类似"打钩规则"(check-the-box)的规

---

① [德]魏德式:《法理学》,丁晓春、吴越译,法律出版社 2005 年版,第 290 页。

② 戎惠良:《让纳税人承担举证义务是国际反避税的重要经验》,载《涉外税务》1992 年第 7 期。

③ 鲍灵光:《反避税过程中举证责任问题探析》,载《税收经济研究》2012 年第 4 期。

④ 刘天永:《转让定价调查与调整中的举证规则》,载《税务研究》2011 年第 1 期。

⑤ See Secs.482 of the US Internal Revenue Code.

⑥ See Secs.7491 of the US Internal Revenue Code.

定。其他 OECD 国家对纳税人负举证责任也相应予以立法明确。如前联邦德国早在 1977 年税收总法中就规定,税务局有权在调查过程中将举证责任转移给纳税人。法院通过司法途径辅助了税务机关的行政反避税执法活动,表现在法院可以根据自己的判断作出判决,无须要求税务机关提供纳税人证据。

可见,证明责任的分配对反避税案件的征纳双方来说都非常重要。尤其是知识产权控股公司利用知识产权进行跨境交易避税,证明责任分配方式就显得尤为重要。根据哲学家波普尔的"证伪主义"观点进行推论,①反避税问题的证明责任似乎也应当主要由征收机关来负担。考虑到"一切学说只有经得起证伪才科学",②在知识产权跨境交易避税问题中,知识产权的复杂性和隐蔽性强化了征收方的举证困难,而将举证责任适当倾斜给知识产权权利人并不与"证伪主义"冲突,因为在确定的征收期内纳税人证明自己并没有不合法的避税行为至少在形式上是可行的。因此,知识产权的无形性和难以评估性的特征对证明责任分配提出了不同于普通举证责任的要求,各国在实践中的做法也不尽相同。但是基于知识产权权利人对自己的知识产权的掌握和了解的天然优势,立法一般都赋予行政机关要求纳税人证明自己并没有避税行为的权力。

(三)税会差异对知识产权跨境交易避税的影响

税会差异产生是因为会计与税法对账务规定有所不同导致的,是立法不一致给纳税人带来的可乘之机,也给反避税带来了诸多困扰。税会差异的存在对纳税人避税筹划有非常重要的影响,其中,在知识产权交易财务处理中的税会差异给知识产权跨境交易反避税带来困扰。缪勒(G.Mueller)首先提出了会计发展的四种趋势。③ 这一分类经常被引用,并且成为世界上大多数会计体系分类的基础。阿潘(Arpan)和瑞德堡(Radebaugh)在《国际会计与跨国公司》中,按照会计是否立法这一做法,将会计模式分为两种:一是立法会计模式,以联邦德国、法国、瑞士、日本和大部分拉丁美洲国家为

---

① [英]戴维·米勒:《开放的思想和社会——波普尔思想精粹》,张之沧译,江苏人民出版社 2000 年版,第 131 页。

② [英]卡尔·波普尔:《猜想与反驳——科学知识的增长》,傅季重、纪树立、周昌忠等译,上海译文出版社 1986 年版,第 47 页。

③ 尤雪英:《税会关系模式——国际的经验与中国的实践》,厦门大学 2007 年博士学位论文。

代表;二是非立法会计模式,包括美国、加拿大、英国、澳大利亚、荷兰和南非等国。在非立法模式下,税务报告和财务报表之间客观上会存在差异,因为二者遵从不同的标准,且标准之间并不进行沟通。对纳税人来说,利用账务进行避税安排在技术上更容易操作。①

税会关系模式的变化产生直接影响因素包括国际政治关系格局和国内政治管理体制。② 在盎格鲁-撒克逊模式下,税法与会计标准是完全分离的,税法有一套独立的会计要求,对会计标准一般不具有强制作用。普通法系国家深受该模式影响,税会关系的法律影响因素既包括法规也包括法院的判决。例如美国《国内收入法典》第 446 条第 1 款中规定,计算应税所得采用的会计方法应该以纳税人通常使用的利润计算方法为基础,但又赋予了财政部不采纳会计方法的权力。此外,高等法院的一系列判决,诸如 American Automobile Association v. United States、Commissioner v. Idaho Power Co.和 Thor Power Tool Co. v. Commissioner,更是赋予了财政部税务委员会在确定应税所得时仅遵循税法却将财务会计实务置之不理的权力。③

还有一种模式是税法与会计标准高度融合,会计标准盯紧税法,以大陆法系国家为代表。比如法国和德国作为典型大陆法系国家,成文法立法体例影响巨大,国内税收立法规则非常完备,甚至税法覆盖了许多与税收有关的会计规则。大陆法系国家从法律角度承认了税法对会计标准的统领地位,会计制度也相应地缩小范围,交由税法来解决一定的会计事项,这样可以避免二者频繁出现差异并且不得不进行各种调整。法国也是类似的情况,法国民法典时代就曾已经明确,会计原则和方法必须让位于税法。因此,法国税法的任何变动都对法国公司财务报表的内容和形式产生影响。德国《所得税法》和《所得税指令》中规定了"税务决定原则",明确了会计准则让位于税法的要求,要求企业会计账簿的记录不允许同税法目标存在差

---

① ［美］杰佛里·S.阿潘、李·H.瑞德堡:《国际会计与跨国公司》,陈颖源、李华、黄慧馨、汪波译,中国经济出版社 1988 年版,第 33 页。

② 吴国平:《美、中税收环境的比较研究》,载《山西财政税务专科学校学报》2003 年第 2 期。

③ Cloyd C.Bryan,The Effects of Financial Accounting Conformity on Recommendations of Tax Preparers,*Journal of the American Taxation Association*,1995(17),p.50.

异,会计利润必须同应税所得保持一致。在大陆法系国家,税法相当于是会计的上位法,节约了纳税人的调账成本和税务机关的账务审查成本,堵塞了诸多避税漏洞。如果税务审计时发现企业会计制度与税法存在差异,企业为遵循税法指导原则,那么将会承受严重的法律制裁和经济制裁,包括取消税收优惠与不允许亏损结转等,各公司在严格的法律环境下进行会计处理。于是,税法与会计标准高度融合模式下,对知识产权跨境交易而言,跨国公司在这样的税会制度下,会计操作的空间灵活性很小。权利人对知识产权的安排并无法做太多判断,最终与税法要求基本一致。

可以看出,在税会一体化的模式下,跨国公司如果通过账务处理企图增加会计利润时,那么同时也会相应增加应税所得。如果跨国公司想达到上市等目的而进行财务欺诈,那么需要承担的财务成本就是多支付所得税。如果增加了会计利润却没有相应增加所得税,那么可以判定跨国公司会增加财务欺诈成本。反之,如果跨国公司为了逃税进行账务调整降低应税所得,那么会计利润也会随之降低,跨国公司在资本市场的业绩和未来的发展前景等都会受到消极影响,并产生一系列的效应,例如融资困难等,变相增加了跨国公司的逃税成本。如果只调整增加会计利润却降低应税所得,二者之间巨大税会差异就会为税收规避的不合法性提供了显著证据。因为在税法与会计标准紧密结合的模式下,税法和会计标准均由政府制定,会计标准以法律的形式出现,但无法体现会计本身的立法目标,而是散见于不同法律条文中,会计目标附属于商法、税法或公司法的目标。因此,在解决知识产权跨境交易反避税问题时,也应当将税会差异对避税成本影响的因素考虑进去,如果要降低反避税难度,融合税会在处理无形资产方面的差异也许能对避税问题有所遏制,但是这样势必要牺牲会计制度本身的立法目标。

二、知识产权跨境交易避税对私权利与公权力界限的影响

首先必须明确,知识产权跨境交易反避税的公权力包括司法权和行政权。一般情况下,法院并非征纳双方之一,因此并无直接税利益关联,所以传统意义上法院是以独立第三方裁决者的身份来参与和主持争端的解决。也就是说,法院在激烈的利益冲突中实际上扮演的是利益平衡器的角色。[1]美国已经有不少反避税的司法案例,但是在中国,反避税问题大都由立法规

---

① 贺丹:《破产重整控制权的法律配置》,中国检察出版社 2010 年版,第 133~134 页。

定、行政解决,通常的行政程序是稽查和纳税评估,甚至缴纳税款是提起行政诉讼的前置程序。知识产权跨境交易反避税与其他反避税案件的最大区别就是,很多案件都可以通过在纳税评估或纳税稽查时,通过账务比对发现问题;而知识产权跨境交易的避税案件,根本问题不是账面问题,而是法理问题,也就是我们一直在探讨的公权力与私权利界限问题。如果不能够从立法技术层面明确解决此类问题的方法,会给行政机关增加执法难度,也可能对纳税人产生不公平的执法后果。税收出于公共利益的考量,公共利益对公民基本权利的保障提出了很高要求。①

但是,公权力的强制性也必然带来消极的结果,即限制和削弱了知识产权权利人,也就是跨国公司的内部管理权限,限制了当事人的意思自治。谈到这里,对知识产权跨境交易反避税的公私权力界限,大致可以这样划分:一种是给予跨国公司管理知识产权的合理空间。因为各国都在争夺税源,为了尽可能留住更多的税收或者吸引更多的投资制定国内立法,同时各中介机构都倾向于提供越来越隐蔽的避税筹划服务,使得知识产权跨境交易反避税成本逐渐上升,基于这些困难,同时考虑企业本身的管理权限,应当允许知识产权管理产生的税收溢价存在。另一种是反避税公权力应当适度由立法权、行政权疏散到司法权。司法介入知识产权跨境交易反避税能够产生一定的公平效果。公私权力划出这样一条界线:对知识产权跨境交易反避税来说,公权力适当挤压私权利的空间理由是充分而且正当的。但作为参与到程序中的各类私权利主体,他们至少应该享有程序上提出质疑、申诉和获得救济的权利,以及在反避税出现程序或者实体错误时能够获得赔偿的权利。

三、知识产权跨境交易对中介机构的风险与举证责任的影响

中介机构是多元化的行使公权力的社会组织外部表现形式之一。② 中介机构在纳税人避税安排中具有不可忽视的作用,同时也承担相应的举证责任和职业风险。日本转让定价法规明确授予税务机关在特定条件下向第三方收集信息资料的权力。在日本规则下,作为反避税一方的税务机关,其

---

① 王志远:《在"公益"与"私权"之间:违法性认识问题再认识》,载《法学家》2015年第 1 期。

② 徐靖:《论法律视域下社会公权力的内涵、构成及价值》,载《中国法学》2014 年第 1 期。

举证义务的实现障碍相对较小,而作为避税一方的知识产权权利人负有相对较大的举责任。[①]

(一)中介机构避税安排合规性风险

在进行跨境交易活动中,中介机构的避税筹划风险一直受到关注,特别是对中介公司的反腐败风险控制,是知识产权跨境交易风险控制的一个重要方面。此处的中介机构指跨国公司在进行税务筹划时所聘用的提供各类财务、税务、法律服务的中介公司,也就是税务代理机构,在美国被称为"practice before the IRS"。中介机构帮助纳税人准备相关文件、信函、报税,甚至代表纳税人参加会谈或听证。无论是律师、注册会计师、税务师或者法律规定的其他专业人士,都可以从事税务中介行业。[②] 这些中介机构可能注册在资源国,也可能注册在离岸国。知识产权跨境交易因为对财务和法律的专业性要求很高,通常都需要专业的税务中介机构协助纳税人完成。中介机构应当履行与纳税人签订的代理协议,除此之外还应当注意税收筹划合法性风险,即如果纳税人期望达到的税收结果实际上已经违反税法规定的时候,中介机构有义务提醒。例如,美国要求中介机构向联邦税务局提供信息,向当事人提示错误或者遗漏,向纳税人提示以前年度申报错误,勤勉与注意义务(due diligence)等。中介机构如果偏离执业标准,可能会受到联邦税务局的惩戒,承担相应的民事赔偿或者刑事责任。中介机构在代理纳税人进行知识产权跨境交易税收筹划时,不仅能了解纳税人的财务信息,还能了解纳税人的知识产权布局信息,必须基于合同关系,履行代理义务。

(二)中介机构避税安排的审查风险

根据数据保护法案的存在,说明在德国,数据安全领域也被高度重视并且受到立法规制。数据安全包括两方面内容:数据受到保护防止丢失或者防止未经授权获取和使用数据。目前这一领域(如德国电信)出现过负面新闻,使该领域在公众面前变得敏感。利用员工的数据也被严格限制。如果已经有违规行为的证据,这些数据只能通过内部审计部门进行分析。关于数据欺诈的法律调查和立法最近越来越盛行。关于欺诈的调查和法律法规在近年内普遍出现,例如瑞士银行或巴伐利亚足球俱乐部主席出卖数据给德国税务机关。德国国内审计署 2012 年针对有关审计防欺诈管理系统出

---

① 鲍灵光:《反避税过程中举证责任问题探析》,载《税收经济研究》2012 年第 4 期。

② 熊伟:《美国联邦税收程序》,北京大学出版社 2006 年版,第 18 页。

台了内部审计标准。此外，如前所述，银行必须自 2014 年 1 月起建立一个
"吹哨子制"（whistle blowing system）的法律规定，进行数据泄露风险预
防。在美国，专利系统采用了妥协措施：专利申请人没有义务寻找现有技术
（prior art），但申请人须披露的其所知的相关的现有技术。① PTO 评估专
利申请时会对现有技术进行检索。② 审查员平均只有 18 个小时花费在专
利申请检索方面，但可能会提高检索现有技术的能力。③ 跨国公司的避税
安排会对会计信息质量产生影响，降低公司透明度，弱化会计信息质量，甚
至引起财务重述。公司避税降低会计信息质量，审计风险程度上升，审计客
户的避税程度可能导致更高的审计定价，从而增加审计成本。跨国公司避
税与审计定价的关系需要关注企业性质可能带来的差异化。④

（三）银行在知识产权跨境交易反避税中的举证责任

税法可以通过对银行征收惩罚性预提税和转付预提所得税来保障举证
责任实现。美国《海外账户纳税法案》（FATCA）规定了惩罚性预提税，规
范银行的举证责任。该法案规定，外国金融机构必须与美国国税局签署协
议成为"参与外国金融机构"（Participating Foreign Financial Institution,
PFFI），并履行报告义务，即提供跨国公司避税的资金流转证据，配合美国
国税局执行相应的尽职调查程序。否则，美国政府可以对未履行举证义务
的外国金融机构，不仅可以就来源于美国的付款征收具有惩罚性的预提所
得税（withholding tax），税率为 30％；还可以从参与外国金融机构处获得的
非源自美国的付款也征收预提所得税，被称为"转付预提所得税"（pass-
through withholding tax），也是公司层面的预提税，并且会取代传统的预提
税。据此，如一个金融机构被认定为"非参与金融机构"（Non-Participating
Foreign Financial Institution，NPFFI），则被排除在金融交易获利范围之
外，遭受到严厉制裁。⑤

---

　① 37C.F.R.§1.56(2002).

　② 37C.F.R.1.104(a)(1)(2002).

　③ Williama.Drennan, A Method of Analysis for the Unlikely Asked to Perform
The Amazing:Determ ining "Patentability" Without A Patent Application Under Sec-
tion1235,*VirginiaTaxReview* ,2003(22),p.443.

　④ 陈冬、罗祎:《公司避税影响审计定价吗》,载《经济管理》2015 年第 3 期。

　⑤ 杜子超:《美国外国账户税务合规法案（FATCA）对我国银行海外业务影响的
研究》,载《武汉金融》2013 年第 6 期。

(四)中介机构量化风险与知识产权全球影响力

前面论述了中介机构对知识产权避税的影响和风险,其实,知识产权国际运用的特定影响可以对知识产权评估、未来现金流量现值、跨境投资风险等因素进行量化。戈登·史密斯(Gordon V.Smith)和罗素·帕尔(Russell L.Parr)在《知识产权价值评估、开发与侵权赔偿》一书中提到,知识产权在全球运营的影响力会受到会计问题、税收问题、评估问题、政治风险、新市场、利润回流、文化问题、投资风险等因素的影响,并且都可以将这些因素进行量化。[①] 对于会计师事务所来说,国际会计准则越来越同一化,能够影响知识产权交易的各国之间的财务遵从差异包括折旧率、研发费用、商誉会计等。如果企业合并涉及知识产权,那么知识产权被确定使用的生命周期与摊销方法就对税收产生重要影响。例如,国际会计准则对无形资产生命周期的使用年限假定不超过 20 年,但是美国会计实践允许商标资产制定无限期使用年限,这样就不存在费用摊销的问题了。可见,不同的会计体系对知识产权跨境交易反避税有着不同的影响。知识产权全球影响力的发展与税务师事务所密切相关。知识产权许可人、被许可人可能会因为居民国的所得税结构而进行经营调整。对于纳税人而言,特许权使用费与股权分红相比,具有不同的征税结果。跨国知识产权交易经常被各国税务机关审查,并且对公平交易的看法直接影响审查结果。高科技项目对政治风险的免疫力相对较强,因为欠发达国家虽然要保护本国经济,但是对高科技产品的替代性不足。区分度较大的品牌也是同样的道理。[②] 例如,从 20 世纪 90 年代,美国会计师事务所针对商业秘密提供许多避税方案,前期将巨大的使用费支付给国外实体,美国纳税人将获得大量的所得税免除。通常情况下,律师事务所出具的意见是该避税效果"完全合法"。其他国家税务机关难以跟上美国的滥用避税方案的节奏。从 20 世纪 90 年代起,巨额利润成为税务会计事务所积极推销避税方案的主要理由,这些措施包括冷呼电话营销(cold-call telemarketing)努力。经过美国参议院的调查,2002—2003 年,许多会计师事务所愿意停止这些做法。但在毕马威的美国办公室的坚持下,

---

[①] [美]戈登·史密斯、罗素·帕尔:《知识产权价值评估、开发与侵权赔偿》,电子工业出版社 2012 年版,第 387 页。

[②] [美]戈登·史密斯、罗素·帕尔:《知识产权价值评估、开发与侵权赔偿》,电子工业出版社 2012 年版,第 398 页。

最终毕马威与美国政府达成协议,支付 4.56 亿美元并同意接受实质性监督(substantial oversight)。[①]

企业所得税是纳税人关注的核心避税领域。这几年比较多关注的是高科技公司利用知识产权避税,但其实美国安然公司和世界通信公司早就通过内部知识产权交易进行了税收规避。会计师事务所为世界通信公司设计了避税方案,虚构无形资产,以特许权使用费为媒介,母公司通过对集团内关联公司许可使用虚构的无形资产收取大量特许权使用费。世界通信公司在避税地设立子公司,并将虚构的无形资产所有权转移至该子公司享有,达到使税收最小化的结果。关联公司支付了约 200 亿美元的使用费,并得到了相应的计税依据的减除,避税地子公司虽收取大量许可费,却只缴纳很少的税收。[②]这样,世界通信集团对知识产权进行内部交易,集团实现了超额利润水平,会计师事务所因提供了非常有效的避税安排也获得了相应报酬。最终的结果就是,税收公共政策遭到了破坏。反避税公共政策的效益表明,上诉法院坚持税收收入的判决是正确的。然而,法院无法对新的和不断变化的企业避税的策略及时应对。因此,东部沃尔玛表明需要北卡罗来纳州法院适用联邦法院常用的反避税策略。[③]北卡罗来纳州充分利用现有的反避税策略,同时在适当情况下运用反避税公共政策学说。在当今世界,会计师事务所出售数以万计的先进的税收计划给跨国公司,处于信息不对称的弱势地位的税务人员可能并不总是能够准确适用反避税法规,法院也经常可能面临前所未有的先例,被迫作出不恰当的司法解释。反避税学说更倾向于使税务官员防止缺乏独立的经济目的的交易产生的税收优惠被适用。因此,即使交易满足税法条文规定,税务官员和法官都可以进行行政和司法干预。这种情况下,该学说使中介机构避税安排的风险增加了。尽管如此,北卡罗来纳州上诉法院也没有作出明显的适用反避税司法主义。[④]

① Burger, Ethan S.Mayer, Don, Bowal, Peter, KPMG and Abusive Tax Shelters: Key Ethical Implications for Legal and Accounting Professionals, *Journal of the Legal Profession*, 2007(31), p.43.

② 毛翠英:《会计师事务所避税我国反避税的启迪》,载《税务研究》2013 年第 10 期。

③ 752F.2d89(4thCir.1985).

④ Jeremy M.Wilson, Statutory Interpretation in Wal-mart Stores East, Inc.v.Hinton and Why North Carolina Courts Should Apply Anti-tax Avoidance Judicial Doctrines in Future Cases, *North Carolina Law Review*, 2010, 88(4), p.1493.

布雷斯韦特的市场方法允许从更广泛的角度来分析侵略性税收筹划作为一种社会现象存在的合理性。虽然有明显的关于特定计划是否跨越了合法税收筹划的不可接受之处,需要注意的是,这超出判例法和法律解释的边界。① 还有一点疑问,避税产品在市场上的供不应求已经推动了人力资源的重新布局,计算机和通信技术的迅速发展,投资银行、会计师事务所等税务顾问来创建复杂的税务和财务模型,将避税产品推向市场给纳税人。虽然税收筹划是合法行为,各大会计师事务所在一定范围内促进了避税计划,但是有的纳税人的业务没有真正的经济联系。这种策略机械的解释,即通过变相适用法定税收规定达到目的被认为是成功的。会计师应该通过揭露财务状况来提示股东及潜在投资者相关税务风险。但现实中恰恰相反,他们在追求自己的那份高额收益的同时,帮助客户规避税收规则。

本章小结

知识产权跨境交易避税形式多样,避税形式对反避税手段的影响是直接的。为了更好地论述反避税的各种路径,就要对以知识产权为依托的各种避税形式深度分析。知识产权客体的多样性增加了避税的隐蔽性,当越来越多的知识产权都在呈现数字化特征或者借由数字化传输交易时,对反避税参与主体的权利义务分配就提出许多新的要求。反避税主体涉及多方,每个主体的行为模式均会影响反避税的进行和最终效果。知识产权权利人、税务当局、资产评估公司、律师事务所、会计师事务所、银行等各主体的利益必须达到平衡才能有效减少反避税的难度。在各方利益平衡的过程中,税务当局需要起到协调作用,使得各个主体在追求自身利益的同时,能够不触碰税法的底线。此外,税收紧密连接着公民权利和国家利益,各国政府必须对二者之间的平衡给出最佳方案,结合知识产权制度的实施,才能实现科技强国的战略。

---

① Chris Evans, Barriers to Avoidance: Recent Legislative and Judicial Developments in Common Law Jurisdictions, *Hong Kong Law Journal*, 2007(37), p.103.

第三章 知识产权跨境交易反避税调查的启动标准与具体运作

知识产权跨境交易反避税的调查需要符合一定的启动条件,即达到标准才能启动。在具体运作过程中,各国的启动标准有很大区别。影响启动标准的因素除了上一章论述的各个主体之间的博弈程度,还与各国的经济发展水平和立法技术相关。本章通过梳理知识产权跨境交易反避税调查的启动标准与特点,对知识产权跨境交易反避税启动标准的趋势进行论述,并借助典型国家的知识产权跨境交易避税案例来分析税务当局与知识产权权利人应当如何具体运作。

第一节 知识产权跨境交易反避税调查的启动标准

萨维尼在《论立法与法学的当代使命》一书中强调,"由一种严格的科学方法带来的确定性能排除任意的决断"[①]。同理,如果一个国家的法律对知识产权跨境交易避税问题没有规定或规定的过于抽象、概括,执法机关自由裁量权就会过大,容易引发一种不确定的情形,最终导致混乱。此外,知识产权跨境交易的标准是否一致、与其他反避税的标准有何不同、全球公式分配法对知识产权跨境交易反避税适用的特殊性与便利性等问题,都值得进行深入研究。

一、知识产权跨境交易避税认定与反避税的特点

当下,发达国家引领全球经济,向知识经济时代过渡,即使是经济水平相对落后的发展中国家,无论其意愿如何,都会被裹挟进这一全新的时代。

---

① [德]弗里德里希·卡尔·冯·萨维尼:《论立法与法学的当代使命》,许章润译,中国法制出版社2001年版,第64页。

在这一进程中,知识产权对于企业在全球生产价值链中占据高端地位作用重大,使企业具备快速获取利润的能力。但是国际经济发展的不平衡引起知识产权侵权冲突和知识产权跨境交易的税收紧张现象。发达国家的知识型资产迅速扩张,逐渐进入知识经济主导的产业模式,但是大多数发展中国家产业模式还是以劳动密集型产业为主导,智力密集与劳动密集的差异使全球生产价值链上的利润分配不公和税收汲取能力强弱悬殊。[①] 智力密集型企业通常会通过知识产权跨境交易的方式进行避税安排,各国政府由此需要启动反避税调查。但是知识产权的无形性使其属于特殊的资产类别,如何启动反避税调查需要具体分析。

(一)知识产权跨境交易避税的认定

要分析知识产权跨境交易反避税标准,必须先了解知识产权跨境交易避税标准,只有符合避税认定标准的行为才能被提起反避税审查。当前关于知识产权跨境交易的避税标准的研究,不同的学者有着不同的解读。知识产权跨境交易避税方式最主要的是转让定价。何种情况属于知识产权跨境交易中的转让定价是认定避税标准的主要因素。关联企业间利用转让定价是知识产权跨境交易中最常用、最主要的避税方法。转让定价原本不具有合法性判断,只是客观描述某项行为的中性术语,是指在市场上从一方转让给另一方的任何货物或劳务,都具有一个明确的或暗示的,由零向上的价格。然而,知识产权跨境交易中,转让定价往往是指企业出于自身战略目标以及谋求利润最大化的需要,人为安排偏离市场公允价值的各种内部交易价格和特许权使用费的收取标准。企业可以通过运用转让定价控制企业利润的流向,逃避税负。具体来说,是通过跨国集团公司将位于高税率国家的关联企业的营业利润转移到低税率国家的关联企业,从而降低跨国集团公司在高税率国家的应纳税所得,提高其在低税区的应纳税所得,达到减轻集团整体税赋的目的。具体到知识产权跨境交易,转让定价的标的主要就是对特许权使用费的人为调控。可见,判断知识产权跨境交易反避税的标准就是确认避税行为的存在,避税行为的限度,即标准应当是客观的,而不用考虑权利人的主观态度。

---

① 庞凤喜、贺鹏皓:《基于反避税要求的税制改革国际视野》,载《税务研究》2015年第 7 期。

(二)知识产权跨境交易反避税调查启动的特点

知识产权跨境交易反避税调查启动在世界各国都是由税务机关首先发起的,是具体行政行为的一种。然而反避税很难建立起一整套法律体系,往往都是散见于各种法律法规之中。像利用知识产权避税这类案件的调查启动,则更是规定在单行法中。知识产权跨境交易反避税调查标准应是一个系统完整的体系。知识产权反避税是反避税体系中的一个组成部分,但又具有一定的特殊性。这意味着知识产权跨境交易反避税和其他反避税一样,需要符合一定的程序和实体要件,并且需要有针对性和特殊性的指标。此外,这一体系还应兼具标准性、可操作性和灵活性,既要具备客观明确的特征,也要考虑到监管机构的自由裁量权;不但要考虑重整可能引发的社会效应,还要评估重整所花费的成本。无形资产跨国贸易对税负高度敏感,避税地可能是跨国公司无形资产资源的重要集中地。①

因此,从理论和实践角度看,知识产权跨境交易反避税调查的启动与其他反避税调查存在以下四点差别:第一,调查对象不同。知识产权跨境交易反避税的调查对象是将知识产权作为避税工具的跨国公司,调查涉及的都是跨境交易。并且这类跨国公司不再局限于高科技公司,因为即使是非高科技公司也会千方百计运用商标或版权进行避税安排。同时,跨境避税又区别于仅在一国范围内的避税安排,因为这涉及不同国家的税制结构和双边以及多边税收协定。第二,调查方法不同。调查方法的区别主要体现在无形资产与有形资产的区别上。知识产权属于无形资产,因此要具体考虑无形资产转让定价的特殊规则。OECD 的 BEPS 成果中第八动议就是《无形资产转让定价指引》,具体方法有待完善。第三,调查依据不同。知识产权跨境交易避税安排在跨国公司的运作之下已经与公司正常的运营架构难以区分清楚,何况近年来跨国集团协同效应、选址节约等与反避税对抗的理论逐渐出现在税收筹划理论中,如果仅仅以利润是否转移的标准来作为启动反避税调查的依据则显得有些牵强。② 第四,调查难度不同。知识产权

---

① 邬展霞、赵亮、黄达:《无形资产跨国贸易转让定价的反避税研究》,载《国际税收》2014 年第 11 期。

② Tobias M.C.Asser, Legal aspect of regulatory treatment of banks in disterss, http://www.imf.org/external/pubs/nft/2001/lart/index.htm,最后访问时间:2018 年 10 月 9 日。

跨境交易反避税的调查难度之大超乎想象。一方面,它要求反避税调查人员具备非常专业的会计知识和评估理论,甚至要具备相当程度的外语水平。另一方面,此类避税案件的隐蔽性很强,涉及金额往往巨大,导致调查周期往往很长,进一步增加了调查难度。

企业可以通过多种方式获得知识产权,主要包括自主研发、获得许可或者通过并购方式。通过并购方式获得知识产权的好处是可以直接拥有现有成熟工艺,避免投入时间成本、人力成本、物力等资源从头开始研究以及承担研发失败风险。并且对于知识产权来说,成本和价值之间并不存在必然的正比关系。首先是因为知识产权的实际公平市场价格并不是依靠开发或维护成本来衡量,专利类的知识产权的产生通常凝结着巨大的研发投入,研发活动预算的实际规模取决于竞争者(或潜在竞争者)的政策、研究活动的预期获利能力、利润走向、与流转额有关的报酬、研发活动评估收入等,以此为基础才能确定支出水平。还有一个原因就是知识产权可能需要持续性研发投入和质量控制,这些活动会使一系列产品受益,同时也造成成本不确定因素增加。[①] 此外,拥有技术所有权也可以使企业在商业竞争中处于可攻可守的位置。例如,在面临竞争对手的知识产权诉讼时,可以其作为交叉许可筹码实施防守策略。因此,实践中有相当部分的并购交易是以获得目标公司的技术为主要目的的。

(三)知识产权跨境交易反避税调查启动的趋势

当前,国际税法反避税制度日趋完善,但是仍然要面临反避税实践中出现的新情况。随着知识产权跨境交易避税手段的增加,相应的反避税调整手段也在更新。但是在这个问题上,反避税一方相比避税一方总是处于后发地位,即都是出现了新的避税手段,反避税方才能进行调查,至于出台新的制度或政策,就更是晚于避税现象的发生。例如美国 CFC 制度会有利于双重不征税结果的形成,其中对制造活动的例外规定应当收缩。[②] 因此,知识产权跨境交易反避税调查启动的趋势应当适当突破这种滞后性循环,针

---

① OECD:《跨国企业与税务机关转让定价指南》,中国税务出版社 2006 年版,第110 页。

② R.Avi-Yonah,Testimony for Hearing on Profit Shifting—US Senate Permanent Subcommittee on Investigations,http://thewritestuff.jonesday.com/rv/ff00174adbe2738 07d96a8b2f2489d349be7222a/p%3D4212117,最后访问时间:2018 年 5 月 1 日。

对近年来跨国公司利用知识产权避税的普遍特点做出未来避税形势的预估,知识产权跨境交易反避税调查启动的完善可以尝试从扩大"受控外国公司"(CFC)的定义方面开始规范。

2015 年,OECD 开始致力于扩大 CFC 的定义涵盖范围,包括合伙企业、信托以及常设机构。OECD 列举了定义受控外国企业所得的多种途径,但并没有提出具体的建议。扩大受控外国公司的定义作为一项对居民国有利的建议被提出。例如,除了企业实体外,如果受控外国公司的范围能覆盖合伙企业、信托等,将其视为独立应税实体时,则居民国的税源数量能够增加。在各个国家的立法中,受控外国公司必须符合本国居民单独及共同持股比例最低标准和设立地点标准。① 扩大受控外国公司定义的同时,混合错配规则应当随之修改,以防止实体企业借助在不同管辖区享受不同税收待遇而规避受控外国企业的规则。现行全球税制结构应当允许企业在其经营所属管辖区只负担少量甚至不负担税收。

首先,应对 CFC 进行扩张性解释。国际公法并没有赋予一国必须接受境内外法人实体的税收"挡箭牌"合法性的义务,如果将 CFC 制度视为一种"挡箭牌",国内税法也有权力对其调整。② 对受控外国公司进行扩张性解释,可以从"受控"的含义、受控外国公司所得的计算方法和利润归属原则等方面进行扩大解释。现行的多边条约没有对如何定义受控外国企业所得提出具体要求,其难度在于转移所归属利润的高流动性所得,而这些所得并非源自实际的受控外国企业经济活动。适用扩张性解释还包括,应对受控外国企业规则至少同时符合法律和经济控制的标准,并且二者的数据均应当满足控制最低比例的要求。但是如果各国出于自身其他公共政策目标考虑,可以增加纳税人规避受控外国企业规则的难度,例如调整控股比例的要求。③ 但是扩张解释权也不能过度行使,还要关注不能与消除双重征税规则相冲突,以免加重受控外国公司负担。

其次,CFC 所得的计算方法应当明确。受控外国公司制度立法中,根

---

① 蒋帅:《受控外国公司立法比较研究》,载《涉外税务》2007 年第 4 期。

② Shay,Stephen E,Fleming,J.Clifton Jr. Peroni,Robert J.,Designing a 21st Century Corporate Tax-An Advance U.S.Minimum Tax on Foreign Income and Other Measures to Protect the Base,*Florida Tax Review*,2015,17(9),p.669.

③ Merrill,Peter R,Tax Reform and Intangible Property,*Taxes:The Tax Magazine*,2006,84(3),pp.97-261.

本性的问题就是从避税安排视角分析其功能。其一,通过形式分析或者实质分析来判断所得的形式类别,符合形式分析和实质分析的所得划分为受控外国企业所得。受控外国企业实质性经济活动之外的所得则不符合实质分析。[①] OECD 认为,实质分析至少应考虑受控外国公司雇员的实质贡献和受控外国公司的独立性,这些都是影响所得归属和计算的因素。受控外国公司所得的计算方法中,母公司所属管辖国的计算规则可以延伸至受控外国企业适用,这样一定程度上减弱了受控外国公司的税收规避动机。其二,明确限制受控外国企业亏损弥补的特定规则。受控外国企业亏损可以用其他关联公司的利润弥补,但是应当对能够弥补亏损的关联公司地域范围进行限制,可指定特定的盈利公司进行弥补,也可以限制在同辖区关联公司内,避免跨辖区弥补。[②]

最后,CFC 应当设定门槛要求(threshold requirements)。门槛要求是处理公平和效率冲突的方案。OECD 建议,将很可能产生较小税基侵蚀和利润转入风险的企业排除在外,将主要的行政成本集中在较高风险的企业进行反避税调查。当然,对政府机关来说,对大型跨国集团的受控外国公司的调查能够获得的可预期的反避税收益显然大于小型企业。尤其是在行政资源受限的情况下,门槛要求的适用符合成本收益的衡量。控制的定义是受控外国企业规则的关键,因为它决定了受控外国企业规则应适用于哪些实体。

二、知识产权跨境交易避税调查启动的理论质疑

知识产权跨境交易反避税调查启动是整个反避税行动的初始环节。在各国政府普遍对跨国公司避税责难时,却有来自学界的少数观点认为跨国公司避税,尤其当下普遍存在的利用知识产权避税行为应当有其他合理性的理论支撑。这些理论质疑也成为当前知识产权跨境交易反避税调查启动所亟待解决的问题。

(一)关于选址节约理论的质疑

广义上的选址节约是指跨国企业通过将业务转移到低成本地区或者在

① Bjerkestuen, Hilde Maehlum, Willie, Hans Georg, Tax Holidays in a BEPS-Perspective, *Intertax*, 2015, 43(1), p.106.

② Kane, Mitchell A, Milking versus Parking: Transfer Pricing and CFC Rules under the Code, *Tax Law Review*, 2013, 66(4), p.487.

低成本地区开展业务（不一定涉及业务的地域间转移）从而获得的净成本节约。[①] 20 世纪末开始，高科技的发展带动了高科技产业的全球布局重新分配，促进了以信息为主要内容的服务业跨国公司将服务型子公司逐渐从发达地区向低成本发展中国家大规模转移。大规模转移的初期，资本流动的目的性大于税收规避的目的性，因为整个电子通信技术远未成熟，因此这些子公司的活动附加值较小。后来，技术的进步带来高附加值的服务，知识产权的研发包含越来越多的产品价值。发展中国家市场在全球研发中以节约大量税收而著称，这种由于选址带来的税收成本节约，随着经济全球化带来的互联网效应日益突出，从而使知识产权研发呈现出地域分散化的趋势。美国许多科技创新公司纷纷改变研发模式，由传统的内部封闭式创新转向开放式创新。[②] 知识产权研发活动逐渐转移至海外，如发达国家在中国、新加坡和韩国等亚洲地区进行的海外研发投资增长迅速，集中在高科技领域，体现不同转让定价方法下地域优势的分摊。因此，无论是通常所说的知识产权控股公司，还是外国受控公司，选址节约理论对这些实体存在的合法性进行论证。这种节约类似一种经济租金，是否需要调整要根据国内税法进行分析。实践中的执行难度是判断税收节约与选址之间的关系。

（二）关于团队精英力量和集团协作效应理论的质疑

团队精英力量（assembled workforce）和集团协作效应（MNE group synergies）理论是支持避税合法性的另一依据。集团协作效应，主要是指跨国企业集团的协同效应。无形资产分类中包括有利的合同（favorable contracts）、计算机软件、团队精英力量（assembled workforce）、专利、商标、版权、专有技术和商誉等。团队精英力量因素对知识产权价值的影响应当考虑在其知识产权管理活动中，由此产生的利润并不一定是出于不合法的避税目的。团队精英力量本身不是一个可识别的无形资产，但可能会影响可辨认无形资产的价值。BEPS 行动计划认为，跨国公司集团的协同效应可能是转移价格时必须考虑的、纯粹可归因于跨国公司集团的附带收益，不需

---

① 何杨、王景琳、王懿：《选址节约理念在转让定价管理中的应用与挑战》，载《国际税收》2015 年第 4 期。

② 张韬略：《国科技中介公司吸收海外创新的新模式——兼谈我国科研机构参与海外研发时应注意的知识产权问题》，载《中国高校科技与产业化》2008 年第 3 期。

要从相关企业的其余部分进行可比性调整或支付。① 该规定不一定正确，因为如果仅仅有利于集团中的当地分支机构,分析如何在经济利益中出现溢价,该溢价是否可以在独立的基础上提供给当地分支机构(即不属于跨国公司集团)是很重要的。经验通常显示,任何此类收费都可以归因于无形资产(例如品牌、信誉、流程、组织等),并应从本地分支机构得到补偿。② 评估转让定价分离前的跨国公司集团及其组成部分的还原方法,可能意味着跨国公司集团成员之间分配的比例或整合的经济利益不恰当,或可能逃避税收。③ 集团协同效应和特定市场的特征不包括在无形资产类型中,但是可能会影响知识产权的价值。④

此外,可比非受控价格法的应用。在集团内销售的情况下,外部可比非受控法不适用,因为集团内交易的知识产权的差异是难以量化和估价的,难以找到非关联方类似可比交易。除非母公司与其他独立第三方签订了许可协议,许可价格能够具有一定的关联交易参考作用。但是,此类协议的可比性是否客观还受到第三方所在地的影响有待进一步确认,比如第三方所在地与关联公司具有类似的经济发展水平等指标。⑤ 这包括特别的专利、专有技术和商业秘密、商标、商号和品牌、政府牌照、许可证及无形资产、商誉和持续经营价值类似的权利,但不包括集团的协同效应和市场的具体特征,例如,选址节约(location savings)、团队精英力量(assembled workforce)和市场溢价(market premium)。⑥ 虽然经合组织认为市场的具体特征应进行

---

① OECD,Aligning Transfer Pricing Outcomes with Value Creation,OECD/G20 Base Erosion and Profit Shifting Project,2015,p.43.

② Tax Executivetei,Comments on OECD Revised Intangibles Discussion Draft. *Tax Executive*, 2013,65(4),pp.269-309.

③ John Neighbour,Jeffrey Owens,Transfer Pricing in the New Millennium:Will the Arm's Length Principle Survive,*George Mason Law Review*, 2002,10(4),pp.951-958.

④ Todd,Cordova,David,Analysing the OECD Draft on Intangibles,*International Tax Review* 2012,23(7),pp.42-44.

⑤ 龚赛安、森信夫、池谷诚、Harlow Higinbotham、Pim Fris、Vladimir Starkov、Tommaso Coriano、姚柏坚:《新兴市场区位特定优势所带来的超额利润问题探析——服务业和分销业案例》,载《涉外税务》2012年第5期。

⑥ D.L.P.Francescucci,The Arm's Length Principle and Group Dynamics,*International Transfer Pricing*, 2004(11),p.55.

可比性分析,但这种分析方法有可能引发进一步的讨论。

(三)理性回应:承认选址对成本节约和市场占领的重要贡献

通过上述分析,在选址节约和团队精英力量等理论支撑下,应当适度承认纳税人选址的权利以及选址对税收筹划贡献的合法性。诺恒经济咨询东京分所认为:在某些市场条件下,企业把业务转移到相对低成本地区时,有可能产生"选址成本节约",这些节约可能带来额外的营业利润。由此产生的利润如何在关联方之间分配并没有绝对的答案,需要借助经济学理论进行分析。独立第三方市场价格变动和供需情况变化的微观经济分析是一个很有参考价值的方案。这种微观经济分析可用来增加常用转让定价分析方法的可靠性。[①] 知识产权跨境交易的避税安排,一定程度上符合根据现代组织理论。20 世纪 30 年代之后,企业竞争尤其是跨国公司竞争的加剧,现代管理理论产生了许多流派。其中,社会系统学派的代表人物巴纳德(Chester I.Barnard)认为,社会各种组织均是一个协作系统,包括企业组织。这些协作组织包括协作的意愿、共同的目标和信息联系三个要素。[②]组织目标实现符合"有效性"和"能力"两条原则。跨国公司利用知识产权跨境交易进行避税安排,通过在不同国家和地区进行选址,使整个企业目标得以实现。知识产权本身属于无形资产,因此在跨境交易反避税中存在一些相应的难题,例如如何确定无形资产,如何准确衡量涉及使用无形资产的转让交易,如何确认无形资产所有权和涉及开发、提高、维持、保护和利用知识产权的交易,如何确定公平条件涉及的无形资产使用或者转让交易价格等。这里就不可避免地需要谈及选址节约理论的合理性。选址节约是很多跨国企业为了获得超额利润而将企业设于低成本国家,选址节约存在一些误区。[③] 有观点认为,超额利润应归属于无形资产拥有者对于选址产生的经济回报。因为无形资产拥有者拥有较强的议价能力,所以当然应该拥有选址的超额利润。在跨国税源的切分上,无形资产拥有者往往利用技术垄断的不合理手段夸大技术的贡献。但是,选址节约理论不是技术贡献的最好

---

① 池谷诚、姚柏坚:《新兴市场区位特定优势所带来的超额利润问题探析——日本生产业转移案例》,载《涉外税务》2012 年第 4 期。

② 任永菊:《论跨国公司地区总部的区位选择》,中国经济出版社 2006 年版,第 119 页。

③ 黄洁钦:《关于"选址节约"若干误区的探讨》,载《涉外税务》2013 年第 6 期。

印证,而是证明了市场的重要性。以苹果公司为例,虽然苹果手机的专利、商标等知识产权具有非常高昂的价值,由此带给苹果公司的垄断地位和议价能力毋庸置疑,但这一切都建立在目标市场并未对苹果公司设置准入和使用门槛,否则其市场价值就无从体现。就如同华为公司,作为全球电讯设备制造的巨头,拥有知识产权的价值巨大,但是美国政府以安全理由禁止华为进入美国市场,政府政策对跨国公司获得超额利润产生决定性影响。由此可见,成本节约和市场占领对税收、科技和经济而言是重要的影响要素。专利技术等知识产权对市场的依附黏性非常显著。因此,考察选址贡献产生的超额利润,不能割裂地域和市场的影响而单独考察税收的节约。

三、典型国家关于知识产权跨境交易反避税调查启动标准的规定以及评析

(一)知识产权跨境交易反避税调查的现状:以典型国家为例

为了防止纳税人利用在国外无税或低税条件下积累所得和财产进行避税,限制本国居民移居避税地和利用避税地进行活动,一些国家制定了相关法律条文。美国的科技和经济均处于世界各国发展的领先地位,因此美国的知识产权跨境交易反避税制度相对也是最有借鉴意义的。美国国会立法《国内收入法典》(*Internal Revenue Code*)第 482 节专门规定了无形资产转让定价,为知识产权跨境交易反避税提供立法指引。知识产权的确认要符合可定义性、可计量性、相关性、可靠性四个标准,这是美国财务会计准则委员会(FASB)在其《企业财务报告中的确认和计量》(SFAC5)中提出的。此外,美国财政部也发布了配套的规章来解释第 482 节。美国《国内收入法典》主要针对避税地活动和 F 分节等作出规定,对当代国际反避税提供指引和借鉴作用。但是,美国的反避税制度经过实践检验,发现也存在一些漏洞。美国作为判例法国家,在很多判例中不断完善各种反避税规则,针对无形资产方面的案例也非常丰富,归纳出一系列用以指导知识产权跨境交易反避税的启动规则。

美国实行延期纳税和受控外国公司税制,自 1954 年起实施,针对本国企业的海外经营的国外所得。该制度有力地支持了美国本国跨国公司与东道国当地公司开展贸易竞争。尤其是很多欧洲公司可以享受延期纳税制度,前提是国外投资利润留在投资所在地,能够削弱免税法对跨国公司的吸引力。但是 20 世纪中期,政府建议国会修订税法,经济形势的转变使得延

迟课税制度不应当继续实施,以应对经济萧条和财政赤字压力。延迟纳税制度有利于鼓励对外投资和缓解企业税负,但是也催生了跨国公司利用避税地设立知识产权控股公司的做法,投资收入尽量不汇回美国,给美国财政收入造成较大损失。根据提案,国会通过其国内收入法典的 F 分节条款,受控外国公司概念随之诞生。F 分节条款对延迟纳税制度进行了修订,美国投资人的受控外国公司利润要视同当年所得,分配股息,缴纳美国所得税。受控外国公司制度的实施对知识产权控股公司的避税安排有一定的遏制作用,与当年是否进行分配、是否汇回美国都无关,都不影响美国集团公司的海外投资应纳税额。受控外国公司制度模糊了通过许可获得的消极所得和通过经营获得的积极所得之间的不同税收待遇,维护了国家税收利益。[①] 此规定对跨国公司利用受控外国公司的避税安排有抑制作用。但是受控外国公司也存在结构性缺陷,其对主体的穿透规定可能会被纳税人利用来进行避税安排。此外,美国针对并购出台鼓励性税收政策。美国等国鼓励企业并购的税收政策以及美国在免税并购、应税并购、跨境并购等方面的具体规定。例如,美国通过税收减免制度,降低民间投资成本,从而引导社会盈余资金用于并购。跨国并购活动中也经常涉及被并购方拥有大量知识产权的问题,由此产生的涉及征税和避税的安排。并购交易方式及并购后公司集团组织形式不同,税收处理也不同。税法还对收购企业和被收购企业在避税过程中可能产生的避税行为进行规范。[②]

　　欧盟内部经济发展水平较高,跨国税制协调相对规范。欧盟也在酝酿统一公司税基(Common Consolidated Corporate Tax Base,CCCTB)法案的出台,即构建“共同统一公司税基”制度。但是欧洲各国政府与欧洲议会是否会审批这一制度还很难确定,想在欧盟范围内统一税基面临重重障碍。欧盟认为,共同税基制度下,小规模跨国公司受到的影响比较大,如果税负整体上升,可能会考虑改变经营地。爱尔兰作为欧洲传统的避税地,12.5％的公司所得税率在欧盟处于最低水平,如果执行统一税基制度,可能会丧失其“避税天堂”的优势。统一税基实施之前,跨国公司根据自身的经营结构

---

　　① 中国国际税收研究会:《企业跨境重组与投资税收问题研究》,中国税务出版社2010年版,第 20 页。

　　② 中国国际税收研究会:《企业跨境重组与投资税收问题研究》,中国税务出版社2010年版,第 21 页。

安排,有权选择在欧盟范围内的优惠税率国家缴税,前提是跨国公司的生产经营范围有多个地点可以选择。但是,在统一税基制度下,此类跨国公司的选择权就失去了意义,跨国公司无论在欧盟范围内哪个国家生产经营,只要税基是确定的,最终应税所得都不发生改变,除非离开欧盟境内。

下文在欧盟内部成员中,选取德国和法国为考察对象。德国税法对受控公司进行的特别规定,受控公司在离岸地的生产经营所得必须向德国纳税人征税,即德国税法是穿透投资人的,德国投资人在纳税年度内向德国缴纳所得税。法国规定在国外定居或从业的人,从在法国定居或从业的人处获得的收入,应由后者在法国纳税。法国使用免税法消除国际双重征税是其对外投资税收政策的特色,国外母公司分配给子公司的股息不计入子公司的应税所得。法国区分积极所得和消极所得,跨国公司在境外积极所得可以享受免税制度,法国尊重控股公司离岸地税收主权。虽然有积极所得这种限制,似乎知识产权许可不能享受这种税制优惠,但是知识产权如果依附于生产企业,就可以获得积极所得,能够享受境外投资免税待遇。这样的安排使法国培养了一批拥有精湛技术的企业,例如雷诺、雪铁龙等著名跨国公司。免税法既避免了国际双重征税,又便于操作,减轻纳税人和税务机关的负担。①

英国作为前欧盟成员国,规定对英国境外主体所得享有所有权的英国居民,英国政府可以就境外所得征税,无论所得是否已经汇回英国。英国没有特别强调无形资产的确认条件,但规定无形资产必须满足可辨认性的要求,才能单独确认。② 英国税法规定资产负债表中列示的无形资产中的知识产权部分包括专利权、商标权等权利和资产,将商誉排除在外。英国的滚动递延纳税制度也可能为纳税人避税提供空间,尤其对持有知识产权的离岸公司而言,可以利用滚动递延纳税制度延缓纳税甚至彻底规避税负。③

日本的反避税规定受到 OECD 和美国等影响巨大,在 OECD 的推动下,日本转让定价体系也在不断变化与调整。同时,日本也拥有许多高科技

---

① 中国国际税收研究会:《企业跨境重组与投资税收问题研究》,中国税务出版社2010 年版,第 21 页。

② 金水英:《国内外无形资产准则的比较研究》,载《生产力研究》2007 年第 18 期。

③ Lyden-Horn,Alex,Cadbury Schweppes,A Critical Look at the Future and Futility of U.K.Controlled Foreign Company Legislation,*Temple International & Comparative Law Journal*,2008,22(1),p.191.

大型跨国集团公司,必然需要特别关注知识产权跨境交易反避税问题。日本《租税特别措置法》详细规定了转让定价制度,日本国家税务局也针对关联法人的转让定价行为发布指南。① 日本最高法院 2009 年判决了一例日本税务局与日本国内 A 公司的税收规避纠纷案,A 公司持有新加坡一家制药公司的 90% 的股份。该案涉及 CFC 制度与国际协定的冲突,要认定新加坡子公司是否构成违法税收规避,除了考察日本的 CFC 制度,还要考察日本和新加坡的税收协定是否与 CFC 制度冲突,以及如何解决冲突。日本的反避税措施中,对"特别外国子公司"作出规定。特别外国子公司位于低税国,并且被日本公司或居民直接或间接拥有 50% 以上股权;或对层级没有数量限制,可能是第一层子公司,也可能被多层控制。通过特别外国子公司衍生出"应税公司"的概念,简言之,就是国内公司的外国子公司,具体要求为:持有方式为直接或间接持有;持有股份比例为 10% 及以上;持有股份形式为公开发行的股票。如果日本国内法人单独或者与关联公司共同拥有特定的外国子公司 10% 的股份,这些国内法人就成为"应税公司",应税公司有义务针对特定外国子公司的所得向本国纳税,境外子公司的利润流向不影响应税公司的纳税义务的履行。② 日本规定了海外投资准备金制度,通过该制度激励企业扩大对外直接投资,同时在该制度下,企业和政府共同承担的海外经营风险得以降低。③ 海外投资准备金制度框架下,需要满足一定条件,对外直接投资才能享受免税待遇。具体而言就是,将投资的一定比例④计入准备金。海外投资亏损准备金制度能够降低企业亏损对持续经营的负面影响,提高对外直接投资所得的水平。⑤ 该制度帮助企业经营从亏损转变为盈利,进而为企业降低整体税负。日本的特别外国子公司制度

---

① 吴晓慧:《日本转让定价指南特点及最新变化》,载《涉外税务》2008 年第 9 期。

② 巴曙松、郭云钊、KVB 昆仑国际离岸金融项目组等:《离岸金融市场发展的国际趋势与中国路径》,北京大学出版社 2008 年版,第 150 页。

③ 日本的亏损准备金制度包括 1960 年实施的对外直接投资亏损准备金制度、1971 年实施的资源开发对外直接投资亏损准备金制度、1974 年实施的特定海外工程合同的对外直接投资亏损准备金制度以及 1980 年实施的大规模经济合作合资事业的对外直接投资亏损准备金制度。

④ 如特定海外工程经营管理费用的 7%,大规模经济合作和合资事业投资的 25%。

⑤ 中国国际税收研究会:《企业跨境重组与投资税收问题研究》,中国税务出版社 2010 年版,第 21 页。

在一定程度上增加了跨国公司利用知识产权跨境交易避税的操作困难,海外投资准备金制度的出台进一步为其提供海外直接投资税收优惠,高科技公司在利用知识产权避税时也会就避税风险和税收优惠进行比对,分析避税安排获利和税收优惠获利的成本收益。

(二)知识产权跨境交易反避税调查启动的典型案例及评析

1.案例一:苹果公司知识产权避税案

(1)案情背景

苹果美国公司(Apple Inc,API)是美国著名的高科技公司,根据美国专利局数据显示,苹果公司 2015 年获得 1938 项美国专利,在美国排名第 11 位。[①] 2016 年苹果公司继续保持第 11 位的名次,专利数量增长 8%,达到 2102 个。[②] 苹果公司的知识产权避税安排具有相当的代表性,是高科技公司中避税筹划的典范,也使得美国和欧洲某些国家的政府付出了非常大的反避税成本。苹果公司避税安排的特点是以知识产权为工具,以全球价值链构建为手段,以高科技产品为载体。从苹果公司的员工数量来看,全球员工 65% 以上在美国本土工作,几乎全部的研发人员都在美国本土进行知识产权研发。2012 年,苹果公司收入为 1565 亿美元,净利润为 417 亿美元,每股净收益(EPS)为 44.15 美元。[③] 知识产权是苹果公司的核心价值,依附于苹果的各项高科技产品而存在。在这样的形势下,苹果公司的高利润使得避税安排存在经济上的合理性,拥有的大量的知识产权使其具有避税安排的工具支持,并且苹果公司本土研发可以保证知识产权的质量和全球许可的实力。因此,苹果根据成本分摊协议,把数百亿美元的利润转移到爱尔兰。

(2)避税战略、参与主体与规划布局

苹果公司在美国本土进行的研发,将高价值知识产权转移到苹果爱尔兰公司所有,高价值知识产权形成的巨额商业利润被离岸地享有,成功通过

---

① 数据来源:IFI Claims Patents Services, http://www.ificlaims.com/index.php?page=start2。

② 数据来源:http://news.xinhuanet.com/world/2017 − 01/10/c_1120283207.htm。

③ Antony Ting, iTax-Apple's International Tax Structure and the Double Non-Taxation Issue, *British Tax Review*, 2014(1), p.40.

知识产权跨境交易来规避美国的所得税。[①]

首先，设立苹果国际运营公司（Apple Operations International，AOI）。苹果国际运营公司是避税安排得以实现的第一步，位于苹果母公司在美国以外的关联公司组织结构最高层级，是苹果母公司的海外全资子公司，是 API 在美国以外国家和地区的最高持股公司。同时，设立由 AOI 控股的几个子公司，包括在爱尔兰的苹果欧洲运营公司（Apple Operations Europe，AOE）、苹果国际分销公司（ADI）、苹果国际销售公司（Apple Sales International，ASI），在新加坡设立的苹果南亚公司（Apple South Asia，ASA），并设立以零售为主的苹果零售欧洲控股公司，全球范围的子公司构成有机联系的整体。但是，位于第一层级的 AOI，实际上的机构设置与其重要地位却不相匹配，从形式上看，缺失空间因素、人力资源、资产因素。

其次，设立苹果国际销售公司（ASI）。苹果销售公司的存在是避税架构另一个主体，确定了产品销售地，但是与产品生产地毫无关联。ASI 是 AOE100％控股的子公司，也位于爱尔兰，ASI 相当于是 AOI 的孙公司，二者相似的架构，利用爱尔兰和美国的税法漏洞，在法律形式上既表明其不属于爱尔兰居民纳税人，也表明其并非美国的税收居民。苹果国际销售公司的销售利润，几乎没有纳税。[②]

最后，区分不同市场，设立苹果全球销售网络。苹果的避税架构是建立不同的运营结构和业务组织模式，全球范围内控制研发、生产、销售的不同子公司的不同职能。合约生产商位于发展中国家，只是从事委托加工，相比知识产权许可收入，所得利润极少。而爱尔兰的几家子公司的实质是，既没有研发活动，也没有生产活动，合约制造商将产成品通过苹果全球布局的销售公司直接发送到不同市场。在苹果价值链体系中，知识产权是苹果价值链中最有价值的核心部分，由苹果国际销售公司持有。通过关联交易美洲市场的销售利润能够归集到苹果美国公司，其他州的市场销售利润则归集到苹果国际销售公司（包括苹果国际分销公司，在爱尔兰享受 2％甚或更低的所得税率），苹果国际销售公司和苹果国际分销公司以分配股息的方式把

---

① 宁琦、励贺林：《苹果公司避税案例研究和中国应对 BEPS 的紧迫性分析及策略建议》，载《中国注册会计师》2014 年第 2 期。

② 丁家辉、陈新：《iTax —苹果公司的国际避税结构和双重不征税问题（上）》，载《国际税收》2015 年第 2 期。

委托生产产　　　API　　成品销售　　目标市场：
　　　　　　　　　美国　　　　　　　美洲

生产商
（中国）

100%控股

AOI
（注册地爱尔兰，实
际控制地美国）

目标市场：
美洲之外地区

100%控股

AOE
爱尔兰

全球范围各
国分销公司

100%控股

集团内转移

ASI
爱尔兰

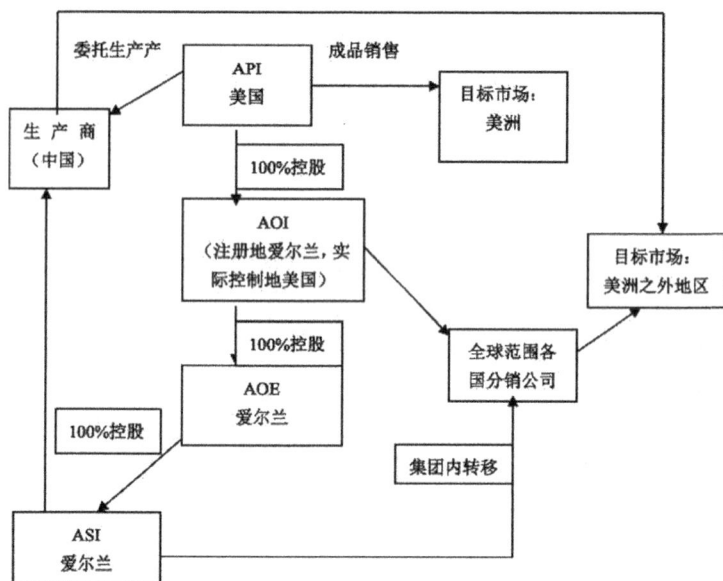

图 3-1　苹果公司避税安排示意图

利润集中于苹果国际运营公司。苹果公司的避税建构相对简单，只需要通过集团内部运作，分离知识产权的法律所有权和经济所有权，内部成本分摊协议（CSA）与其全球市场的划分和价值链共同作用就可以实现。高科技跨国公司通过区分不同市场设置全球销售网络，是避税战略的重要组成。

（3）主要争议

第一，CSA 对苹果知识产权的特殊安排——法律所有权和经济所有权分立。在 OECD 授权方法下，根据企业具体执行部门来划分财产经济所有权归属常设机构的原则。[①]在 CSA 架构下，知识产权的权利分属被人为地进行特殊的界定，法律权利（legal rights）仅具有形式意义，经济权利（economic rights）归属成为避税关键。即以法律名义上的所有权作为法律所有权持有的标准，以经济上拥有对外许可的权利作为经济所有权的持有标准。全部有价值的知识产权的法律权利持有者均为 API。就经济权利而言，按照不同市场进行划分，以美洲为产品目标市场的知识产权经济权利归属于

---

① OECD，Report on the Attribution of Profits to Permanent Establishments，Paris：OECD，2008，p.41.

API,以欧亚等地为产品目标市场的知识产权经济权利归属于 ASI。这种知识产权管理方案即经济权利分属不同子公司,既符合苹果知识产权研发成本整体分配模式的要求,也符合苹果整体市场划分理念的设想。在该模式下,经济权利被赋予资产控制功能,经济权利拥有者在关联交易中有权安排资产并承担风险。但是,由于税务机关和跨国公司关于知识产权研发的信息严重不对称,成本分摊协议反而成为跨国公司避税的可选择工具。一定程度上,跨国公司适用成本分摊协议绝大多数基于避税目的,尤其是大型技术类跨国公司。① 在 CSA 协议下,争议就是知识产权的研发成本分摊协议,贡献比例分摊应依据价值而不是成本等因素。还要考量以成本为基础的风险承担能力,过度转移风险的 CSA 安排应当考虑具有避税目的。②

　　第二,税收筹划自我否定居民纳税人身份。当今,数字产品和网络经济迅猛发展,现有的国际税收协定有着明显的滞后性。由于数字经济正日益成为经济主体,因此,仅以税收目的将数字经济从其他经济领域划分出来非常困难。从税收的角度来看,数字经济的商业模式,体现了一些关键特征。③ 在数字经济模式下,更有利于跨国公司进行税收筹划,自我否定居民纳税人身份。例如,美国的税法典中,对居民纳税人的法律身份和纳税身份认定是注册地标准。爱尔兰的税法规定则与公司注册地无关,是依据公司管理和控制的实际所在地确定居民纳税人身份。居民纳税人认定标准恰好完全不冲突,爱尔兰与美国的税收原则性差异成为苹果公司自我否定居民纳税人身份的天然便利条件。对于属人原则和属地原则的运用有差异,立法技术也存在差别,对于无形资产的会计处理也不尽相同,种种差别共同构成法律漏洞的产生因素。但是,这里存在一个逻辑冲突,即居民纳税人的身份认定决定了一国征税权能够作用于该纳税人,但是,认定该身份的条件和标准属于一国法律权限范围。也就是说,国内税法可能通过修订与完善来达到最有利于本国的认定标准,虽然这种有利性难免会被跨国公司利用。比如爱尔兰政府肯定认为公司实际控制地作为居民纳税人认定标准较为合

　　① Fleming J Clifton Jr, Peroni, Robert J.shay, Stephen E, Formulary Apportionment in the U.S.International Income Tax System: Putting Lipstick on a Pig, *Michigan Journal of International Law*,2014,36(1),p.1.

　　② 崔晓静、何朔:《"美国微软公司避税案"评析及启示》,载《法学》2015 年第 12 期。

　　③ OECD, Addressing the Tax Challenges of the Digital Economy, Action 12015Final Report.OECD,2015,p.11.

理,虽然被苹果公司等作为法律漏洞进行避税安排,爱尔兰政府也没有考虑修改该规定。其他国家的国内税法还会采用经常住所居住地、公司设立地、公司管理所在地等标准判断居民纳税人身份。纳税人可以通过分析寻找类似美国和爱尔兰这种最合适的规避居民纳税人的身份组合,实现在国家间均不纳税。各国应当就此国内税法对国际税收总体影响的问题进行国家间合作的研究。

第三,对苹果公司划分全球市场的分析。苹果公司的纳税筹划选择爱尔兰作为重要战略地,除了爱尔兰的居民纳税人身份认定标准之外,还有税率因素。爱尔兰的法定所得税率低于大多数国家水平,更远低于美国。全球市场战略的第一步,苹果公司通过与爱尔兰政府的磋商,获得比一般爱尔兰公司更低的税率,仅为2%。全球市场战略的第二步,苹果公司对全球市场进行划分,分为美洲市场和其他市场,不同的市场中成本分摊和风险分担归属不同子公司承担。虽然集团公司中,API向美国政府纳税相对最多,但是API自己研发的知识产权产生的利润没有向美国政府贡献相应的税收。其他市场的交易活动由ASI承担风险和利润,ASI在此区域的关联交易中居于核心和主导地位。但是ASI利用居民纳税人规定的漏洞享有双重不征税"特权",这种双重不纳税的结果最终导致了美国政府对苹果公司展开调查。2016年8月欧盟结束了对苹果公司在爱尔兰避税案的调查,并开出了欧盟有史以来最高的罚单。[①]

2.案例二:Google"爱尔兰—荷兰三明治"结构案例

(1)案情背景

谷歌公司拥有着全球最大搜索引擎,自成立以来就一直在经营模式、利润获取,以及成本控制等方面表现良好,尤其是通过避税筹划,谷歌将税负控制在极低的比例,很大程度推进了经营成本降低(税负据统计只有2.4%)。但其实在美国税法框架下,本土公司的海外利润需按照25%~35%的税率缴纳所得税。[②] 谷歌公司是一家高科技公司,其用来避税的商品不是一般的商品,而是知识产权的使用权。2016年谷歌公司获得2835

---

① 新华网:《苹果面临欧盟最大税收罚单》,http://news.xinhuanet.com/tech/2016-08/31/c_1119482743.htm。

② 盛立中:《殃及全球的"爱尔兰面包片"避税大法》,载《涉外税务》2013年第5期。

项美国专利,位居各大跨国公司专利数量排行榜第 5 名。① 之所以能达到这样的避税效果,谷歌采用的主要方式就是转让定价,转让的对象就是知识产权。因此高科技技公司的母公司为了降低税负,采取压低价格降低利润的方法。谷歌公司利用知识产权作为无形资产难以定价的特点,借助不同国家的税收差异达到避税的目的。谷歌公司通过在不同的离岸地注册离岸子公司,一般选择爱尔兰和百慕大作为设立离岸公司注册地,然后利用离岸子公司将收入转到避税地,并且将支出转到高税收的国家和地区。美国税法要求关联企业交易知识产权也必须以公平价格为基础,但在需求弹性非常小的知识产品,尤其是高科技知识产品的交易中极度缺乏公平价格确定标准。在这样的避税架构中,爱尔兰用低税率吸引跨国公司来经营,跨国公司将收入转移到爱尔兰,并且只向爱尔兰支付很少的税。同时,跨国公司在爱尔兰积累利润再转移到百慕大,这样母公司所在国的税务机关就难以监管跨国公司避税的情况。因为爱尔兰法律规定,在百慕大设立的子公司不需要向爱尔兰母公司上报任何财务信息,无论是损益表还是资产负债表。

(2)避税架构——"三明治结构"

具体来说,谷歌公司常用的避税架构被称为"三明治结构"。谷歌的避税策略与苹果公司有着相似的结构,只不过将子公司的设置地点由爱尔兰变更为著名的"避税天堂"百慕大。② 谷歌公司的知识产权主要是在美国开发的,但在百慕大设立爱尔兰子公司——谷歌爱尔兰控股公司,将知识产权或特许权让渡给百慕大子公司。百慕大子公司收取特许权使用费,虽然累积大量利润,但是因为百慕大是"避税天堂",因而规避了所得税。同时,这些知识产权继而授权给谷歌爱尔兰控股公司旗下的都柏林业务部——谷歌爱尔兰公司。这家子公司支付特许权使用费,支出增加,应税所得减少,税负降低。尽管爱尔兰的公司税率为 12.5%,但是谷歌公司依然可以继续降低税收成本,途径就是转移收入。先注册两家公司爱尔兰子公司,第一家用来实现控股功能,但管理中心在百慕大,该公司负责向外许可谷歌知识产权。另外一家是第一家的子公司,位于爱尔兰都柏林,创造的利润占公司海外总利润的绝大多数,主要流向百慕大。"双层爱尔兰三明治"形象地描述

---

①　数据来源:http://www.fortunechina.com/business/c/2017 — 01/16/content_277189.htm.

②　盛立中:《殃及全球的"爱尔兰面包片"避税大法》,载《涉外税务》2013 年第 5 期。

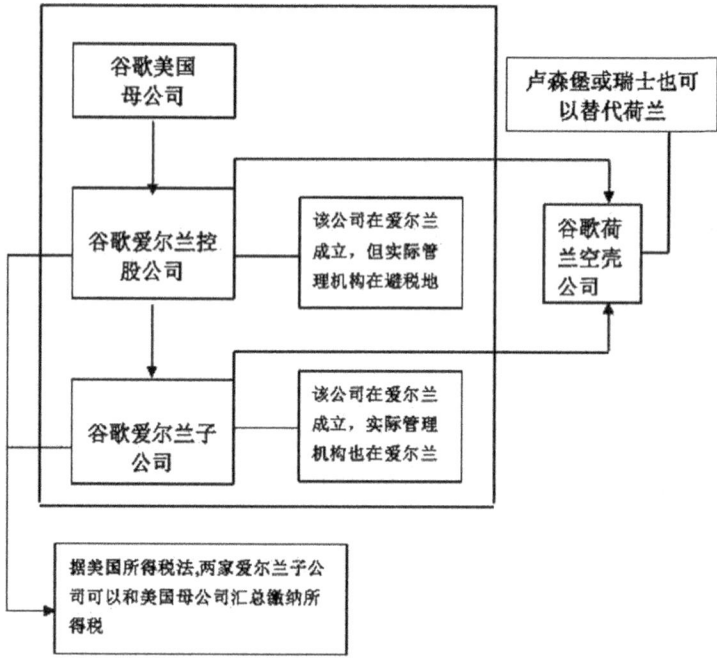

图 3-2 "三明治结构"避税安排示意图

了这种避税架构,因为两次利用了爱尔兰作为设立导管公司所在地。此外,谷歌公司还试图规避爱尔兰的预提税,但是因为爱尔兰税法的预扣税豁免只针对欧盟成员国公司,而谷歌公司不具备免税条件。为了解决这个问题,谷歌公司设立了荷兰空壳公司,谷歌都柏林公司先付款给荷兰空壳公司,即将特许权使用费支付给荷兰公司,荷兰公司再转到百慕大,自己只留下0.2%的利润。由于在形式上看起来这是一个三层的避税架构,中间层是荷兰,可被形象地称为"荷兰三明治"结构。① 当然卢森堡或瑞士也可以替代荷兰成为"三明治"结构的中间层,那么这种避税架构就相应称为"卢森堡三明治"或"瑞士三明治"。经过这样的财务流转过程,在不用发生任何实际经济行为的同时,跨国公司就规避数十亿美元的税收,利润还大幅度增加。而让税务机关无奈的是,所有一切都并不违背法律明文规定。双层避税地结

---

① 赵国庆:《审视跨国高科技公司避税行为完善我国反避税制度——兼评"双爱尔兰(荷兰三明治)"避税安排》,载《国际税收》2013 年第 8 期。

构尤其适用于知识产权跨境交易避税安排,全球大多数跨国公司都采用了相同的模式,尤其是高科技行业的企业,因为其主要资产是知识产权。

(3)主要争议

第一,"择协避税"行为的认定与规制。该规则的适用首先要判断纳税人是不是实际所有人。有些跨国公司设立离岸公司只是为了滥用税收协定进行"择协避税"(treaty shopping),并不具有实际所有人身份,那么即使母国和东道国之间具有税收条约,也不应当享有条约规定的税收优惠,这就是利益限制或者说限制受益规则的目的。该规则挤压了纳税人试图通过税收协定进行避税安排的空间,虽然税收协定中关于知识产权跨境交易的优惠有很多,但是择协避税行为阻却了优惠的享有。防止协定滥用的行动计划报告呼吁为实现下述目标而进行努力。OECD 建议从国内国际两方面来解决这个问题:一个是国内层面,国内法应当制定相应条款,对于税收协定优惠的不当授予给予否定;另一个是国际层面,各国应当对利益限制条款达成共识并体现在税收条约中,堵塞纳税人择协避税的源头。谷歌避税案中,纳税人是否进行了滥用税收协定的"择协避税"以及国内税法是否授予了不当的税收优惠都是争议的焦点。

第二,"安全港"规则的滥用与制裁。谷歌避税案件中彰显了反避税条款中"安全港"规则被滥用是知识产权跨境交易避税的主流的做法。滥用"安全港"规则没有得到许多国家的一致反对,因为对于国家来说,自己的企业尤其是高科技企业发展壮大,对国家整体经济实力的增强有正面影响。因此,应对"安全港"规则滥用施以多大的制裁力度也值得商榷。

第三,不同类型反避税条款的协同使用。在知识产权跨境交易避税案件中,特别反避税条款的规定需要一般反避税条款的配合使用。尤其是当特别反避税条款不能应对新经济形势下纳税人的避税安排时,一般反避税条款就应当启动。具体解决方法可以按如下思路:纳税人应当同时通过特殊反避税条款和一般反避税条款的测试,否则税务机关仍有权进行特别纳税调整。同时,还应当对具体反避税条款对于知识产权跨境交易的性质认定进行界定。比如,该案中谷歌公司利用知识产权特殊性,混淆购买行为和生产行为,从而得以适用美国 CFC 规则中的豁免条款。

3.法理分析

以上两个案例是知识产权跨境交易反避税案例的典型代表。两个案例中,纳税人避税安排的共同特点都是利用知识产权作为避税工具,利用不同国家的税法规定和税收协定作为避税依据,为了达到避税目的都设计了全球利润转移链条。在具体操作上二者不尽相同,但是总的来说都反映了以下问题:

(1)知识产权避税与地域优势获利。① 成本节约(cost savings)和市场溢价(market premium)理论都体现了"地域性特殊优势"(Location－Specific Advantages,LSA)对跨国公司超额利润回报的影响。对跨国公司而言,地域性特殊优势是一种建立在地域和市场基础上的比较优势。② 成本节约和市场溢价理论下,跨境交易安排获得的超额利润并不一定是出于避税的目的并且导致避税的结果。因此在认同企业具有全球布局的能力和权利的前提下,分析知识产权跨境交易带来的税收套利应当适度结合这两个理论。有学者认为,市场溢价作为特殊地域优势的内涵要素,不能视为无形资产,但可作为可比因素。③ 跨国公司海外发展经历了从生产到研发的漫长经历,跨国公司需要承担社会责任,但是在其承受跨境投资各种风险的同时,对其获得的地域性比较优势而带来的超额利润应当给予一定的合法存在空间。④

(2)对反避税的界限审视。即使立法不允许给予跨国公司利用知识产权跨境交易获得的超额利润以合法地位,但是反避税依然需要在界限内行动。因为跨国公司的海外投资、研发等活动在规避客观税收的同时带来了跨境贸易的活跃与全球经济的繁荣,也使得技术和服务的跨境流转变得极为便利。从这个角度上说,跨国公司对政府推动经济发展的职责起到很重要的协助作用。反避税行动不能为了税收目的而过度扭曲跨国公司的投资安排。实践中应当避免过度反避税(excessive anti-taxavoidance)和任性反避税(capricious anti-taxavoidance)现象的发生。

(3)知识产权不仅包括技术型无形资产,也包括营销型无形资产。通过

---

① 孙斌:《如何面对 BEPS 与反避税》,http://finance.stockstar.com/JC2015042100004603.shtml,最后访问时间:2018 年 4 月 8 日。

② 广州市国家税务局直属税务分局课题组、叶苗、刘姝成:《特别纳税调整"市场溢价"问题研究与实践探索》,载《国际税收》2015 年第 9 期。

③ 刘奇超、曹明星:《地域性特殊优势之"市场溢价"理论透视:由来、定位、实践与未来趋向》,载《中央财经大学学报》2016 年第 3 期。

④ 罗鹏、史言信:《跨国公司海外 R&D 的区位投资路径与影响因素研究——基于比较视角的面板数据分析》,载《中央财经大学学报》2008 年第 11 期。

专利与商标的比较可以揭示技术型无形资产与营销型无形资产的差异,明确二者的不同有助于研究知识产权跨境交易反避税对策。但是,有时候很难确定哪些收入来源于技术型无形资产,哪些收入来源于营销型无形资产。总之,转让定价方法的使用并不会总是带来公平结果的实现,因为独立交易原则在知识产权跨境交易的适用有其局限性。税法中的一般反避税规则的适用可能给税收筹划带来非常重大的影响。

(4)警惕专利权主张实体(Patent Assertion Entity,PAE)的权利要求扩张。近些年,专利权主张实体迅速崛起,它们借助法律漏洞牟取了不正当的巨额利益。美国国际贸易委员会(ITC)是 PAE 获利的重要平台之一。按照美国关税法,ITC 只能向美国国内产业的申请者提供救济,美国国内产业标准是决定 ITC 管辖范围的入门级标准。这些专利主张实体实施专利挟持等多种行为获利,如果从不具体实施专利而仅通过非商业目的的交易这一角度来看,很可能将专利用作避税工具就是这些实体的权利要求扩张的趋势体现。总之,从严解释美国国内产业条款是有效阻止 PAE 在美国经济体制中蔓延的有力武器。[①]

第二节　知识产权跨境交易反避税调查的具体运作

本节从集团内交易、成本分摊、全球公式分配法三个角度,层层递进,来论述知识产权跨境交易反避税调查的具体运作。

一、集团内部交易具体运作的核心问题

集团内劳务转让是跨国企业采用转让定价进行内部交易的一种特殊方式。相对于商品交易而言,劳务交易的内部定价情况更为复杂,尤其是知识产权研发劳务。随着经济的发展,跨国集团倾向于采用全球范围的集团内部劳务交易来避税,涉及诸多不符合公平原则的手段。分析集团内劳务有两个核心问题:一个是要判断是否提供了集团内劳务,另一个是如何从税收

[①] 李佳、高胜华:《美国国际贸易委员会对专利权主张实体的管制——以美国国内产业标准为研究重点》,载《知识产权》2014 年第 5 期。

角度确定符合独立交易原则的集团内劳务定价。[①] 提供劳务与提供商品具有不同的交易特点,劳务很难取得正常交易价格,因为缺乏参照标准,这导致集团内劳务调整起来较为困难。以我国为例,我国所进行的转让定价调查实践中,几乎没有触及集团内劳务这个领域,缺乏调查实证数据。但是集团内劳务提供这种特殊的避税形式应得到足够重视。[②] 本书并不打算详细讨论转让定价法规对于企业集团的适用,但是有必要重新审视税法应该如何处理集团内交易这个根本性的问题,尤其当存在知识产权跨境交易避税时更是如此。根据成本分摊安排在集团公司之间实施的权利转让,其实并不涉及经济风险的真实转移。合同可能会从法律的角度约定风险在集团成员之间的配置,但实际情况是风险从未离开过这个集团。

(一)核心问题之一:集团内部服务类型的确定

集团内部服务(intra-group services)类型的确定并不简单,因为集团内部服务种类较多,其中涉及知识产权的内部服务会成为利用知识产权避税的工具之一。具体而言,集团内部服务类型多种多样,对特定集团成员提供技术服务就是一种重要的集团内部服务类型,通常可以与知识产权许可结合起来用作避税安排。知识产权在集团内部运营和流转直接影响着集团整体税负,集团内服务可能与知识产权许可结合起来构成转移定价行为。跨国公司内部在母公司与子公司、子公司与子公司之间的各种内部安排会确定一个集团内部价格,这些安排包括销售产品,以及提供商务、转让知识产权等活动。在合法的安排限度内,允许企业将应税利润在不同国家的分支机构之间转移,具体是以对商品和服务收费的方式实现。政府和学界一直以来都认为转移定价安排会低估应税利润,给企业减少税收支出提供漏洞,可有助于公司将纳税额降到最低程度。因此,对于集团内部服务,涉及提供技术服务和管理服务都需要反避税调查重点关注,并要结合外部法律及会计服务来判断避税安排的尺度。同时,知识产权在集团内部运营和流转可能与重复服务(duplicative services)相结合,影响集团整体利润。知识产权许可与重复服务有时候难以界分。在此背景下,OECD 认为重复提供无商

---

① OECD:《跨国企业与税务机关转让定价指南(2010)》,中国税务出版社 2014 年版,第 141 页。

② 柯炳炎、雷文、叶潮:《一起跨国集团内劳务转让定价案引发的思考》,载《涉外税务》2008 年第 6 期。

业价值服务不能看作是正常的关联交易。然而,与此同时,税收规则承认可能存在一些例外情况,即当有效的商业理由存在,这样重复的服务可以被认为是合适的服务。[①]

(二)核心问题之二:集团内部服务合约类型的确定

知识产权跨境交易避税安排与集团内部服务的结合非常常见,需要对此进行分类论述,确定具体是哪种合约类型,以及合约的签署到底是跨国公司正常商业安排还是基于不合法的避税目的。

1.母公司服务协议(parental service arrangements)。母公司服务协议是指主要为了集团的融资、租税规划及法律事项等而进行由母公司所提供以成本回收法为基础的计价方式的内部安排,通常母公司是服务的提供者,集团中各子公司是服务的接受者。在这种安排下,各子公司都需要向母公司支付管理服务费,甚至是知识产权许可费。母公司服务协议主要有四个条件:第一,母公司是服务提供者;第二,母公司并未赚取利润;第三,主要是为了集团目的而进行的内部安排;第四,母公司与子公司之间的费用支出体现为管理费。国际税收立法中最显著的趋势之一,就是国内税收机关与跨国纳税人之间的税负博弈,博弈的结果是跨国公司的全球有效税率在过去的十年至十五年有了显著下降。这些战略有一个核心要素就是无形资产向境外转移到低税区。最常用的知识产权转移策略包括跨国集团公司对其有效控制的集团成员进行费用共享分担安排和知识产权开发合理风险分担安排。特许权使用费安排与合同研究和开发服务的安排也基于类似的考虑。

2.集中化服务协议(centralized service arrangements)。与第一类协议不同,集中化服务协议的服务提供者不限于母公司,集团内任何一家公司都有可能成为集中化服务的提供者。跨国公司实施集中化服务协议安排,以知识产权或者特定服务为依托,涉及范围包括集团内全部成员或者个别成员。其计价方式通常以成本加价法为基础,这一点与母公司服务协议显著不同。集团内部的利润流向表现为由获得该项服务的子公司支付管理服务费给提供服务的公司,服务内容包括计算机技术支持、专门技术等。可见,在集中化服务协议中,技术的提供依旧是主要方面,包括知识产权的许可和转让。因此,涉及知识产权的集中化服务协议也是知识产权跨境交易反避

[①]　Pryzsuski, Martin, OECD Transfer Pricing of Intra-Group Services, *Corporate Business Taxation Monthly*, 2005,6(8),p.21.

税的重点关注内容。

3.成本贡献或分摊协议(cost contribution/sharing arrangements)。集团内部协议最重要且最常见的一种类型就是成本贡献或分摊协议。成本贡献或分摊协议包括:以集团的整体利益为基础,集团成员共同提供服务;预期利益衡量和各成员方的费用以成本贡献为标准。成本贡献或分摊协议给每个参与者提供了享有研发成果的部分权利。在联合开发知识产权的活动中,成本分摊协议给每个参与者独立利用知识产权的权利。这种语境下的"独立"意味着参与者都在特定地理区域有独占权或特定的使用方式或使用知识产权某个方面特定的权限。联合开发知识产权对参与者来说主要是为了自己的目的去使用知识产权,而不是为了与其他参与者共同使用的目的。① 成本贡献或分摊协议的问题后面会详细论述。

(三)核心问题之三:集团内部服务重要因素的确定

知识产权跨境交易避税常常难以与集团内部服务相区分,增加了反避税调查的难度。因此实践中需要对集团内部服务进行界定,来判断具体业务属于正常的业务范围还是出于税收目的。BEPS 行动 10 中专门就集团内服务,尤其是附加值的集团内服务等进行了相关分析和建议,并且与无形资产紧密结合。②

首先,判断集团内部活动分类是否涉及知识产权跨境交易。知识产权研发管理、知识产权保护、利率和汇率风险管理、财务咨询、现金流量监督等都涉及提供服务,其中,知识产权研发管理与保护与税收有关。母公司股份发行、收购筹集资金、跨国集团信用评级等都不涉及提供服务。集团内部服务的提供必须有正当的商业目的考虑,要么提高其跨国公司自身的经济运行效率,要么具有商业价值或者能够获得商业上的地位。真实的集团内部服务中,获得服务的关联公司应当支付合理报酬,并且对涉及知识产权价值的服务合理进行评估。实际支付合理的费用对于判断集团内部服务是否已经提供、是否具有真实性是有用的,但也不能证明服务确实已提供。支付意

① Robert Feinschreiber, Margaret Kent, Revisiting OCED Cost Contribution Arrangements, *Corporate Business Taxation Monthly*, 2011, 12(12), pp.33-48.

② OECD, Beps Action 10: Proposed Modifications to Chapter vii of The Transfer Pricing Guidelines Relating To Low Value-Adding Intra-Group Services, http://www.oecd.org/ctp/transfer-pricing/discussion-draft-action-10-low-value-adding-intra-group-services.pdf, 最后访问时间:2018 年 4 月 1 日。

愿（willingness to pay）应当作为判断的主观标准。当然，管理费用的会计记录并不构成管理服务的主要证据，缺乏付款信息与是否提供管理服务之间也不一定存在关联性。OECD 对此也在相关指南中提出，股东服务、集中化服务、重复服务、在线服务等需要在集团化服务中被给予特殊考虑。本书认为，这些服务类型都有可能作为知识产权跨境交易避税安排的协议载体，分析这些服务类型有助于判断服务的真实性。

其次，集团内部服务的活动的除外行为。不属于集团内部服务的活动在确认成本分摊时也不应当考虑。集团内部服务中，提供者提供的服务对服务接受者来说，有些是受益劳务，有些是非受益劳务。如前所述，股东服务、集中化服务、重复服务、瞬时服务（on-call services）等需要在集团化服务中特殊考虑，这些服务的进行对服务接受者而言，基本上不存在真实的受益效果。股东服务基于股东自身利益而实施，对劳务接受方进行控制和管理而获得的股东收益，这类活动通常与避税安排无关联性。股东的活动、重复服务、附带性服务和瞬时服务等，在这些情况下的基本前提是，纳税人能够从独立企业视角来判断其否愿意支付有关服务以相应对价，或者是自己不接受这些服务，而自主研发或者自己为自己提供相应服务。这几种集团内劳务不应当成为确认成本分摊的基础，不应当对知识产权跨境交易产生税收影响。

最后，集团内部服务还需要考虑瞬时服务。这种服务的可用性通常需要在所提供服务的任何领域具备服务专业团队。例如，母公司或提供服务的子公司必须随时具备在金融、法律、技术和税收问题方面提供服务的能力。但是 OECD 指引认为，应当对瞬时服务的使用频率进行专门考量，并且对获利程度针对事实和环境专门分析。[①] 此外，针对合并或分开收费的情况也应考虑在内，因为投入研发费用对产品价格肯定有很大影响，与研发费用相结合所产生的价格，区别于单独的服务费。知识产权研发成本与内部服务的界定需要法律和会计准则共同规范。委托研发是集团内劳务与知识产权相关的特别情况，因为委托研发涉及高新技术人员，这类人员对集团的成功非常关键，集团可能会承担研发失败的成本损失风险，但是研发公司本身一般不会遇到财务风险。此外，委托研发的知识产权一般归委托公司

---

① Pryzsuski, Martin, OECD Transfer Pricing of Intra-Group Services, *Corporate Business Taxation Monthly*, 2005, 6(8), p.26.

所有,所以,与该知识产权商业性使用有关的风险也不归研发公司承担。[①]

总之,必须认真考虑以转让定价为目的的管理费支付的细微差别。加拿大和美国的国内规范以 OECD 准则为指导,对集团内部服务的管理费支付之前的考量因素设置了两个相关检测标准,即集团内部的服务是否已提供,以及集团内部服务费用支付的正当性。[②]

二、成本分摊安排应对知识产权跨境交易避税的路径分析

OECD《转让定价指南》认为,无形资产成本与价值之间并无必然联系。实际上,知识产权的价值最终必然大于研发与制造成本。如果使用研发成本来衡量知识产权的价值,那么研发成本较为适中合理的知识产权的价值可能被财产因素中的其他资产价值所覆盖。[③] 在知识产权跨境交易反避税调查具体运作中,涉及成本分摊协议的问题,应当按照如下思路解决:第一步,如何确定知识产权的研发成本并且量化;第二步,如何确定各研发单位的合理预期收益份额。

(一)知识产权跨境交易成本分摊安排界定的难点

1.难以确定知识产权开发成本

成本分摊安排是指受控参与方按照各自合理预期收益份额,分摊知识产权的研发成本(cost shared intangibles)与风险。确定知识产权开发成本是成本分摊安排的难点。[④] 为了合理安排成本分摊,一般要求成本分摊参与方都必须适当分摊所有知识产权的研发成本,且分摊规则不随最终研发活动的成败与否而改变。那么,知识产权研发活动的范围就有必要确定,应当包括所有符合条件的研发活动的直接成本和间接成本。知识产权开发活动的范围,应该包括成本分摊协议中各方为知识产权研发活动的资本投入。知识产权开发活动的前提是成本分摊协议涵盖的知识产权研发活动范围足

---

① OECD:《跨国企业与税务机关转让定价指南(2010)》,中国税务出版社 2014 年版,第 150 页。

② Pryzsuski, Martin, OECD Transfer Pricing of Intra — Group Services, *Corporate Business Taxation Monthly*, 2005,6(8),p.23.

③ Mclure, Charles E. Jr, U. S. Federal Use of Formula Apportionment to Tax Income from Intangibles, *Tax Analysts Tax Notes International Magazine*, 1997(75), p.865.

④ 2009 U.S. Treasury Temporary Regulations 1.482—7T(b).

够广泛,能够覆盖研发活动范围内的产品或者服务。所有对知识产权最终形成有帮助的研发活动,甚至包括基础研究,都属于是相关知识产权研发活动的范畴。以苹果公司为例来阐述成本分摊协议对知识产权跨境交易避税安排的影响,关键就是核心价值的载体,也就是知识产权,包括专利和商誉。而知识产权价值的根本来源是苹果公司的研发行为。虽然美国本土是苹果公司的研发活动最主要的进行地,然而在成本分摊协议的人为调控之下,对知识产权创造做出贡献的研发活动并没有被按照贡献大小分配权利和利润,而是不成比例地置于爱尔兰公司名下,所赚取的巨额商业利润就被截留在爱尔兰。苹果公司从而利用成本分摊协议成功避税。因此,利用成本分摊协议来规范知识产权跨境交易避税安排,首先要确定的就是知识产权的研发成本,因为研发成本是成本分摊协议的分摊基础。

2.难以确定知识产权合理预期收益份额

成本分摊协议中,合理预期收益的调整是税务机关进行反避税调查的一项工作内容。税务机关在进行分配时,参照每一参与方的成本与所得比率来进行收益确定。首先是预期收益的衡量标准以及税务机关的分配权力。但是,仅仅根据成本与所得比率来确定预期收益,有时候可能会产生不合理性。税务机关在进行成本分配时,也应当将纳税年度内受控参与方的知识产权开发成本份额与在其安排下的合理预期份额进行比较。其次是预期收益的分割方法。成本分摊协议中,每一参与方所获得的成本分摊知识产权利益,是非排他性并且不可分割的全球利益。需要对成本分摊制度背后的合理性做深入的分析,因为其中凸显了跨国公司集团税收的根本问题。最初设计这项制度的出发点是,跨国公司在一开始无法确定研发活动能否取得成功。这种想法的言下之意是如果研发活动不成功,跨国公司将不能扣除由子公司承担的研发成本。跨国公司与税务机关之间的"信息不对称"是成本分摊协议得以用来进行知识产权跨境交易避税安排的客观原因。跨国公司掌握着评估研发项目风险的全部信息,而税务机关对此却知之甚少,如果需要获取相关信息必须付出高昂成本。在实践中,跨国公司签订成本分摊协议之前,必须对研发项目的可能前景进行评估,只有评价为乐观的研发项目才值得跨国公司进行成本分摊安排。换言之,成本分摊制度作为一种法律机制,其实施效果必须建立在经济效果的评价之上。事实上,在大多数情况下,避税目的几乎是跨国公司使用成本分摊安排的最主要目的。丁家辉教授认为原因可能有二:第一,取消对企业如此有利可图的一项税收制度,在政治上有难度;第二,美国政府或许意识到了这个漏洞,但是愿意"扶持"其跨国公司,允许它们将收入在低税收国家记账——尤其是在这种收入源自海外市场时——从而提高美国企业的竞争力。[①]

(二)知识产权研发成本分摊的应对策略

1.确定研发成本的分摊方式

各国都在积极推行成本分摊协议在知识产权研发和避税安排上的适用。美国国内收署 2008 年颁布《成本分摊暂行规定》。[②] 2010 年,OECD 也通过《转让定价指南》对成本分摊协议适用进行指引。研发成本分摊方式的确定对征税和反避税的影响很大,也比较难以取得一致认识。因此,知识产权研发成本分摊方式是成本分摊协议的重点。在适用中,确定合理的研发成本分摊方式是第一步。分摊方式可根据接受服务者销货收入的特定比率计算;也可根据所提供服务的成本计算费用基础,以实际成本为准;实际成本难以取得时,也可以根据预计成本;同时,还应当与服务的类型结合考虑。

2.区别直接成本及间接成本分摊

成本分摊协议中应当考虑直接成本与间接成本两种成本组成方式。美国国内收入署对此很早就作了规范。[③] 美国的做法是国内收入署可以对成本分摊进行安排,以确保无形资产开发活动能够涵盖足够广泛的范围,甚至将基础研究的成本也纳入潜在价值范围,无论最终开发结果如何。具体来说,区分直接成本与间接成本对于知识产权最终估价有直接关联性。

第一,直接成本分摊对知识产权价值形成的影响。成本分摊协议一直以来都比较关注直接成本分摊对最终知识产权形成的影响,美国很早就规定,直接成本应当包括工资以及与研发有关的直接支出。直接成本分摊对利润产出和费用负担都起到直接作用。[④] 集团公司应当提供详细的费用支出,证明费用与知识产权最终形成的关联性。这些数据是税务机关确认成本性质划分是否合理的重要证据。参与成本分摊的集团成员在纳税年度内

---

① 丁家辉、陈新:《iTax—苹果公司的国际避税结构和双重不征税问题(上)》,载《国际税收》2015 年第 2 期。

② 26 CFR 1.482－9(Methods to determine taxable income in connection with a controlled services:transaction).

③ 1992 U.S.Treasury Proposed Regulations 1.482－2(g)(7)(ii).

④ Augustyn, Francene M, Tax Anmalysis of Research and Development Cost-Sharing Arrangements, *Tax Lawyer*, 1989,42(4),p.982.

的无形资产开发成本应该包括所有与无形资产开发活动有关的成本,加上其他参与方支付的所有成本。

第二,间接成本分摊对知识产权价值形成的影响。间接成本虽然不像直接成本那么明显能够充当成本分摊的主要因素,但是对知识产权的形成来说也具有不可忽视的作用。在集团公司层面,间接成本起到整体管理费用的宏观调配作用,因此,美国立法也早已确认其范围和重要性。[①] 间接成本分摊是辅助方法,适用前提是交易或者服务的价值或贡献比例无法被正确量化时。间接成本的分摊的方法的适用,应当结合个案的商业特征,并且应当考虑操纵市场价格因素,尽量排除这些因素的影响。间接成本的确认必须遵守会计原则,以准确反映或尽可能接近知识产权的真实成本。间接成本的确认需要符合税法和会计准则的规定,这一部分比较容易引起争议。

总之,在适用成本分摊协议对知识产权跨境交易避税行为界定时,必须同时考虑直接成本分摊和间接成本分摊的影响。

三、公式分配法应对知识产权跨境交易避税的路径分析

前面论述了知识产权跨境交易中集团内部服务与成本分摊的现实困难和应对策略,但是这些应对策略都仅仅试图从微观视角寻求方案,并不能从宏观视角出发寻求根本解决方案。本书认为应当将全球公式分配法(global formulary apportionment)引入知识产权跨境交易反避税领域。全球公式分配法是从美国国内税法对跨州经营的公司的纳税问题进行全国性统一处理的实践中发展起来的,已逐渐成为美国对跨国公司全球纳税所主张的办法和制度。近年来,随着经济全球化的发展、跨国公司的扩张,知识产权在经营和盈利中的重要性不断增强,进而全球公式分配法对这种情况和态势的适应性和优越性逐渐显现出来,有了更多的拥护者。跨国公司在这个问题上进行了详细的税收筹划,税收因素是跨国公司选择离岸经营的推动力量。

(一)全球公式分配法适用契机

知识产权跨境交易的反避税问题是目前国际税收研究的一个热点问题,鉴于无形资产本身的复杂性,该热点同时也是尚未有统一解决方案的难

---

① Augustyn, Francene M, Tax Anmalysis of Research and Development Cost-Sharing Arrangements, *Tax Lawyer*, 1989,42(4),p.982.

点问题。全球公式分配法是一种将跨国公司集团在不同国家的关联企业的全球利润按照预先确定的公式统一分配并纳税的方法。[①] 国际税收针对目前全球划分税收管辖权显得非常无能为力,全球公式分配法能否成为解决该问题的最优方案仍有待论证。有的学者建议对主要以销售为主的企业所得税进行全球配置,美国则认为单方面采取这样的做法会得到更简约的效果,以最小的行政成本获取最大的征税权。企业收入分配传统上使用三个因素,即销售、工资和财产。例如,美国的公司所得税的公式分配所采用的传统因素分别是销售、工资和财产。因为准确评估工资和财产难度较高,因此美国许多州都非常重销售的因素,也就是以销售为主的公式分配法(destination sales-based dormulary apportionment,全球公式分配法)。这种公式分配法的全球路径演变就是争取做到世界各国都能接受该分配方案。知识产权是重要的无形资产,在当今无形资产避税安排中,知识产权已经成为最主要的避税工具。由于跨国公司作为知识产权在经济全球化的主要载体,其在经营中发挥着越来越重要的作用,知识产权的转移定价问题更成为国际税收征纳中的难点问题。

同时,数字经济的兴起对知识产权反避税提出了更加严峻的挑战。数字经济以知识驱动为主要特征,知识驱动背景下,交易地理边界模糊性增加,知识产权的价值体现格外重要。而无形资产具有随意配置性,配置成本几乎可以忽略不计。例如,跨国公司常用的避税安排就是将商标、专利、版权等知识产权配置给位于免税或低税地的国家或地区的子公司,然后全球其他地区的子公司都向该子公司支付特许权使用费。数字经济还以缺乏物理实体为特征。数字经济给原本就无形的知识产权进一步增加了隐形能力,传统税收管理能力滞后表现得愈发明显,主权边界和地理边界的双重丧失给跨国公司提供了非常难得的跨境避税低成本优势。对于跨境在线销售数字化产品或服务的消费课税,如果有关国家适用的属地课税原则不同,也会导致对这类跨境销售交易流转额的国际重复征税或双重未征税。[②] 但是

---

① OECD,Transfer Pricing Guidelines for Multinational Enterprises and Tax Administrations,http://www. oecd. org/ctp/transfer-pricing/transfer-pricing-guidelines. htm,最后访问时间:2018 年 8 月 18 日。

② 廖益新:《应对数字经济对国际税收法律秩序的挑战》,载《国际税收》2015 年第 3 期。

现在讨论知识产权的转移定价问题,应当注意到在数字经济时代背景下,知识产权的大规模跨国流动给反避税带来的巨大冲击,此刻必须对全球公式分配法给予足够的重视,充分考虑新形势下该方法应对知识产权避税问题的可操作性。无论是运用价格法还是利润法确定的公平交易原则对处理知识产权转移定价问题表现出严重的不适应性,全球公式分配法提出的统一公司税基的理论是知识产权跨境交易反避税问题处理办法的重要发展动向和前沿观点。尽管有很多理论难题,却不能忽视全球公式分配法的存在与发展。[①]

(二)全球公式分配法的运用现状

全球公式分配法尚未成为全球通行做法,目前只有美国、加拿大和欧盟在一定程度上适用该方法。对这些国家运用现状进行考察,简单梳理如下:

1.美国的公式分配法运用

美国目前的税收制度是根据纳税人的居住地或注册地确定美国的纳税企业。美国公司必须就其全球收入缴税,即使已经支付给了非美国政府的所得税。[②] 然而,全球收入不包括该公司的非美国子公司的收益。[③] 只有当这部分收益被返回到美国时才会被征收企业所得税。[④] 这些规则鼓励跨国公司利用转移定价来尽可能将收入分配到低税国,在非美国司法管辖区域注册子公司,并将其定性为非 F 分节(non-subpart F)的收入。[⑤] 在纳税单位的界定方面,美国很早就开始规定所有征收公司所得税的州都要采取公式分配法进行所得税的汇缴。但是各州的纳税单位的规定有所区别,主要表现在合并主体范围的界定,分为独立实体、根据一定标准合并的多个实体、纳税人自主选择的合并申报或单独申报。[⑥] 税基计算方面,美国所有的

---

① 那力、夏佩天、薛晓波:《无形资产转让定价的国际税法调整:公平交易原则 VS 全球公式法》,载《当代法学》2010 年第 5 期。

② See I.R.C. § 881; I.R.C. § 901.

③ See I.R.C. § 951; I.R.C. § 952.

④ See I.R.C. § 902.

⑤ Stephen E. Shay, Exploring Alternatives to Subpart F, *Taxes*, 2004, 82(3), p.29.

⑥ Weiner, Joann M, Using the Experience in the U.S. States to Evaluate Issues in Implementing in Implementing Formula Apportionment at the International Level, *Tax Notes International Magazine*, 1996(23), p.2125.

公司都必须申报联邦公司所得税,同时,大部分州都以联邦应税所得作为州所得税的计税基础,申报州所得税时要一并附上联邦所得税申报表。

2.加拿大的公式分配法运用

在加拿大,纳税单位的界定方面,公司跨省所得在各省之间的分配方案由公司经营结构决定,并不允许合并申报发生在省际之间。[①] 与国际税法通行的关于常设机构的规定不同,加拿大国内各省之间分配常设机构(分支机构或者销售点)的所得时,适用统一的分配公式,并不将常设机构视为独立纳税实体。这样一来,各省之间的转让定价问题就显得没有那么突出。

3.欧盟的公式分配法运用

欧盟对公式分配法的适用表现在制定统一合并税基公式分配法动议——《迈向没有税收障碍的内部市场:一项为公司在欧洲范围内的活动提供合并公司税基的策略》。[②] 欧盟成立了统一合并公司税基工作组(Common Consolidated Corporate Tax Base Working Group),为在欧洲进行营业活动的公司统一合并税基,从高技术角度审查,探讨基本税收原则和其他技术细节等。[③] 合并税基的潜在优势之一,就是消除了内部市场独立核算的要求,欧盟成员国内的企业集团只需要确定欧盟境内营业活动的统一税基,再根据公式分配的经济因素选择权重,将具体税额分配给不同的成员国,明确税收集团(tax group)的确定标准。欧盟的战略目标是成为世界上最具竞争力且最活跃的知识经济体,而税收是达成该战略目标的重要因素,并且能为欧盟内部的营业活动创造公平的环境。欧盟的观点是,对于统一合并公司税基,最重要的因素是税基的合并方法和分配公式的选定。

---

① Martens, Weiner, Joann, *Tax Reform in the European Union: Guidance from the United States and Canada on Implementing Formulary Apportionment in the EU*, USA: Springer.2006, p.61.

② Commission Of The European Ommunities, Communication from The Commission to The Council, The European Parliament And The Economic And Social Committee—Towards An Internal Market Witout Tax Obstacles: A Strategy For Providing Companies With A Consolidated Corporate Tax Base For Their Eu wide Activies, *Brusssles: Commission Of The European Communities*, 2011, p.3.

③ Common Consolidated Corporate Tax Base Working Group, *Draft Terms of Reference & Rules of Procedure*, Brussels: European Commission, 2004, p.2.

（三）全球公式分配法应对知识产权跨境交易避税的优势

1.弱化集团内劳务的冲突

公式分配法按公式计算管辖区内公司的应税收入。例如，美国多个州和加拿大各省目前使用的公式分配法计征企业所得税。欧盟尚未完成的统一公司税基也包括根据统一公式进行企业所得税税基分配的建议。国际税法的复杂性，包括但不限于转让定价规则，政策制定者和评论家们多年来一直研究在全球范围内采取分摊公式对商业实体的可能性，然而仍未得出确定的结论。美国目前的税收制度是根据纳税人的居住地或注册地确定了美国的纳税企业。美国公司必须就其全球收入缴税，即使已经支付给了非美国政府的所得税。[1] 全球收入不包括该公司的非美国子公司的收益，[2]只有当这部分收益被返回到美国时才会被征收企业所得税。[3] 这些规则鼓励跨国公司利用转移定价来尽可能将收入分配到低税国，在非美国司法管辖区域注册子公司，并将其定性为非 F 分节（non-subpart F）的收入。[4] 跨国公司在这个问题上进行了详细的税收筹划。税收因素是跨国公司选择离岸经营的推动力量。离岸地点的选择取决于一个重要的因素——离岸地对跨国公司提供的低税率以及免税期或其他税收优惠。[5] 目前，转让定价规则与关联交易的经济实质缺乏基本联系，缺乏有效执行性。[6] 公平原则要求关联方之间的转让价格不应当超出合理范围，这样非关联方才能同意。OECD 成员国，包括美国，都大力支持公平原则的运用。[7] 但是这一原则的

---

① See I.R.C. § 11；I.R.C. § 881；I.R.C. § 901.

② See I.R.C. § 951；I.R.C. § 952.

③ See I.R.C. § 902.

④ Ahay.Stephen E, Exploring Alternatives to Subpart F, *The Tax Magazine*, 2004,82(3),p.31.

⑤ Rosanne Altshuler, Harry Grubert, The Three Parties in the Race to the Bottom：Host Governments,Home Governments,and Multinational Companies,*Florida Tax Review*, 2005,7(3),p.156.

⑥ Ilan Benshalom, Sourcing the "Unsourceable"：The Cost Sharing Regulations and the Sourcing of Affiliated Intangible-Related Transactions,*Virginia Tax Review*, 2007,26(3),p.641.

⑦ OECD,Transfer Pricing Guidelines for Multinational Enterprises and Tax Administrations,http://www.ibfd.org/IBFD-Products/OECD-Transfer-Pricing-Guidelines-Multinational-Enterprises-and-Tax-Administrations,最后访问时间：2018 年 12 月 1 日。

运用还有很多技术难度,原因在于可比较性较差,因为关联方之间的交易类型有些是非关联方之间不会考虑的,例如知识产权的打包许可。企业集成管理理论(the theory of the integrated firm)认为,企业这样做是出于规模经济以及节约成本的考量,这一功能在非关联方之间是无法实现的。[①] 这就导致了有些关联方之间的交易利润在非关联方之间不存在可比性。

2.建立新的税收连接点

公式分配法将降低跨国公司利用转让定价使应纳税所得额转移至低税率国家的可能。例如,通过降低美国母公司出售给其他低税国子公司的商品价格,并且提高该子公司出售给其他关联方的商品价格(出售给最终消费者之前),跨国公司就能成功地将利润转移到低税国子公司。常见的转让定价策略包括将高价值的知识产权转移至低税率的离岸公司,通过合同将大量收入转移至低税国,将低利润的责任分配给高税率国家,减少高税率国的应纳税所得。公式分配法的运用在一定程度上消除了转让定价中公平原则的适用机会,并且能够利用替代公式将收入从其他相关实体中剥离出来。美国的许多州使用包括销售、工资、财产三个因素在内的公式,也有一些州增加了销售因素的比重或将其作为唯一的考量因素。[②] 加拿大各省将销售和工资因素作为全国统一的公式分配因素。公式分摊要素在美国转让定价税法体系中已经存在。例如,利润分劈法就包含财产因素,将知识产权对商业活动的影响作为额外考量因素来分割利润。[③] 此外,美国的税收文件允许全球商业活动通过价值、风险、活动来分配收入。[④]

3.解决增值税问题

相比全球公式分配法,销售对增值税(或其他消费税)的影响则缺乏弹性。[⑤] 在增值税体系下,全球公式分配法的复杂和低效的特点将不复存在,

---

①　Yariv Brauner, Value in the Eye of the Beholder: The Valuation of Intangibles for Transfer Pricing Purposes, *Virginia Tax Review*, 2008, 28(1), pp.7-94.

②　Jack Mintz, Joann M. Weiner, Some Open Negotiation Issues Involving a Common Consolidated Corporate Tax Base in the European Union, *Tax Law Review*, 2008, 62(1), p.81.

③　See Treas.Reg. § 1.482−6(c)(2009).

④　See I.R.S.Notice 94−40, 1994−1 C.B.351.

⑤　James R. hines Jr, Lawrence H Summers, How Globalization Affects Tax Design, National Bureau of Economic Research, 2009(23), p.123.

跨境并购的扭曲不会突然出现。全球公式分配法商对商（business-to-business）的销售在增值税退税制度下容易计算，因为大多数国家都有增值税，容易达成全球分配公式，增值税的适用不会出现所得征税中的国际税收标准僵化的问题。但是在讨论全球公式分配法下的知识产权跨境交易增值税问题时，也需要注意税负公平等问题，否则显然有违税收公平的价值取向。[1] 企业所得税改革寻求替代机制去解决国家之间所得征税管辖权的问题，包括替代转让定价税制下有缺陷的公平原则。多米诺效应是否会出现，其他国家是否会效仿美国采取公式分配法，全球公式分配法是否能推动所得税制的全球改革，还需要进一步论证。尽管目前全球采取全球公式分配法的国家很少，但是这种宏观的公司税基分配方法仍然不失为一个可以继续探讨的话题，尤其是在无形资产方面，该方法具有无可比拟的优越性，尽管在定义"统一"的概念上尚有很大分歧。全球公式分配法下的税收管理实践细节，以及争取处理不同国家之间的税收管辖权并非易事，其中一个原因就是管理技术难度。全球公式分配法的广泛适用还有其他障碍，它不仅要求每个参与国家都承诺有国际资源的合作技术项目，也要求每个参与国家都愿意接受该项目的成果，但是这些结果从税收或资本投资的角度来看无法预期，即结果是不确定的，因为不同的国家可能会将对方承诺作为进入全球公式分配系统的准入条件。

（四）全球公式分配法的执行困境

1.知识产权是否应当包含在公式之中

知识产权应当在分配公式中得到体现，但是知识产权的评估和归属问题增加了确定分配公式的难度。对于自行研发的知识产权而言，准确界定其成本尤为困难。而现实中广泛存在的知识产权许可使得使用人和所有人的归属常常不一致，知识产权到底应该归属于何方也存在争议。另外还有观点认为，当工资、有形资产以及销售额被纳入分配公式中后，无形资产将间接通过其他因素，例如研究人员工资、研究设备等因素反映。知识产权的特许权使用费是否构成营业所得，要看取得特许权使用费或者收购持有知识产权是不是纳税人经营活动的必须组成部分，或者是否对纳税人的营业利润产生重大贡献。全球公式分配法将限制美国公司税的未来发展，基于

---

① 张富强：《税收公平视野下知识产权服务业增值税制的优化设计》，载《暨南学报（哲学社会科学版）》2015 年第 9 期。

全球公式分配法的国际共识,除了能源消耗与谈判资本,还呈现出国家层面的公司税收体系的缺陷。① 全球公式分配公司所得必将包括明确公司统一税基的定义,以及在此基础上达成的国际规范。这意味着全球公式分配法将会对公司所得征税的国家税权造成冲击。然而公司层面的税制设计是摆在首位的,在这个视角下,冲击国家征税权是否正确值得商榷。

2.渐进式改革的动力——无形资产会计准则的统一

渐进主义具有灵活性,因此单边渐进改革是国际税制改革的一个关键优势。渐进式改革是未来解决所得征税管辖的国际分工的更好办法,尽管在其他方面广泛的全球合作可能会起到关键作用。国际会计准则统一进程对知识产权跨境交易反避税影响巨大,尤其是在全球公式分配法下,可能会对那些外国的受控参与者参与美国的市场准入构成实质性障碍。② 此外,具有执行性的制度框架和兼具实质性以及程序性的规则结构可以帮助渐进式改革推进,例如提供默示规则进行税收管理、适当授权解决转让定价问题等。渐进式解决方案包括公式分配因素和国际合作因素。例如,美国转让定价改革扩展到公平原则的概念,包括利润分劈、全球交易和成本分摊。③ 当然,并不能强行要求国际社会都按照美国的做法使用统一的公式分配来进行所得征税。在这场单边渐进税制改革中,美国和其他采取改革措施的国家可以更自由地评价财政税收、投资和规则转换,并且在恰当的时候做出调整。全球公式分配法并不需要被贴上公式的标签,也不是必须在国际范围内讨论,渐进式税制改革会给全世界一个模糊国界的未来。这种灵活的全球策略具有易调整性,对知识产权跨境交易避税行为有一定的遏制作用。如果美国针对无形资产研发费用开始基于实际研发地征税而不是成本分摊,也许可以在公平原则的范围内重新解释。④ 这将会推动国家间关于所得分配的讨论,至少在主管税务机关层面引发讨论。

---

① Diane Ring, What's at Stake in the International Sovereignty Debate?, *Virginia Journal of International Law*, 2008, 49, p.155.

② 叶莉娜:《美国转移定价之最优法规则评析与借鉴》,载《国际商务研究》2014年第2期。

③ Ilan Benshalom, Sourcing the "Unsourceable": The Cost Sharing Regulations and the Sourcing of Affiliated Intangible Related Transactions, *Virginia Tax Review*, 2007, 26(3), p.631.

④ Reuven Avi-Yonah, Xilinx Revisited, *Tax Notes*, 2010(59), p.1621.

3.知识产权的税收筹划与全球资本配置减弱

全球公式分配法的研究表明,解决所得分配适用全球模式也有缺陷,采用这种分配方法的结果具有不确定性。相比现有税制,该方法下的税收筹划作用减弱,全球资本配置的效果也将随之减弱。全球资本配置能力决定了一国的经济结构以及经济增长方式,并且对税制产生影响。全球公式分配法通过资本的国际化流动和全球战略布局,将国内资本优势转为制度和投资的优势。对于发展中国家来说,从资本流动的被动选择者转型为主动选择者,以资本市场的国际化转型推动经济增长方式的转型,实现不平衡性增长到平衡性增长的转变。[①] 全球性的解决方案需要国际政治稳定、国内税法长期的稳定,以及长期承担国家所产生的全球性解决方案,大幅增加投资。这个结果难以实现,更难以改变。渐进式改革是未来解决所得征税管辖的国际分工更好的办法,尽管在其他方面广泛的全球合作可能会起到关键作用。渐进主义的灵活性,特别是单边渐进改革,是国际税改的一个关键优势。由于全球公式分配法实施需要多边协调达成一致协议,以避免双重征税和不征税,这意味着参与国需要承担高昂的行政管理成本。全球公式分配法的广泛应用将面临众多棘手的问题,包括收入主体的范围、分配、销售目标的定义、税基的确认等。用公式分摊在美国各州和加拿大进行增值税管理的经验表明解决类似的问题的难度很大。[②] 总之,全球公式法会削弱知识产权的税收筹划功能,也会弱化全球资本配置能力,这也许是阻碍经济发展的一个障碍。

本章小结

知识产权跨境交易交易反避税调查的启动标准与具体运作是行政权力应对反避税的主要内容。大多数反避税案件都在反避税行政调查程序中被

---

①　何诚颖、徐向阳、翁媛媛:《资本市场国际化与中国经济增长方式转型》,载《经济学动态》2012 年第 9 期。

②　Ilan Benshalom, Sourcing the "Unsourceable": The Cost Sharing Regulations and the Sourcing of Affili ated Intangible-Related Transactions, *Virginia Tax Review*, 2007,26(3),p.641.

解决了,知识产权跨境交易反避税案件也是如此。反避税则必须具有一定的启动标准,这取决于避税行为是否成立以及达到了何种程度需要启动反避税程序。因此本部分先讨论知识产权跨境交易避税的主要类型,然后针对这些主要类型来分析每种启动类型的反避税调查需要满足哪些条件、具有什么特点。在具体运作中,可以挑出难点来特别分析。知识产权跨境交易主要是在集团内进行,要区分集团劳务的种类,辨别用于避税目的的集团劳务安排。成本分摊也是集团常用的避税策略,尤其应当注意高科技跨国公司利用知识产权研发成本的分摊协议来进行跨境避税。具体运作部分,按照集团内劳务、成本分摊、全球分配来层层递进。其中,全球分配法不仅是对传统税制的挑战,也是对传统会计方法的挑战,同时对全球资本配置有着重要影响。此方法具有理论上的可行性和优势,但是在具体实践中还需要解决资本流通、税会协调等各种问题。

第四章　知识产权跨境交易反避税的司法救济

第一节　知识产权跨境交易反避税司法的国际经验

知识产权跨境交易反避税的司法判例出现得比较晚,但是近年来也不乏一些有代表性的判例。无论是英美法系还是大陆法系,这类判例所折射出的司法经验值得深入研究,是反避税行政审查的补充。

一、知识产权跨境交易反避税司法机关的职能演变

(一)法院对知识产权跨境交易反避税案件的介入

法院对知识产权跨境交易反避税案件的司法介入经历了从无到有的过程。以英美法系为例,英国司法反避税态度一开始是秉承"形式重于自由"原则。Fisher's Executors 案中,英国法院就认识到,每个人都有权安排自己的事务,因此他可以在法律规定的范围内充分利用法律的规定及其漏洞为自己谋利益,他这么做不应为此负担责任或被谴责。① 随后,1936 年的 Duck of Westminster 案奠定了英国司法机关的反避税态度,确立了 Westminster 原则。该原则的核心是:纳税人有权利安排自己的经营事务,以最小化税负,司法反避税不应当过度干涉;司法机关应当从法律文义的角度解释并适用税法,从法律形式而不是经济实质角度认定反避税成立要件。Westminster 原则对英美法系的司法反避税产生了深远影响,这是一个对纳税人利好的原则,因此在诉讼时常常被英美法系国家的纳税人援引,以保

①　杨小强:《中国税法:原理、实务与整体化》,山东人民出版社 2008 年版,第 102 页。

障自身交易自由的权利。① 英国的司法反避税态度对英美法系国家产生了重大影响,"形式重于实质"成为英国、澳大利亚、加拿大,甚至印度等国家的纳税人援引的反避税依据,纳税人的交易自由权得到最充分的保护。但是,随着国际避税浪潮日益高涨,OECD 和 G20 一致认为"形式重于实质"原则必须终止了。尤其是在知识产权的反避税司法案件中,对知识产权所有权不能仅从形式上判断其归属,这也就是本书上一章中关于法律所有权和经济所有权的论述。

美国 IRC Section 367(d)旨在避免通过捐赠或将无形资产转移到外国公司的行为将开发无形资产的剩余利润排除在美国税收管辖的范围之外。但是近年来无形资产大规模跨境转移似乎模糊了该条款的意义。奥巴马政府提出了修订 Section 367(d)的建议,利用合伙企业规则来解决无形资产转移出境的问题。② 1989 年,美国总会计办公室收集的 1979 年至 1987 年未决的税务案件,数据显示休斯顿纪事(Houston Chronicle Publishing)发布之后,纳税人确定了不同类型的客户基于无形资产并具有独立的商誉,而这些资产达 235 亿美元(来源于纳税人)。③ 在有争议的情况下,政府声称纳税人没有履行其举证责任,以证明所持有无形资产是独立的商誉。④ 税务法院坚持认为资产质量法则(the massasset rule)具有持续生命力,1991年 IRS 再次将资产质量法则作为法律的审计策略规则。⑤ 反观大陆法系国家,1919 年 Becker 起草德国《租税通则》,其中第 4 条规定了量能课税和实质课税原则,表明大陆法系国家在很早就确立了经济实质的税法目的,也成

---

① Jinyuan Li, Tax Transplants and Local Culture: A Comparative Study of the Chinese and Canadian GAAR, *Theoretical Inquiries in Law*, 2010, 11(2), p.675.

② Bret Wells, Revisiting Section 367(D): How Treasury Took the Bite Out Of Section 367(D) and What Should be Done about It, *Florida Tax Review*, 2014, 16(10), p.519.

③ Merrill, Peter R, Tax Reform and Intangible Property, *The Tax Magazine*, 2006, 84(3), pp.97-261.

④ Michael J.Graetz, Rachael Doud, Technological Innovation, International Competition, and the Challenges of International Income Taxation, *Columbia Law Review*, 2013, 113(2), p.347.

⑤ See Ithaca Industries v.Commissioner, 97 T.C.253 (1991).

为司法机关进行反避税活动的指导原则。[①]可见,德国一向以较强的国家干预经济立法为导向,具体到反避税案件中,其主导思想依然符合导向特征。

(二)不同维度的知识产权跨境交易反避税职能协调

立法、司法、行政三大机关是应对知识产权跨境交易避税行为的适格主体,从三个维度共同作用应对避税行为。面对日益复杂的知识产权跨境避税交易,任何一个维度的缺失都可能造成更大的税收成本,任何一个机关也难以独当一面,因此,立法机关、司法机关与行政机关应当共同合作。[②]

1.司法机关与立法机关的职能协调

司法机关并非一开始就具有知识产权跨境交易反避税的审查权,事实上,多数情况下知识产权跨境交易反避税都消解在行政程序阶段,并没有机会走到司法阶段并引起司法机关职能的扩大。大陆法系秉承一贯的立法作风,更倾向于立法反避税,制定详尽的反避税规则。而英美法系秉承一贯的判例作风,更倾向于通过司法判例衍生出反避税原则。德国学术界对于一般反避税条款的争议主要有两种观点:通说认为一般反避税条款起到法律漏洞补充的作用,也就是兜底条款作用;少数学者认为反避税条款一般起到法律解释的作用。很多国家并没有立法明确规定一般反避税条款,但是并不意味着这些国家没有反避税的依据,而是通过司法判例发展出反避税规则。尽管有些国家立法中规定了反避税条款,但实际上很少被使用。

2.司法机关与行政机关的职能协调

行政机关反避税是应对知识产权跨境交易避税行为的第一道防线,知识产权跨境交易反避税案例也不例外,通常都是由税务机关发起首轮调查,然后才可能进入司法领域。就美国的司法判例来看,司法机关与行政机关的审查结果并不总是完全一致,这也才会使得司法经验的积累为行政调查提供理论指导,例如,现实可替代选择、经济所有权等概念。同时,司法机关处于中立之位,不同于行政反避税,司法反避税显得相对客观,能够催生更加公平的理念用于指导法律实践。比如跨国公司利用知识产权跨境交易避

---

①　[德]《德国租税通则》.陈敏编译,台湾财政事务主管部门财税人员训练所1985年版,第233页。

②　Chris Evans, Barriers To Avoidance: Recent Legislative And Judicial Development In Common, *Hong Kong Law Journal*, 2007, 37(1), p.103.

税的行为,纳税人自己认为其有权利合理地使用自己所有的知识产权,并有权以管理知识产权的名义进行跨境安排,哪怕安排的目的是出于规避税收,但只要不违反强行性规定即可。针对这一立场,司法反避税审查可能滋生出"选址节约"的理念并加以考虑。

二、知识产权跨境交易反避税司法机关的思路演变

(一)现实可替代选择原则的理解

现实可替代选择原则(the realistic alternatives principle)首次出现在1993年美国财政部规章中的预备或同期交易(preliminary or contemporaneous transaction)概念里,主要是为了在成本分摊安排中衡量外部贡献(external contribution)投入成本,以确定无形资产的正常交易对价。在联邦法规中的收入分配和纳税人之间的扣除中也有规定。[①] 除了现实可替代选择原则,还提出了与投资者模型估值一致的原则(the principle of valuation consistent with the investor),体现在外部捐款的价值与剩余利润的分配中。[②] 这些原则和方法为知识产权交易反避税建立了一系列的经济理论。

案例一:Sundstrand Corporation and Subsidiaries 案。1977 年和 1978年,原告 Sundstrand Corporation 与其关联公司制造和销售多种产品,包括恒定速度驱动器(CSD),其用于驱动飞机发动机的发电机以恒定速度而不管发动机的转速的一个极复杂的航空电子设备。1974 年,原告决定扩大Sun Pac 的经营,包括位于新加坡共和国独资子公司生产 CSD。根据 1975年 7 月的许可协议,Sundstrand Corporation 授予 Sun Pac 独占许可权,允许 Sun Pac 独占享有 CSD 零部件制造专利权,允许 Sun Pac 在世界任何地方出售 CSD 零配件的权利,允许 Sun Pac 在新加坡转包给第三方零配件权利,允许 Sun Pac 使用原告的商标的权利。原告还同意提供在产品的制造中使用现有的工业产权样本,并给予 Sun Pac 启动制造的合理技术援助。Sun Pac 同意支付原告报酬,按照每个零部件的净售价 2% 作为特许权使用费。1978 年原告以目录价格购买的所有 Sun Pac 的产品,根据 1976 年的分销商协议,原告享有 15% 的折扣。原告滥用自由裁量权,根据 482,I.R.

---

① 26 C.F.R. § 1.482-1T,Treas.Reg. § 1.482-1T.

② 2005 WL 5770208December 19,2005.

C.1954,确定 Sun Pac 担任原告的分包商。税务法院认为,包含在许可协议中的特许权使用费没有考虑 Sun Pac 使用原告的无形资产,双方之间产品转让定价和知识产权的特许权使用费的影响应当分别审查。[①]

案例二,Bausch & Lomb Inc.v.C.I.R.案。原告 Bausch & Lomb Inc 和其关联公司在美国和海外从事制作、销售软性隐形眼镜及相关产品行业。B&L 公司生产隐形软件的成本是每件 1.5 美元。B&L 爱尔兰公司根据爱尔兰共和国的法律设立于 1980 年 2 月 1 日,是原告的全资子公司。B&L 爱尔兰公司的设立是出于业务原因,并享受爱尔兰共和国提供的税收激励措施的优势。根据 1981 年 1 月 1 日的协议,原告授予 B&L 爱尔兰公司的非独占许可,允许使用其专利和非专利制造技术,在爱尔兰制造软性隐形眼镜,以及通过非独占许可使用某些商标并在全球出售。作为回报,B&L 爱尔兰公司同意支付原告相当于销售额 5% 的特许权使用费。在 1981 年和 1982 年,B&L 爱尔兰公司在爱尔兰共和国生产和销售软性隐形眼镜。B&L 爱尔兰公司所有产品都以每件 7.50 美元的价格销售给原告或原告的独资子公司。[②] C.I.R.(国内收入署)认为,根据正常交易原则,B&L 公司不可能以 7.5 美元的高价向 B&L 爱尔兰公司购买自己能够以 1.5 美元生产出来的产品,向独立第三方支付远超自己生产成本的价格是不符合正常的经营逻辑的。B&L 爱尔兰公司并不承担产品销售风险,应当通过提高特许权使用费或者降低产品转让定价的方式进行调整。税务法院认为,国内收入署只能根据公平交易原则来判断上述行为是否属于违反国内收入法的转让定价行为。首先要查明 B&L 公司是否具有强制购买 B&L 爱尔兰公司产品的义务,如果没有,则 B&L 爱尔兰公司的设立目的应该是为了满足海外市场需求而不是出于避税目的。

在美国,"现实可替代选择"这一概念在无形资产价值衡量的问题上具有指导作用。[③] 2011 年美国年度财政预算案要求国内收入署在衡量无形资产价值时,可以考虑纳税人实际达成的受控交易实现替代选择。OECD 也

---

① 96 T.C.No.12,96 T.C.226

② 92 T.C.No.33,92 T.C.525,Bausch & Lomb Inc.v.C.I.R.

③ Rosanne Altshuler, Dan Halperin, Benjamin H. Harris, Joseph Rosenberg, Eric Toder, Roberton C. Wiliams, Tax Proposals in the 2011 Budget, http://www.taxpolicycenter. org/publications/tax-proposals-2011-budget, 最后访问时间:2018 年 2 月 19 日。

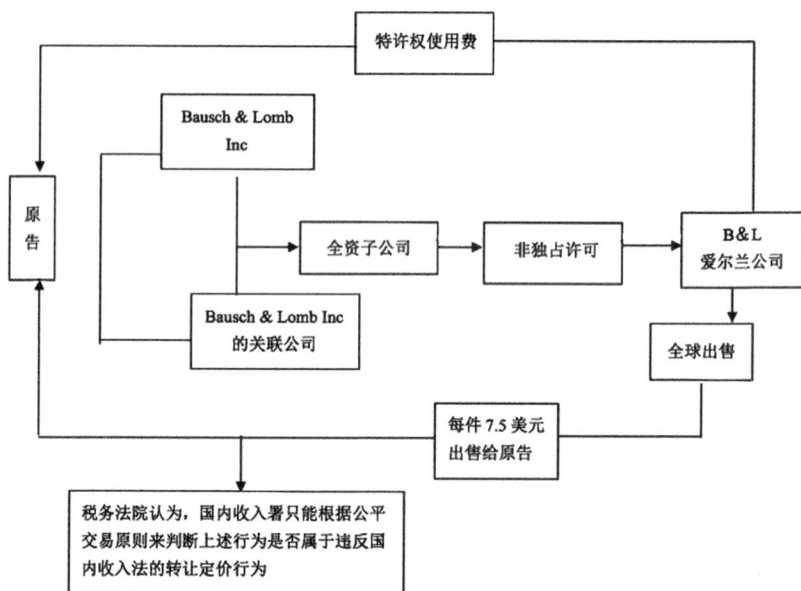

图 4-1　Bausch & Lomb Inc.v.C.I.R.案示意图

　　将现实可替代选择标准用于判定受控交易的商业理性。在实践运用中,该原则对知识产权跨境交易反避税问题提供了可借鉴的解决方案。高价值知识产权的跨境转让是对跨国公司产生重大影响的重组形式,知识产权的估值将对纳税人的财务风险成正比。现实可替代选择的应用出现在对比分析受控交易与非受控交易经济条件的相似性过程中,是对纳税人商业理性的判断。

　　(二)经济所有权(经济实质)的判断

　　经济实质(economic substance)概念最先出现在 1993 年美国财政部规章中。就美国而言,经济实质、商业理性和现实可替代选择在知识产权跨境交易的转让定价领域中的地位都很重要,但是侧重各有不同。经济实质影响知识产权价值贡献回报以及所有权的确定;现实可替代选择则对知识产权受控交易有深远影响。最初,知识产权跨境交易转让定价问题主要涉及关联方之间收取的特许权使用费;后来则更关注各种知识产权的法律所有权分配,以及受控方进行交易时对知识产权实际的经济所有权分配。

　　经济实质原则是判断一项交易是否构成避税的司法工具,在美国得到司法确立,虽然是否应该法典化仍尚存争议。[①] 经济实质的要求建立在以所得相配比标准(the commensurate with income standard)上。法律所有权是知识产权跨境交易转让定价确定的起点。根据知识产权法或者许可协议等合同条款规定,拥有知识产权的人为该知识产权的法律所有人。例如,如果外国母公司是在国内注册商标,并享有对该商标的所有权,通过许可给国内子公司使用,那么外国母公司和国内子公司其实是分享了商标权的所有权和使用权,分别成为享有不同权利的权利人。根据许可协议条款,子公司成为商标和许可使用权在转让定价意义上的所有人。但是,OECD《转让定价指南》没有明确规定无形资产所有权的确定规则,仅对法律所有权和经济所有权的概念略有涉及,认为成本分摊协议下参与各方均获得法律所有权,也可以将法律所有权归属于一方,但参与各方均获得经济所有权。在判断客观的经济实质中,需要纳税人证明在特定的交易中对经济地位实质性变化甄别。就利润而言,美国的司法惯例主要关注潜在的利润(profit potential)。[②] 潜在利润在确定价值时得到高度重视;相反,潜在损失会导致第三方之间的赔偿。潜在利润的相关资产和权益是否符合盈利潜力,价格上限是由接收企业的潜在利润确定,价格代表潜在利润的一种赔偿要求。在确定判断纳税人的经济地位是否发生实质性变化时,利润和风险是主要验证指标。[③]

(三)周期性概念的适用

周期性调整(cyclically adjusted)的要求,直接影响知识产权跨境交易对价的稳定性。美国1986年税务改革法案引入了经济实质、现实可替代选择、商业理性和周期性调整等概念。OECD《转让定价指南》也在很大程度上吸收了美国的影响,接受了上述概念进入指南体系。

United States Tax Court审判的The R.T.French Company,Petition-erv.Commissioner Of Internal Revenue,Respondent,该案例反映了美国国内收入署对长期固定特许权使用费协议调整的态度。[④] 无形资产转让定价

---

① 俞敏:《美国反避税之经验与启示》,载《特区经济》2009年第7期。

② See Rice's Toyota World,Inc.v.Comm'r 752 F.2d 89,94(4th Cir.1985).

③ Greil, Stefan, Germany Has Own Ideas on Business Restructuring, *International Tax Review*,2009,20(1),pp.15-17.

④ The R.T.French Company,Petitioner v.Commissioner Of Internal Revenue,Respondent,United States Tax Court,1973:60 T.C.836.

需符合所得相配比的原则,关联方的成本投入与风险承担相适应。具体操作上,要求纳税人尽可能多次审查知识产权受控交易安排。同时,一次性总付款的知识产权许可协议被视为开放式交易,价款与所得相匹配;一旦出现不匹配的情况,就需要进行 482 节下的调整。受控知识产权跨境交易产生的特许权使用费可以一次性汇总多笔统一支付,由此作为周期性调整的基数。该案的判决结果却并不被立法机构承认。

学者针对周期性调整的要求进行研究后,一般倾向于认为虽然周期性调整原则最具有合理性,但是在持续性审查中属于过度要求。OECD 也一定程度上接受周期性调整的概念。因为独立企业通常为了降低交易成本会抑制投机行为,何况投机行为还会带来税收审查风险。因此,本书认为,频繁进行周期调整不太可能发生在独立企业之间。但是司法可以对受控交易特许权使用费进行审查,前提是以年度为单位,这样更符合行业实践。[①] 周期性调整对税收的影响是知识产权跨境交易反避税应当考虑的因素。[②]

(四)利润分割的演变

OECD 对利润分割(profit split)这一方法非常重视,各国税法实践也认为利润分割对无形资产避税交易影响巨大。如日本就认为利润分割法是企业无法运用其他方法时的补充;[③]加拿大认为利润分割法应当确认直接成本与间接成本,并且限制利润分割指数。[④] 应用利润分割法可以计算跨国公司在世界范围内应税所得,在全球范围内根据贡献比例进行分配。该方法区别于传统针对具体交易征税的方法,它不针对某一具体交易,适用于一系列交易的总利润。[⑤] 2015 年,OECD 就利润分割法全球适用的可能路径进行征求意见,各国政府和跨国公司多对《利润分割草案》中的建议强烈

---

① Elizabeth, King, Is the Section 482 Periodic Adjustment Requirement Really Arm's Length Evidence from Arm's Length Long-Term Contracts, *Tax Analysts Tax Notes International Magazine*, 1994,11(4),p.1020.

② Alberto Alesina, Silvia Ardagna, Changes in Fiscal Policy Taxes Versus Spending, *Tax Pol'y & Econ*, 2010(24),p.35.

③ Feinschreiber, Robert, Japanese Profit-Split Transfer Pricing Methods, *Corporate Business Taxation Monthly*, 2011,12(4),p.25.

④ Swaneveld, hendrik, nagarajan, Venkat, przysuski, Martin, Canada Cracks down on Profit Split, *International Tax Review*, ,2002,13(5),pp.35-36.

⑤ 那力、夏佩天、薛晓波:《无形资产转让定价的国际税法调整:公平交易原则 VS 全球公式法》,载《当代法学》2010 年第 5 期。

保留意见。但是中国、土耳其和比利时等部分国家的代表则强烈支持草案的思路。OECD 计划通过修订草案,对《转让定价指南》作出增补。利润分割法应当根据不同的情形结合个案特点进行适用,包括测试利润分配是否符合独立交易原则的情形。但是,该方法下还是存在适用困境。例如各国难以达成统一的分割公式。OECD 等国际组织应当积极推动谈判与合作。也有部分国家尝试利用公司全球利润数据与利润分割法结合适用。

　　以 Seagate 科技公司诉美国国内收入署(Seagate Technology, Inc. v. C. I. R.)案例为例。在本案中,根据第 482 节双方决定让步调整几个不同的转让定价问题。基于第 482 节重新分配的利润方案是否武断、重复或不合理的;是否应对于任何涉及本案的问题承担举证责任;是否应基于公平原则支付给 Seagate Singapore 完成磁盘驱动的研发费;Seagate Singapore 子公司是否根据公平原则支付给 Seagate Scotts Valley 子公司特定无形资产特性与使用费;Seagate Singapore 支付给 Seagate Scotts Valley 的特许权使用费是否符合第 367 节所规定的运送到美国的驱动器条款;Seagate Singapore 支付给 Seagate Scotts Valley 的采购服务费是否基于公平原则;Seagate Singapore 与 Seagate Scotts Valley 是否依照公平原则签订成本分摊协议。[①]

　　在当前全球各国政府缺乏一致意见的情形下,美国的观点是,运用以价值为基础的利润分割法并不是一条安全有效的路径,因为很难客观评价究竟是什么创造了价值。鉴于利润分割法下掺杂了较多的主观因素,具体执行时很多边界较为模糊。当然,运用利润分割法处理知识产权转移定价问题时还需要找到外部市场价格作为内部交易的客观依据,降低主观因素对方法适用的冲击,提高适用的准确性。运用利润分割法还要确认知识产权带来的超额利润的分割比率,以及不同国家之间的关联公司会计方法的协调和会计口径的一致。因此,如何在全球价值链背景下运用利润分割法以确定对跨国企业征税,这是知识产权跨境交易反避税工作的难题。但是,利润分割法在无形资产转移定价中因其优点而有先天优势。首先,利润分割法有利于获取公开市场价格。利润分割法对价格的确定有要求,价格作为

---

　　① 102 T. C. 149, United States Tax Court. SEAGATE TECHNOLOGY, INC. and Consolidated Subsidiaries, Petitioner, v. Commissioner of Internal Revenue, Respondent. No. 11660-90. Feb. 8,1994.

国际利润与费用分配依据,比如以公开市场价格或客观市场条件基础上的价格作为依据。其次,利润分割法有助于降低管理成本。利润分割法的分割对象为多笔交易的总利润,免除了逐笔分配国际收入与费用的烦琐程序,只要找出相同或相似参照物的平均市场利润率,对知识产权可做贡献依据一定的财务比率进行确认。最后,利润分割法有助于弱化知识产权转让定价难度。影响知识产权价值的因素复杂而不可控,甚至难以预测,因为会面临许多诉讼风险或者无效风险等一般情况下,知识产权难以找到相同的或近似参考价值,进而很难确定公允价值。此时就需要利润分割法做出较合理的估价。此外,也有学者从纳什均衡(Nash Bargaining Solution,NBS)的角度讨论利润分割在无形资产避税方面的作用。[1] 认为在计算专利特许权使用费时应当引入纳什均衡原理,如果可以采取该办法计算特许权使用费乃至损害赔偿金,那么对专利价值评估以及反避税调查又多了可运用的证据。

第二节　知识产权跨境交易反避税司法的国际态度

一、损害赔偿确定方法对司法的回应

世界各国的司法实践对知识产权反避税的态度是不一样的。根据知识产权反避税案件是否需要司法介入,世界各国的态度分为消极与积极两种。持消极司法态度的国家,对类似的反避税案件一般不主动启动司法调查。可以从司法实践的态度来考察知识产权损害赔偿与反避税的关系。与传统民法侵权理论的"损害型侵权"不同,知识产权侵权损害赔偿不只是基于"矫正正义"(corrective justice)的要求,权利人既可能因侵权而遭受实际损失,也可能反而间接获益,应当属于"受益型侵权",从而发展出了以"侵权获利"为依据的损害赔偿方式。侵权行为获得的利益,与侵权损害赔偿的范围相互印证,来确定权利人损失。权利人可以认为这属于合理的利润返还

---

[1]　Lance Wyatt,Keeping Up with the Game:the Use of the Nash Bargaining Solution in Patent Infringement Cases,*Santa Clara Computer & High Technology Law Journal*,2015,31(3),p.427.

(unjust enrichment/restitution);从侵权人角度看,属于利润剥夺(disgorge or strip the gain)。TRIPs 协定将这类赔偿称为"利润恢复"(recovery of profits)。还有一种思路是"许可费丧失说"。在这种思路下,侵权获益被等同于为权利人合理许可费损失,二者相互关联,侵权人的获利行为与权利人损失许可费的事实之间具有因果关系,损害赔偿额可依据侵权获利来计算。另外,从经济学角度来看,权利人的损失本质上是机会成本损失。[①] 总的来说,知识产权侵权损害赔偿理论对利润和损失的确定方法恰好是知识产权跨境交易反避税需要解决的问题,利润和损失同样也是确定企业应税所得的主要依据。

二、BEPS 规则对司法原则的影响

BEPS 规则对司法原则的影响是渐进式的,也体现出司法介入反避税的必要性。以欧盟为例,欧盟司法法院(欧盟法院)已批准受控外国公司规则在欧盟范围内有限适用。[②] 一旦欧盟的法律生效,无论一项特别安排是否确定了足够经济实质的税收目的,都将参考适用欧盟法律中的自由基础。[③] 这也对欧盟成员国控制条约滥用产生影响,是 BEPS 行动计划的重要问题。至于双边税收协定的优势,也被欧盟法律所限定。[④] 截至目前,多边税收条约如果按照欧盟法律从事商业活动,包括外国直接投资,欧盟将享有排他管辖权。[⑤] 欧盟已经达成的经济政治一体化,以及欧盟成员国税法和税收条约中欧盟委员会长久的合法权益,必须涵盖在应对 BEPS 行动计

---

① 胡晶晶:《知识产权"利润剥夺"损害赔偿请求权基础研究》,载《法律科学(西北政法大学学报)》2014 年第 6 期。

② Cadbury Schweppes plc and Cadbury Schweppes Overseas Ltd v HMRC (C—196/04) [2006] ECR I—7995;[2006] STC 1908.

③ OECD.Action Plan on Base Erosion and Profit Shifting (OECD Publishing, 2013).http://dx.doi.org/10.1787/9789264202719-en.Action 6,最后访问时间:2018 年 8 月 8 日。

④ Compagnie de Saint-Gobain,Zweigniederlassung Germany v Finanzamt Aachen-Innenstadt (C—307/97) [1999] ECR I—6161;[2000] STC 854.

⑤ Treaty on the Functioning of the European Union (TFEU) Arts 3.1(e),206, 207.1 and 207.4.

划的内容中。① 而在美国,国会给予联邦法官强加给被告人遵循 BEPS 义务的权利。这一举措尽管会增加社会成本,但相较于仅仅判决跨国公司承担避税刑事责任而言,能够更好地体现公共政策。最后,本书认为参与刑事司法系统应遵循 BEPS 基本标准对于征纳双方来说是有意义的,其能够全面降低社会成本,并确保适当使用的 BEPS 规则作为惩罚的基本准则。②

相比之下,OECD 强化了 BEPS 规则。③ 但是 BEPS 项目更关注"实质",而不仅是 CFC 规则。④ OECD 已经认识到这是 BEPS 行动中最主要的内容之一,最终出台的结果中,行动 8 到行动 10 都是关于无形资产反避税的问题。如何有效应对知识产权评估对税收的政治和经济现实的不平等,勾勒了挑战税收社会正义的框架。反避税的文献阐述了法律和政治经济学为各国政府反避税活动的解释性基础规则。BEPS 行动计划对税收政策和管理产生影响,最终影响到税收社会正义。⑤ 本书将确定和讨论 BEPS 的执法环境,并提出了一些法律和政策问题。

(一)准确评估研发费用对形成知识产权的贡献

准确评估研发费用对形成知识产权的作用,要分阶段讨论。首先要明确基础研究与应用开发的矛盾关系。在知识产权研发过程中,基础研究与应用开发是两个重要阶段。进行自主研发活动,短期内要投入巨额资本,这无疑会在一定程度上影响和直接减少当期的利润流入,减少应税所得。而基于创新思维产生的新产品、新工艺、新技术以及核心技术,形成知识产权并带来巨大的利润流入可能是相当长一段时间后的结果,但是也应当看到研发失败的风险。从基础研究到应用开发,这是一个充满不确定性的漫长

---

① Timothy Lyons QC, International Taxation and The BEPS Action Plan: Challenged by Modernity?, *British Tax Review*, 2014(5), pp.519-529.

② Harrell, Martin, Probation to Benefit the Environment While Punishing the Guilty, *Villanova Environmental Law Journal*, 1995, 6(2), p.243.

③ OECD, Action Plan on Base Erosion and Profit Shifting (OECD Publishing, 2013), http://dx.doi.org/10.1787/9789264202719-en. Action 3, 最后访问时间:2018 年 10 月 12 日。

④ OECD, Action Plan on Base Erosion and Profit Shifting (OECD Publishing, 2013), http://dx.doi.org/10.1787/9789264202719-en. Action 5, 最后访问时间:2018 年 10 月 12 日。

⑤ Benjamin Alarie, Chapter 6 the Challenge of tax Avoidance for Social Justice in Taxation, *IUS Gentium*, 2015(40), p.83.

周期。其次要明确前期研发和应用开发阶段的风险与资金的配比关系。前期研究阶段的不确定性最大,资金投入最多,失败风险也最大。对于专门从事研发的大型跨国公司而言,可以通过协调研发人员或者通过研发协议进行协作(或合作)研究,在协作关系中,通过研发协议或财务杠杆来控制风险。① 知识产权的范围可能会对研究和开发费用进行限制,知识产权政策的改变可能会引起基本假设的连锁反应,为了激发创新,改变是必要的。② 研究与开发不可能完全分离,如何处理好彼此之间的阶段性关系以实现有效研究与持续开发相结合的良性循环则,是极为重要的敏感问题。③ 因此,研发费用是形成知识产权价值的主要组成部分,准确评估研发费用,才能对后来进行知识产权价值评估提供参考依据。

(二)确保转让利润和知识产权的使用与价值创造有关

知识产权跨境交易避税手段往往是通过转让知识产权收益权,将由此产生的利润留在低税国。如果利润转让与知识产权的使用和价值创造不匹配,则司法机关应当慎重考虑避税行为的合法性,要审慎审查是否存在以合法形式掩盖非法目的的动机。2013 年 2 月 1 日,日本知识产权高等法院(IPHC)审理利润损失和赔偿决定的专利侵权案件,专利发明人与专利权人并不是同一人。④ 知识产权高等法院考虑了东京地方法院的损害赔偿适用的差异,并讨论了法院的裁决对外国公司的影响,最后放宽要求,仅证明利润损失与专利侵权,并依靠专利法推定被告的利润等于专利持有人的损失,包括其知识产权的技术和商业知识的鉴定损失。⑤ 跨国公司应当进行专利组合的战略管理,公司的销售应基于专利组合产品的自由。因此,在企业战

---

① Harris, John R, Patent System is under Assault-Startups, Should You Care-Ten Things about Patents that Startups Need to Consider, *AIPLA Quarterly Journal*, 2016,44(1),p.27.

② Bregman-Eschet, Yael, Ripple Effect of Intellectual Property Policy: Empirical Evidence from Stem Cell Research and Development, *Journal of Technology Law & Policy*, 2014,19(2),p.227.

③ 王保平:《论无形资产领域的九大矛盾关系》,载《财会月刊》2007 年第 5 期。

④ Michiru Takahashi, Harukuni Ito, Japan IP High Court Relaxes Requirements to Prove Lost Profits in Patent Infringement Suits, *World Intellectual Property Report*, 2013(6),pp.42-44.

⑤ Bastian Gottschling, philip De Homont, Alexander Voegele, Loss Utilisation: Profit Participating IP, *International Tax Review*, 2011(5),pp.48-49.

略中,知识产权战略的整合是企业的权利。① 司法原则引入知识产权侵害损害赔偿的确定方法,将利润转移与知识产权价值结合起来,从知识产权管理的视角评估知识产权价值,作为知识产权避税工具的税基流失衡量依据。

(三)发展知识产权特殊价值规则

美国在规制涉及无形资产的转让定价交易时坚持主张无形资产的转让定价应与无形资产的收益相匹配原则,这一原则具有溯及力。② 换言之,税务机关仍有权溯及既往进行调整。尽管当年度关联企业间涉及无形资产的交易定价符合正常交易原则,也得到税务机关认可,但如果以后年度交易情况发生变化,交易不符合正常交易原则,税务机关可以要求企业追溯调整。该原则容易引起有关争议,因为结果充满不确定性,税务机关作为政府部门,其公信力也会受到影响。很多知识产权的价值充满不确定性,对此类知识产权的跨境受控交易评估定价时,应当遵从无关联企业在类似交易中能够参考的价格安排,司法机关也应当适用相同的方法来评估交易的定价。在此情形下,公权力机关应当负有合理预见可能的改进性方案的义务,虽然通常都是只行政机关,但是一旦进入司法介入环节,司法机关也应当尽量避免事后对关联企业的合理预测可能性和必要性进行调查。③ 基于此,知识产权跨境交易反避税的特殊规则可以进行如下考虑:

1.知识产权价值创造地的征税管辖原则

BEPS 行动计划旨在改写国际税收规则,特别针对互联网企业和主要通过知识产权类无形资产获利的企业避税行为,并将征税规则确立为在价值创造地征税(taxing where value created)。从公平视角下审视,价值创造地征税原则是最符合逻辑的。各种单边方法的适用限制和缺陷引起对单一方法的质疑,而同时考虑到利用知识产权跨境交易避税安排,对知识产权的激励和保护以及对世界总体财富增加都并未起到正面作用,因此回归价值创造地原则可能也是一条值得探讨的路径。针对知识产权跨境交易中普遍存在的跨国公司避税行为,应当坚持在知识产权创造地征税的原则,因为利

---

① Peter Spours,Dan Mccurdy,*Why IP Currency is The Route To Profit Expansion*,Managing Intellectual Property,2006,p.161.

② U.S.Income Tax Regulations section 1.482−1(j)(4).

③ 廖益新:《从 Glaxo 案看营销性无形资产转让定价规制问题》,载《法学家》2010年第 1 期。

润应在产生利润的经济活动发生地以及价值创造地征税。此外，BEPS 第
10 项行动针对低附加值劳务和跨境商品交易和关联方之间风险分配给予
特别关注。知识产权价值创造地征税原则将纳税义务更多地赋予跨国公司
研发所在地子公司，理由是研发费用巨大，能支持研发的区域经济发展水平
相对较高，例如很多跨国公司的美国总部。因此，从避税连接点角度考虑，
价值创造地比公司注册地等更难改变，因为人力资本的转移比资金或技术
的转移难度大，跨国公司很难将所有的研发团队都转移到低税地。

　　2.全球价值链对知识产权避税理论的影响

　　全球价值链的存在使得跨国公司通过知识产权避税安排实现集团整体
全球实际税率(或全球有效税率，global effective tax rate)降低成为可能。
BEPS 行动计划第 10 项行动，针对集团内利润转移现象和全球价值链趋
势，建议采用特别措施或者修改转让定价规制来应对。[1] 全球有效税率是
美国联邦税收的基本原则，主要交易在可控范围内。[2] 因为在全球价值链
下，跨国集团关注的是本公司的全球有效税率，而并非单个国家的有效税
率。[3] 相比较而言，非美国母公司跨国集团一般都选择较轻的税收合规负
担，而且往往通过较低的全球有效税率来实现；集团公司的国外来源收入一
般满足较轻的税收合规负担条件，这对降低全球有效税率非常有利。知识
产权跨境交易受到客观反映价值驱动因素方式的影响，则很可能可以确保
税收与价值创造相匹配。因为跨国企业每年合并利润总额巨大，对这些利
润的征税则严重影响不同国家的财政收入与税权分配。利润分配规则产生
这一结果的因素包括跨国企业日趋垂直化价值链(vertical value chains)。[4]
集团内部转移的商品均是中间产品，无法进行可比价格分析，更主要的是大

---

　　[1]　OECD,Aligning Transfer Pricing Outcomes with Value Creation. OECD/G20
Base Erosion and Profit Shifting Project,2015,p.144.

　　[2]　Barrett James H,hadjil Ogiou Steven,tevel Sean,Benefits of Tax Planning as
Part of the Acquisition of an International Business,*Florida Bar Journal*,2013,87(1),
p.40.

　　[3]　Jefferson P.Vanderwolk,Inversions under Section 7874 of the Internal Revenue
Code: Flawed Legislation, Flawed Guidance, *Northwestern Journal of International
Law & Business*,2010,30(3),p.699.

　　[4]　Soeren Dressler, Kurt-henrik Müller, Competitive Advantage for Integrated
Vertical Value Chains,*Cost Management*, 2003(9),p.1.

部分集团内的交易涉及知识产权,也无法寻找市场价格进行对比。从经济角度来看,相比传统方法,利润分割法理论上能够产生准确的利润分配结果。但是在全球价值链的影响下,如何适用利润分割产生最公平的结果取决于各国如何应对分割利润的公式达成一致,这与前一章提到的全球公司分配法一样,都建立在公式具体模型的基础上。公式必须公平且易于计算,全球价值链并不一定能产生全球价值分割的一致结果。

3.明确国际反避税规则的必要性

经合组织应当通过完善《转让定价指南》,给知识产权跨境交易国际范围的反避税行动提供清晰的规则,使其既能够作为各国政府间合作的框架,又能反映跨国企业实际经济活动的本质认定。但是改写国际税收规则的阻力巨大,既得利益集团的存在会倡导维持现行复杂低效的税收规则,因为既得利益集团付出了巨大成本,并期待从中受益。除了讨论《转让定价指南》的修订建议,完善知识产权跨境交易转让定价方法的适用,还应当从多方面明确国际反避税规则。对于知识产权跨境交易而言,需要完善涉及知识产权价值创造地征税原则、完善知识产权跨境交易价值评估原则、明确知识产权跨境交易跨境司法合作原则、明确知识产权价值信息交换原则等。很难相信在一个缺乏信息沟通和国际合作的环境下,仅通过一系列单一的技术方法就能解决广泛存在的知识产权跨境交易避税问题。直到对全球范围视角下的统一方法在各国之间达成更广泛一致意见之前,以及各国经济发展水平尤其是知识产权发展水平客观上存在的差异无法降低影响之前,仍应求助于国际规则明确作为最优途径。

4.有条件地扬弃"独立交易原则"

经合组织《转让定价指南》第1章的独立交易原则、第3章的可比性分析要求考察案件事实并通过分析或找到良好的可比交易。但是只要存在全球价值链,利润分割就是首先被考虑到的方法。[①] 理论上,独立交易原则看起来非常客观公正,应当作为知识产权跨境交易反避税必须遵循的原则。但是,独立交易原则创制于20世纪30年代,当时的贸易以非关联交易为

---

① OECD,Review of Comparability and of Profit Methods:Revision of Chapters Ⅰ-Ⅲ of the Transfer Pricing Guidelines.PARIS:OECD,2010.25,http://www.oecd.org/ctp/transfer-pricing/45763692.pdf,最后访问时间:2018年11月11日。

主,同时以有形资产交易为主。[①] 而今天,非关联交易已经不是跨境贸易的主体,跨国公司关联交易的金额和数量巨大,所依附的知识产权价值也逐渐攀升,在当今时代特征下,缺乏可靠的可比交易是常态,独立交易原则在这个领域显得相对保守。这是一个可以克服的技术问题,但找到可靠的可比交易并不是一个与 BEPS 相关的问题。BEPS 的主旨是税收与价值创造相匹配,如今更应该关注的知识产权价值创造一系列问题对税收原则的影响。[②] 当时代的发展出现了许多新的问题导致之前非常明确的原则变得不适用时,可以选择不断修改原则适用条件,也可以通过发展新的原则来应对新的形势。

第三节　知识产权跨境交易司法反避税之权利视角

跨国公司广泛利用知识产权进行避税,往往依赖于低估自己的知识产权的策略,将其知识产权人为压低价格并进行离岸交易,从而降低计税依据。反避税研究一直试图从税法的角度解决这个问题,而上述问题却屡禁不止。改变一种视角,从知识产权的权利属性出发,对知识产权的使用进行某些限制,或许能够改变跨国公司的税收策略,同时为司法机关提供司法反避税的知识产权法方案。

一、知识产权评估对反避税的影响

单纯从税法视角考察,降低计税依据对企业而言是有利的,因为规避税收就能将更多的利润留在企业内部。出于追求更高利润的目的考虑,发达国家拥有高新技术的企业将生产制造等环节转移到成本较低的发展中国家,但存在于知识产权保护制度的分歧并没有随着全球价值链分工的出现而得到解决。[③] 在全球价值链下,知识产权评估与避税也有一定程度的关联,该领域虽涉及税法和知识产权法两大部门法的交叉研究,但是长期以来

---

① Michelle Markham,*The Transfer Pricing of Intangible*,Kluwer Law,2005,p.15.

② Brauner,Yariv,What the BEPS,*Florida Tax Review*,2014,16(2),p.55.

③ 顾振华、沈瑶:《知识产权保护、技术创新与技术转移——基于全球价值链分工的视角》,载《国际贸易问题》2015 年第 3 期。

缺乏两个部门法的共同协作。通常情况下,跨国公司低估知识产权跨境交易进行避税,却会忽略低估知识产权可能会对诉讼产生的不良影响;跨国公司出于税收目的将自己的专利低价转让给位于"避税天堂"的子公司,也会忽视当该专利被侵权时跨国公司申请禁令和获得损害赔偿可能因专利价值较低而受到的不利影响。因为在提起侵权之诉时,对专利价值的评估直接影响侵权损害赔偿的计算。① 但同时,较低的转让价格也相应只能获得较低的专利损害赔偿,甚至可能因此被法院裁定为专利滥用。通过这样的方式,企业对低估还是高估知识产权价值产生了选择困难:低估有利于避税,高估有利于侵权之诉获赔。下文将详述知识产权视角反避税的具体情形和理论基础。

(一)知识产权价值高估与跨境避税的矛盾

知识产权保护制度中,无论是侵权损害赔偿还是申请禁令,基本上都是知识产权价值越高对保护越有利。在进行侵权之诉时,无论运用成本法、权益法还是市场法,跨国公司都会想方设法证明自己的知识产权具有很高的价值。有学者认为,跨国交易中知识产权的价值类型可分为市场价值、投资价值、清算价值或重整价值。② 发生纠纷时,侵权人当然都会举证专利价值没有权利人所言的那么高。具体到专利制度,侵权人期望通过低估专利价值,从专利法中专利的无效、缩小专利保护范围、降低专利侵权损害赔偿、无法申请禁令和专利权滥用等作为有力的辩护工具,迫使专利权人对一开始的价值低估行为采取谨慎态度。只要原告存在使用专利规避税收,同时还提出专利侵权之诉的双重行为,就面临高估价值与避税之间的矛盾。一旦发生侵权纠纷,被告都可以选择使用上述策略应诉。商标法和著作权法中亦有类似的运用,跨国公司通过人为低价转让其商标和版权规避税收,就可能会影响权利遭受侵权时获得的保护。

权利人需要在价值高估带来的更高的侵权赔偿与价值低估带来的更多的税收规避之间博弈。但是不可忽视的事实是,知识产权已经成为跨国公司得心应手的避税工具,企业利用知识产权跨境交易规避大规模的税收已

---

① Martin A.Sullivan,Economic Analysis:Will International Tax Reform Slow U.S.Technology Development?,*Tax Notes*,2013(141),pp.459-461.

② 王竞达:《跨国并购知识产权价值评估相关问题研究》,载《经济与管理研究》2010 年第 5 期。

经是当今各国跨国公司的通例。① 事实上,几乎所有基于知识产权的避税方案都会在某个时刻人为地压低知识产权价格。知识产权避税的传统模式都是位于高税国的母公司将知识产权低价转让给位于低税国的子公司,再通过子公司对外许可,将利润留在低税国,从而规避高税国税收。不同于实物资产存在种类物和公允价格的情况,每个知识产权都具有独一无二的特性,很难达成公允价格,这使得权利人低估知识产权的价值相对容易。因此,知识产权评估结果直接影响企业申报纳税,评估是知识产权管理的难点,也是知识产权交易反避税需要关注的重点。

(二)知识产权价值低估与权利保护之间的矛盾

出于避税目的对知识产权价值低估虽然可能会给跨国公司带来税收节约的经济利益,但可能对知识产权保护不利。知识产权价值低估与权利保护之间的矛盾主要体现在以下几个方面:

第一,知识产权价值低估与特许权使用费之间的矛盾。知识产权价值评估的目的包括但不限于以知识产权作为投融资工具、知识产权侵权诉讼、根据企业会计需要确定公允价值等。② 避税筹划就需要确定公允价值,为了进行避税筹划,知识产权人可能会人为低估其专利价值。而知识产权价值本身就难以准确评估,权利人应当是最知悉其专利潜在价值的主体,这是税务机关欠缺的优势。但是如果一项知识产权因纳税人出于避税目的被严重低估价值,却在对外许可时收取高昂的许可费,那么,这种高价许可就是支持专利有效性的证据,但价值低估就成了质疑专利有效性的证据。显然,低估价值与高许可费之间是矛盾的,严重低估该专利的价值说明其根本没有认识到此专利的创新性。由此会产生一个悖论,即如果低估价值是正确的,那么就不该收取高昂许可费;如果收取高昂许可费是正确的,那么就意味着专利被低估。二者必须调整一项才能实现形式公平。

第二,知识产权价值低估与保护范围之间的矛盾。知识产权的有效性

① Charles Duhigg, David Kocieniewski, How Apple Sidesteps Billions in Taxes, New York Times, 2012-4-28(A1), http://www.pulitzer.org/files/2013/explanatory-reporting/04ieconomy4-29.pdf,最后访问时间:2018 年 11 月 12 日。

② 国家知识产权专利管理司:《知识产权价值评估能力建设研究》,知识产权出版社 2011 年版,第 24 页。

有自己的局限范围。[①] 但是,知识产权的客体是无形财产,无法比照有形财产依其天然外形确定其保护范围,只能依靠法律规定。因此,权利人在法律限定范围内对知识产品行使各种专有权利,如果超出限定范围,权利人的权利将失去效力。[②] 例如,高价值的专利通常司法保护范围很广,被诉专利相同甚至相似的专利都落入保护范围。但是,如果创新程度不够,则保护范围也相应缩小。同样,商标与版权的保护范围与其评估价值相关。一般认为驰名商标具有较高价值,因此驰名商标在申请保护时为了扩大保护范围会将近似商标一同申请保护,那么随着保护范围的扩大保护费用也随之上升,进而评估价值也会升高。版权评估也是类似的原理。低价转让证明权利人没有意识到知识产权的创新程度,因此应当缩小保护范围。为了避税目的而低估知识产权价值,与权利人期待更广泛的知识产权保护范围的目的是相悖的。

第三,知识产权价值低估与申请禁令之间的矛盾。禁令制度的建立有多方面的积极影响:能够提高知识产权的保护标准,增强打击侵权力度,丰富救济措施。[③] 同时禁令制度促进了司法救济理念的转变,知识产权法院成为禁令审查的适格主体,完善了知识产权保护的司法手段。通常在有禁令制度的国家,比如美国,原告都是先申请专利临时禁令,如果获得法院支持,再进一步申请永久禁令;如果有些国家没有永久禁令制度,就只能通过临时禁令获得保护。但是,如果权利人低估知识产权价值,一旦发生侵犯知识产权的诉讼,权利人难以举证侵权人给权利人造成了"无法弥补的伤害",而"无法弥补的伤害"恰恰是申请永久禁令的前提。可见,价值低估使得权利人无法在避税和知识产权保护二者之间达成平衡。如前所述,低估价值与低价转让是专利无效和缩小保护范围的证据,这使得权利人甚至连临时禁令都很难申请到。

第四,知识产权价值低估与侵权损害赔偿之间的矛盾。确定损害赔偿数额本质上是由司法参考现实市场价值对知识产权进行定价的。现实市场

---

① Andrew Blair-Stanek, Tax in the Cathedral: Property Rules, Liability Rules and Tax, *Virginia Law Review*, 2013,99(6),p.1169.

② 吴汉东:《知识产权保护论》,载《法学研究》2000 年第 1 期。

③ 施高翔、齐树洁:《我国知识产权禁令制度的重构》,载《厦门大学学报(哲学社会科学版)》2011 年第 5 期。

价值包括市场利益和许可费损失等。即使法院认定知识产权有效且侵权成立，被告可以将权利人低转让价格作为证据，提出赔偿应相应地减少。从法定赔偿的规定来看，侵权人需要赔偿的金额包括权利人实际损失以及侵权获利金额。[①] 确定损害赔偿一般是基于"利润剥夺"理论，并基于此兴起"受益型侵权"，虽然与不当得利理论有些矛盾，[②]但是可以肯定的是，只有有价值的知识产权，才有获得更多收益以及被侵权的可能性。毕竟知识产权的价格反映了其创造利润和特许权使用费的潜力，而赔偿金正是弥补权利人损失的利润和特许权使用费。对于权利人来说，知识产权价值低估有利于进行避税安排，却不利于获得侵权损害赔偿。

（三）知识产权价值低估的危害性

首先，知识产权价值低估的危害表现在对各国政府造成的税收损失。所有跨国公司都会想方设法利用知识产权进行避税，高科技公司一般通过操作专利权进行避税，低技术含量的跨国公司大多通过操作商标权或者著作权进行避税。跨国公司都在争取将知识产权产生的利润转移到"避税天堂"，电子商务的发展进一步推动了滥用知识产权避税的可能。[③] 许多技术含量不高的商品现在都包含了高价值的知识产权，以商标权和著作权为主要价值来源，知识产权的高价值处处体现在商品中。因此，甚至不具备高科技特性的跨国公司也可以通过运作而低估知识产权，非高科技公司通过将商标、商业秘密、外观设计等知识产权都转移到了低税国。这种利润转移给各国政府造成多大的损失很难具体估算，因为跨国公司避税策略不透明，且知识产权价值难以准确评估。[④] 通过之前对苹果公司等跨国公司的避税策略的论述，可以肯定的是，知识产权价值低估会对各国政府造成巨大的税收损失。

其次，知识产权价值低估的避税行为还会导致跨国公司投资不足，降低

---

① 曾玉珊：《论知识产权侵权损害的法定赔偿》，载《学术研究》2006 年第 12 期。

② 朱岩：《"利润剥夺"的请求权基础——兼评〈中华人民共和国侵权责任法〉第 20 条》，载《法商研究》2011 年第 3 期。

③ Lee A. Sheppard, Is Transfer Pricing Worth Salvaging?, *Tax Notes*, 2012 (136), p.467.

④ Michael J. Graetz, Rachael Doud, Technological Innovation, International Competition, and the Challenges of International Income Taxation, *Columbia Law Review*, 2013, 113(2), p.402.

全世界范围的经济效率。[1] 知识生产要素向商品中转移价值,商品中附加知识产权的价值,传统商品价值来源结构发生改变,从而使商品价值量的形成及其变化具有不确定性。[2] 即劳动力创造的新价值和从不变资本中转移的价值共同发生变化。上述转变为知识产权基于避税目的的价值评估提供了便利。除了高科技公司,非高科技跨国公司商标和版权也都会低估价值转移到"避税天堂"的子公司,例如尚未完成的电影脚本著作权、尚未发布的计算机软件著作权、新兴产品的商标权等,都可能以人为低价转让到"避税天堂"。这样跨国公司将利润留在避税地,缺乏足够的资金在真正的价值创造地进行再投资。跨国公司避税筹划的弊端还在于给公司形象带来不好的影响,这种做法在财政紧缩的欧洲尤其不受欢迎。这种财政损失显然对国家利益有负面影响,为了弥补外部性引起的投资不足,从而实现有限的经济效率,会增加财政赤字,减少政府支出,并且会将税负转移给其他纳税人。[3]

再次,知识产权价值低估的危害性还表现在对权利的侵犯,即与权利滥用之间的关系。即使法院认定权利人的知识产权有效且侵权成立,侵权人还可以抗辩权利人避税是"知识产权滥用"。古罗马法规则最早规定了权利滥用(rechtsmiss brauch,abus dedroit)是"任何人不得恶用自己的财产,是国家利益之所在"。[4] 一般认为,知识产权滥用现象主要表现形式有很多种,比如拒绝许可知识产权、拒绝实施专利,还包括滥用市场支配地位的行为(不公平价格、限制生产或者技术发展等)、延长知识产权保护期、滥用诉权等。[5] 也有学者认为,知识产权滥用一般指不顾知识产权存在的目的行使知识产权的行为和知识产权人选择有害的方式行使知识产权的行为两

---

① Edward D.Kleinbard,Stateless Income's Challenge to Tax Policy,*Tax Notes*, 2011(132),p.1021.

② 任洲鸿、尹振宇:《知识产权的政治经济学分析:以微笑曲线为例》,载《当代经济研究》2016 年第 1 期。

③ Michael J.Graetz,Rachael Doud,Technological Innovation,International Competition,and the Challenges of International Income Taxation,*Columbia Law Review*, 2013(113),p.347.

④ 徐国栋:《优士丁尼〈法学阶梯〉评注》,北京大学出版社 2011 年版,第 72~73 页。

⑤ 易继明:《禁止权利滥用原则在知识产权领域中的适用》,载《中国法学》2013 年第 4 期。

种。[1] 权利人在有多重使用知识产权的可能的情况下,选择有害公共利益的行使方式,例如避税就可以认为是一种滥用。当法院认定专利权人所使用的专利违反公共政策的方式,会拒绝判损害赔偿或禁令救济,至少要等到滥用已得到纠正之后才会考虑给予司法救济。滥用不要求专利拥有者损害了被告权利,仅要求专利人使用知识产权的方式违反公共政策。如果法院认为权利人的避税行为非常严重,那么可以拒绝救济权利人,直到其已偿还了不当规避的税收。通常,权利人无法辩称低转让价格只是"出于税收目的",不是出于知识产权法的目的。跨国公司利用知识产权避税案为例,为了避免承担"伪证"责任,通常只能承认低价评估是正确且合法的,不得已降低专利的评估价值。

最后,知识产权价值低估可能会对激励功能造成危害。基于组织激励理论、心理学理论和行为学理论,知识产权契约激励对个体知识心理所有权和知识创造行为产生直接影响,知识心理所有权对知识产权契约激励与个体知识创造行为的关系起到中介作用。知识心理所有权是个体基于产权意识的知识占有感。[2] 知识产权通过明晰产权来鼓励文学、艺术和科学作品的创作,权利人获得智力产品的部分权利,通过自己的劳动所产生知识价值依附于有形作品,促进了社会进步。[3] 但是,跨国公司可以利用知识产权来避税,而通常情况下,自然人和小型微利企业一般难以将利用知识产权跨境交易避税达到规模效果,因为自然人和小型微利企业既没有足够的海外业务,也没有专业的税务筹划部门。[4] 同时,研发费用需要正确的社会回报,社会回报影响研发投入。[5] 知识产权避税的法律意见和估值评价需要支付高昂的交易成本,跨国公司在支付交易成本之后当然希望能够获得更大的利润回报。在这种情况下,知识产权研发人和权利人通常是分开的,权利人

---

① 李扬:《知识产权法基本原理》,中国社会科学出版社 2010 年版,第 128 页。

② 赵健宇、李柏洲、袭希:《知识产权契约激励与个体知识创造行为的关系研究》,载《管理科学》2015 年第 3 期。

③ 冯晓青:《知识产权法哲学》,中国人民公安大学出版社 2003 年版,第 183 页。

④ Martin A. Sullivan, Economic Analysis: Will International Tax Reform Slow U. S. Technology Development?, *Tax Notes*, 2013(14), p.459.

⑤ Shay, Stephen E. , Fleming, J. Clifton Jr., Peroni, Robert J. , R&D Tax Incentives: Growth Panacea or Budget Trojan Horse, *Tax Law Review*, 2016, 69(3), p.419.

通常是跨国公司,研发人的自主权减少,从自己作品中获利的机会减少。除非研发人能够获得可观的补贴,否则这种为了税收目的低估知识产权的行为也间接降低了知识产权激励作用。但是,研发人的议价地位难以保证。

二、知识产权避税工具性的权利基础

前面论述了知识产权所有者使用知识产权来避税,然后又以侵犯知识产权为诉求获得损害赔偿二者之间的矛盾,这是知识产权法在税法领域的扩张适用,在理论上是成立的,知识产权法的扩展进一步拓展了知识产权法理,扩大知识产权法理适用的范围和可能性。从经济角度和哲学角度出发,扩大现有的知识产权法律适用来辅助反避税并不违反现有税收理论,反而会促进新理论的发展。

(一)经济视角的知识产权避税工具性

知识产权避税工具性的经济基础建立在利用知识产权避税是对知识产权成本的一种弥补方式的基础上。威廉·兰德斯教授和法官理查德·波斯纳认为知识产权的经济分析是不确定的。[①] 在关于专利法不确定性、不正当利益的讨论中,伊恩·艾尔斯和保罗·克伦佩勒认为,专利的有效性和可执行性的不确定性略有增加,通常就能防止专利权人收取全额垄断价格。[②] 可见,知识产权的有效性和可执行性需要经济基础的维持。同时,知识产权制度涉及的成本和收益,主要的贡献是能够激励技术创新、鼓励创作作品,以及产生品牌效应。为了达到这些目的,要明确知识产权的成本。首先,通过授予知识产权权利人垄断权,与垄断行为具有一样的成本。[③] 其次,由于后续创作需要使用之前成果,现有的知识产权制度一定程度会阻碍创新,这种阻力也构成研发成本。最后,知识产权制度的其他主要成本包括诉讼成本和维持成本。虽然要付出诸多成本,但是知识产权的成本和收益难以量化。最多可以推测,知识产权可能对经济福利做出巨大贡献。知识产权收

---

① William M.landes,Richard A.Posner,*The Economic Structure of Intellectual Property Law*,Belknap Press of Harvard University Press,2005,p.305.

② Ian Ayres,Paul Klemperer,Limiting Patentees' Market Power without Reducing Innovation Incentives:The Perverse Benefits of Uncertainty and Non-Injunctive Remedies,*Michigan Law Review*,1999(97),p.985.

③ Burk Dan L,Lemley,Mark A,Courts and the Patent System,*Regulation*,2009,32(2),pp.18-23.

益方面,目前,跨国公司不但根据知识产权法,而且通过垄断使用知识产权获得积极收益,但垄断也会造成社会福利的损失。同时知识产权权利人也使用知识产权规避税收,获得消极收益。拥有知识产权的跨国公司通过知识产权避税给自身带来不确定性,也可能有促进社会福利的后果。知识产权避税工具性的经济基础可以理解为权利人为了弥补巨大的成本损失而合理利用知识产权以获得收益的补偿。在这种经济成本收益视角的分析下,知识产权避税合法性的学说似乎有一定道理。并且值得注意的是,从税收角度来弥补知识产权成本的普遍做法是税收优惠,已经有大量的关于知识产权的税收优惠制度存在于各国税法和国际条约之中。要具体论证该经济基础是否具有合理性,需要对成本收益进行量化分析,同时结合知识产权避税工具合法性共同进行研究。

(二)哲学视角的知识产权避税工具性

知识产权的避税工具性不仅是法律问题,还是个哲学问题。知识产权避税工具性的哲学视角要解决的是利用知识产权避税的合理与合法性基础。洛克和康德对知识产权的理论为知识产权的权利保护提供根本支持,哲学基础与跨国公司运作知识产权的自主性与限度具有微妙的联系。[1] 约翰·洛克(John Locke)的"劳动报酬论"是主要的哲学基础,知识产权的规则——功利主义——也是基于激励理论而证明知识产权的合法性。大多数情况下,判例法反映洛克的思想,即他所认为知识产权存在激励作用的基础。在探讨知识产权避税工具性的时候,也应该考虑该属性是否符合这一哲学基础。知识产权的另一个哲学基础是伊曼努尔·康德(Immanuel Kant)的理论。洛克或者康德的理论可以来证明知识产权的合理性。洛克的权利观出于"自然权利"的意识,自然权利来自自然法。自然法的基本理念:奠基于理性基础上的普遍有效的约束力。[2] 从洛克的观点出发,知识产权的获得是自然权利的延伸。只是在当时的背景下,知识产权并没有大规模用来避税。此外,基于康德对知识产权的理论,认为个人创造力最大化的理论允许个人拥有财产,并允许研发人根据自己的意愿使用财产,最大限度地发挥他们的自主性。康德的"意志论"对知识产权有非常大的影响,这种

---

[1]　Andrew Blair-Stanek, Intellectual Property Law Solutions to Tax Avoidance, *UCLA Law Review*, 2015(62), p.2.

[2]　王立:《劳动、应得与正义》,载《社会科学研究》2016 年第 2 期。

理念与知识产权很好地结合起来,允许权利人发挥个人自主性。根据康德的理论,以特定创新性智力成果为客体的知识产权具有不容辩驳的正当性。如果任何人未曾得到权利人的同意而使用其智力创造成果,就是对权利人的侵犯。[①] 对知识产权跨境交易避税而言,权利人利用知识产权进行避税安排符合康德的这一理念,即权利人有权利最大化地自主运用其知识产权,包括自主选择许可对象、自主选择许可价格、自主对其知识产权进行全球范围的布局等。当跨国公司转移知识产权逃避税收时,对知识产权本身的价值弱化正符合洛克或康德关于知识产权自主性的观点。

三、知识产权权利视角司法反避税的具体运用

跨国公司利用知识产权避税并达到规模化运用,离不开广泛签订的双边税收条约。立法者和学者们研究的避税方案得出结论,这些方案要么不能超越跨国公司的信息优势,要么会破坏当下的国际税法体系。知识产权法对权利人的规制,具有辅助反避税功能,体现在知识产权的低价许可与低价转让在避税与侵权保护二者之间的禁止反言作用方面。

(一)许可权:知识产权法对许可行为避税的影响

要确定知识产权低价许可,首先要面临的困难是公平价格的评估。[②] 很多跨国公司都有低价许可知识产权的避税案例。[③] 以苹果公司避税案来看知识产权转让过程中低价许可如何影响税收。苹果公司总部位于美国加州硅谷,一旦总部的工程师研发出有前景的技术,苹果公司将基于职务发明理论拥有该发明基础上的所有专利。苹果公司许可行为使专利未来的利润都流入到爱尔兰子公司,转移到境外子公司后,该专利技术被新的设备所使用。一般情况下,位于避税地的境外子公司与其他国家的企业通过协议进行生产设备。[④] 避税地子公司将包含知识产权在内的完整的设备出售给全球各地的分销商,这样该项知识产权产生的利润就留在了避税地,并且可以

---

① 朱谢群:《知识产权的法理基础》,载《知识产权》2004 年第 5 期。

② 319 U.S.436,438−39 (1943).

③ Edward D. Kleinbard, Stateless Income's Challenge to Tax Policy, *TAX NOTES*, 2012(136),p.1112.

④ Lee A. Sheppard, Reflections on the Death of Transfer Pricing, Tax Notes, 2008(20),p.1112.

规避当地政府税收；同时，只要资金不返回美国，也不用向美国政府缴税。[①]
在这样的安排中，用于避税目的的知识产权的所有权人仍然是美国母公司，
美国母公司依靠其自身的经济地位以及美国完善的知识产权法律体系实施
对其所有的知识产权进行保护。母公司具有法律上的许可自由，因为母子
公司是独立法人实体，有权对自己的知识产权进行自主许可。

知识产权对权利人低价许可的规制表现在创造鼓励跨国公司准确评估
价格的机制。人为压低价格是为了规避母公司居民国的税收，但是如果跨
国公司能够准确给知识产权估价，就不会导致规避居民国税收的结果。知
识产权低价转让，税务部门难以证明其价格转让不符合公平原则。转移到
境外子公司之后，知识产权附加在设备中，由其他国家的公司进行生产，此
时知识产权在公平原则下的价格发生了变化。知识产权潜在的巨大的盈利
能力依附在设备中，知识产权价格的增长应该在企业所得税申报表中体现
出来。此外，知识产权价值评估还受所许可的知识产权的性质、许可期限、
许可适用地域范围、许可独占性程度、法律保护程度和竞争产品风险等因素
影响。[②] 图 4-2 反映了随着时间的推移，商标和专利交易带来的特许权使用
费变化趋势呈现截然相反的状态，在进行价值评估时需要考虑不用种类的
知识产权特性。专利价值的通常表现是随着时间的推移价值逐渐降低，更
新的技术随时处于替代态势。而商标权的价值通常会随着商誉的增加而逐
年递增。这些都应当考虑在评估影响因素中。

除了直接许可之外，权利人还可以利用成本分摊协议分配知识产权研
发成本进行避税。这也是前几章讨论过的一种方法，这种方法的本质就是
从知识产权的视角来解决避税问题。成本分摊协议和公开许可是跨国公司
常用的方法。跨国公司可以和低税地的子公司签订成本分摊协议，共同研
发一项知识产权。通常情况下，位于居民国的高科技跨国公司总部工程师
进行知识产权研发，然后位于避税地的子公司以低价购入该项未完成的知
识产权，再成立基金继续研发，这样不仅避税地子公司支付很低的购买费
用，后续研发费用也免税。通过操作，将所有的利润都汇集到避税地公司。
跨国公司即使是低价转让，其转让价格也需要作为纳税资料向税务机关备

---

　　① 　26 U.S.C. § 61(a)(7).

　　② 　[英]大卫·特洛、马克·阿特金森：《国际转让定价》，电子工业出版社 2001 年
版，第 2 页。

使用费收入

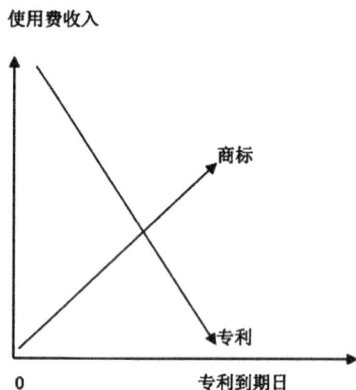

图 4-2　专利商标许可费变化图

案,因此人为低价转让知识产权一般不认为是税收欺诈,因为欺诈要求纳税人隐瞒信息。[1]

(二)转让权:知识产权法对转让行为避税的影响

除了许可之外,权利人还可以通过将知识产权出售给位于境外的子公司进行避税。一般是出售给位于避税地的境外子公司,并且相比许可,出售转让的是知识产权的所有权。出售和许可可以产生类似的经济后果,但是通常情况下,出售比许可要承担更多的税负。[2] 从会计处理角度来看,非以出售知识产权为主营业务的跨国公司转让知识产权所有权所得的收入要记入"营业外收入",属于利润组成部分,因此要按照利润来缴纳企业所得税和相关的营业税。考虑到综合税负可能较高,因此出售知识产权并没有得到跨国公司广泛的避税应用。[3] 此外,权利人还可以将知识产权和相关服务结合在一起,通过协议低价转让进行避税。知识产权也可以选择和相关服务捆绑在一起转让,因为很多知识产权具有较高的科技性,除了研发人员能够很熟练地掌握之外,被许可人或者购买方需要经过一系列的培训才能掌握。例如跨国公司可以和低税地的子公司签订协议,提供知识产权以及相关的工程服务。服务附加于知识产权的捆绑销售协议,最大的避税价值就

---

① Beck v.Comm'r,T.C.Memo 2001－270.

② 26 U.S.C. § 956(a)&(c)(1)(D), § 951(a)(1)(B), § 61(a)(3).

③ 26 U.S.C. § 61(a)(3).

是掩盖了知识产权的真实价值，因为知识产权价值与工程服务价值难以准确划分。这样，利润依旧留在低税地，从而规避了跨国公司居住国税收。

从知识产权权利视角出发，上述许可方法是跨国公司最常用的将知识产权转移给位于避税地子公司的方法，核心做法就是在知识产权高价值体现出来之前进行转让。无论是哪种做法，所有使用知识产权作为避税工具的战略都有一个共同的主题：前期先压低知识产权价格，然后将利润留在避税地。针对上述这些避税安排，应当特别关注人为压低知识产权价格的环节。因此，结合之前的理论，知识产权价值低估与避税的矛盾，可以利用知识产权法，从知识产权效力、保护范围、禁令申请、损害赔偿等多途径共同应对人为压低知识产权价格的行为，弱化知识产权避税工具性。

此时，如何判定知识产权许可与转让的征税差别不仅是知识产权法要解决的问题，也需要配合税法的适用。美国税法已经建立了具体规则，被称为"全部实体权利"测试，来解决这些问题。通过这个规则，只有一项财产的全部实体权利转让时才是出售。初始，美国税法的设想是将这个税法规则适用于专利权交易领域，但是考虑到知识产权具有相似的特征，无论是工业产权还是著作权都具有无形性和权利的分割性，因此该原则后来也延伸适用到软件著作权领域。因此，许可要与出售和转让财产相区别，为了明确特许权使用费产生的时间，"转让"和"许可"必须清楚明确地定义。转让意味着转让人将财产转移给受让人，虽然不同于有形资产，转让人作为原始研发人掌握的研发信息不随着权利的转让而丧失物理形态，其也不再享有知识产权的所有权利。OECD 税收协定范本第 12 条注释认为，许可只是获得了知识产权中的部分权利，并没有将全部权利转让。许可意味着许可人保留财产所有权，被许可人享有除了所有权之外的其他权利，主要指收益权。美国规范认为，但凡不满足"全部实体权利"原则的知识产权交易都是许可。[①]相比 OECD 税收协定范本，美国规范则明确得多。[②]

---

① Yamasaki, Dior, Collateral Estoppel and the Indivisibility Doctrine: The Methods behind the Madness of the Federal Circuit's All Substantial Rights Standard, *Federal Circuit Bar Journal*, 2008, 17(3), p.362.

② 朱一青、曾婧:《计算机软件著作权交易课税性质判定及其法律意义》,载《重庆大学学报(社会科学版)》2015 年第 6 期。

四、税法理论应对知识产权避税的限制

(一)传统税法理论应对知识产权跨境交易避税的不足

无论是政府还是学者,一直以来都倾向于从税法的视角提出反避税的建议,但是单纯适用税法并不能阻止知识产权转让定价的滥用。[①] 因此,有学者认为,如果没有国际税法的重构,制定更为激进的国际规则,跨境税收规避的问题是无法解决的。[②] 这种思路在有形资产避税领域显然是正确的,但是在无形资产尤其是知识产权避税领域,应当考虑一种新的路径扩展知识产权法的适用领域。通过其他单行法来辅助反避税目的的实施已有先例,知识产权法也可以突破原有的法律框架另辟蹊径,配合税法,一起为跨国公司利用知识产权避税设立知识产权法上的障碍。

传统税法理论应对知识产权跨境交易避税的不足表现在国际法律规范协调方面。在当前国际税法准则前提下,一个国家单方面运用税法来应对知识产权反避税问题很困难,必须通过国际税制协调来进行国际反避税。由于税收协调的范围程度不同,国际税收协调可以划分为几种:单个主权国家为适应经济全球化的发展主动改革本国的税收制度;两个特定主权国家通过磋商达成意见一致并签订税收协定;区域经济一体化基础上成员国采取一致的税收政策;在国际组织协调下各成员国采取一致的税收行动并取得共同利益。[③] 鉴于目前反避税规范体系的建立时间较为久远,当时主要是为了应对有形资产跨境交易反避税,[④]因此关于无形资产尤其是知识产权的跨境交易协调规范,在各个层面都是有所欠缺的。现在,无形资产交易在国际贸易中的比例逐渐增加,非高科技公司也拥有价值可观的商标权或著作权等知识产权,很多税收规范就难以加以规制。税法的缺陷促使学者可以通过新的视角来解决知识产权避税问题,重视司法定价与市场定价的

---

① Lee A.Sheppard,Xilinx and the Future of Transfer Pricing,*Tax Notes*,2009,123.

② Martin A.Sullivan,Economic Analysis-Intangible Profits:Oh,the Places You'll Go!,Tax Notes,2013(139),p.1218.

③ 靳东升:《国际税收领域若干发展趋势》,载《国际税收》2013 年第 7 期。

④ Hugh J.Ault,Some Reflections on the OECD and the Sources of International Tax Principles,*Tax Notes Int'L*,2013(70),p.1195.

良性互动。① 就国内税法而言,一国单方面采取不同的做法会造成国内税法与其他国家的法律衔接困难,但是与其他国家通过双边协议谈判也是非常漫长和高成本的过程,且存在协调不一致的风险。② 因此,需要出台具有创新模式的税收法律的解决方案,以应对基于知识产权的避税现象。尽管新的制度难免会打破国际税收规范,也不能保证完全解决信息不对称问题,依然不失为有意义的尝试,因为也许能够降低司法反避税成本。单方面修改国内税法最大的实践障碍就是如何与其他国家的国内税收政策对接,不能解决这个问题,则对解决跨国公司通过跨境交易实现的避税安排未必有效。③总之,税法途径解决知识产权跨境交易避税问题,不仅要完善国内税收,还要完善国际税制协调体系。

传统税法理论应对知识产权跨境交易避税的限制还表现在信息不对称方面。虽然在有形资产避税领域中信息不对称的情况也存在,但是该问题在无形资产避税领域中该问题尤其突出。信息不对称首先表现在征纳双方对知识产权研发信息享有的不对称。因为在信息不对称情况下,研发费用与非研发费用存在界定困难,经济人会利用研发活动的会计处理方法、税收优惠政策等进行避税。具体会计准则在研究阶段与开发阶段、费用化与资本化方面提供的判断空间为企业利用研发投入进行避税提供了条件。④ 在信息不对称情况下,因为权利人更了解自己的研发目的,纳税人即知识产权权利人永远比其他主体更了解自己的知识产权的潜在价值和特性,从而跨国公司可以准确地判断知识产权在避税地安全物化之后的盈利潜力。⑤ 跨国公司非常清楚自己的新发明专利会怎样运用在何种产品中并得到最大的利润回报,但是无论是税务专家还是评估专家,都无法精准判断该发明专利的具体运作方式和价值。因此,如果要通过司法途径解决避税问题,税务机关在法庭上质疑纳税人的低价转让行为不合理,知识产权权利人反驳质疑

① 孔祥俊:《中国知识产权保护的创新和升级》,法律出版社 2014 年版,第 14 页。

② David D.Stewart,OECD and European Commission Leaders Discuss Fundamental Corporate Tax Reform,*Worldwide Tax Daily*,2013-6-12(113-3).

③ Susan C.Morse,The Transfer Pricing Regs Need a Good Edit,*Pepperdine Law Review*,2013(40),p.1415.

④ 吴祖光、万迪昉、吴卫华:《税收对企业研发投入的影响:挤出效应与避税激励——来自中国创业板上市公司的经验证据》,载《研究与发展管理》2013 年第 5 期。

⑤ Veritas,133 T.C.at 316.

的理由会更加充分合理。可见,在公正的司法制度中,只要存在信息不对称的情况,司法判决会更有利于纳税人。① 虽然权利人应当遵循诚实信用的法律原则如实披露知识产权的研发情况与预期潜在价值,但是无论是法官还是税务机关,甚至是竞争对手等其他人,都无法辨别知识产权的实际盈利潜力。当然,税法在解决避税问题应对信息不对称问题时的不足,也同样是知识产权法面临的。信息不对称是客观存在的事实,即使需要知识产权法与税法结合适用,也只能尽量降低信息不对称对反避税的影响,而难以杜绝。此外,信息不对称还表现在组织兼容性方面,即知识产权侵权之诉中的侵权方内外部组织结构缺乏兼容性。内部组织机构欠缺兼容性体现在税收筹划,包括转让知识产权进行避税通常是由公司内部的财务部门来处理。但是,知识产权诉讼通常由律师与公司的法律部门来处理。不同的部门之间难免存在信息不对称的情况,跨国公司内部组织机构沟通不畅,同时内部组织机构复杂并各司其职,侵权与避税部门信息不能有效交流。要解决该问题,反避税部门需要充分调查跨国公司财务部门与法律部门的各种信息。外部专业机构缺乏关联性体现在,一般而言,会计师事务所处理知识产权的人为低价转让,知识产权诉讼是由律师事务所来处理。外部专业机构的沟通机制不顺畅,导致从知识产权法视角来解决避税问题会出现信息不对称。

(二)司法反避税中税法与知识产权法的跨部门融汇困境

本书前面提出知识产权法适用于被告使用知识产权避税的跨国公司起诉知识产权侵权时的几种方案,并没有得到当下国际税法学界的普遍重视。其中只有专利转让价格与知识产权损害赔偿相关这一点被学者提出,并在法院起诉时被侵权人所使用。本书的观点是,知识产权转让价格是损害赔偿的潜在证据,可以以此作为税法和知识产权法的连接点。知识产权侵权之诉的被告通常不会选择利用知识产权转让定价的避税证据。许多知识产权侵权的被告本身就是跨国公司,其自身也会利用知识产权避税,并且不希望自己的知识产权受到影响。因此侵权者还是会在应诉时努力证明知识产权价值不高,以降低损害赔偿金额。还有其他原因阻碍知识产权法作为反避税工具的广泛适用,主要表现在:第一,证明责任困境,即低价转让与避税的关联性证明。知识产权价格很多都是在审计时通过评估事后确定,跨国

---

① Xilinx,Inc.v.Comm'r,598 F.3d 1191 (9th Cir.2010).

公司自身也很难建立起成熟的价值评估体系。[①] 这不仅对评估技术提出要求,也对同期资料制度提出建议。同期资料证明文件在反避税问题尤其是无形资产领域的反避税问题中非常重要。[②] 真实的情况可能与知识产权转移到"避税天堂"子公司的避税动机相去甚远,因为由跨国公司本身决定价格,并且由同期资料佐证。[③] 因此,要解决低转让价格与避税之间的关联性,首先就要加强同期资料制度的完善。同期资料制度配合跨国公司转让低价的证据,可以给法院提供转让价格过低与避税目的之间联系的司法证据。[④] 第二,衔接困境。全面运用该视角来解决知识产权跨境交易反避税问题还存在一个衔接困境,即司法机关如何将避税案件与侵权案件的信息相对应。因为并不是所有的避税案件中涉及的用作避税工具的知识产权都会面临侵权之诉,并且即使用作避税工具的知识产权也被提起侵权之诉,这两方面信息传递制度也需要完善。

第四节　知识产权跨境交易反避税的专门法院权限平衡

知识产权损害赔偿体现出市场对于资源配置的特殊影响,知识产权的司法定价与市场定价形成良性互动,能够对知识产权反避税起到补充与制衡的作用。如果知识产权能够在诉讼中经得起检验,比如能够获得较高损害赔偿,或者能够顺利得到禁令救济,则说明该知识产权具有较高的市场价值。如果价值较高的知识产权不能得到同等的保护力度,就会扭曲知识产权的市场价值,也可能会抵消权利人获得的研发阶段税收支持的效用。行为人通过侵权而非许可方式使用知识产权,违反知识产权法的规定,侵犯权利人的私人财产权;同时,创新的积极性也会遭到破坏,尤其是通过司法途径取得的损害赔偿数额与知识产权的市场价值不匹配。司法机关确定知识

[①]　1993 U.S.C.C.A.N.378,950-51.

[②]　廖益新:《从 Glaxo 案看营销性无形资产转让定价规制问题》,载《法学家》2010年第 1 期。

[③]　Interface,Inc.v.Shaw Indus.,Inc.,No.4:05-CV-0189-HLM,2009 WL 1881745 (N.D.Ga.Apr.13,2009).

[④]　I.R.S.Form 1120,at 2.

产权损害赔偿数额,达到给知识产权价值肯定的效果,其合理性关乎损害赔偿资源配置的效率。司法定价与知识产权的市场价值会产生相互影响的结果。司法确定赔偿额应当以知识产权市场价值为准,要求构建合理评估体系与司法审查体系。同时,通过司法定价的知识产权也会产生反向作用,是知识产权征税与反避税的参考依据。只有形成良性循环的互动环境,司法定价才能与市场交易良性互动。[①]

一、专门法院对知识产权跨境交易反避税的司法审查

税收司法机构的设置和税收司法程序的启动在发达国家普遍存在。税收司法机构不仅包括独立的税务警察系统,还包括专门的税务法院系统。设立专门税务警察的国家有英国、意大利、俄罗斯等。[②] 设立专门税务法院的有美国、日本等国家。专门的税收司法系统的存在为避税反避税案件提供了完整的司法救济途径,客观上达到提高涉税纠纷解决效率的后果。美国政府专门设立了审理税务案件的税务法院,独立于税务机关,法官由总统任命。日本也成立了独立的国税法院,独立于税务机关,并成立了地区税务法院。这些专门的税收司法机构的设置,为税收执法提供了有力保障。[③] 加拿大也设有专门的税务法庭,并且法庭的判例中有对 1985 年所得税法第 245 节一般反避税规则(GAAR)加以适用的内容。[④]

专门法院的设立能够有效提高知识产权避税案件的司法审判效率。以美国的案例为例,特拉华州的控股公司许可专利及商业秘密技术给其关联公司,该关联公司在新泽西州生产工业气体。新泽西州税务法院认为,在这种情况下,尽管知识产权控股公司没有在新泽西州聘用工作人员或代表,即使它的主要营业地点位于该州之外,但仍被认为与新泽西州有足够的连接点(nexus)。法院认为知识产权控股公司在新泽西州活动的性质和范围已

---

① 孔祥俊:《中国知识产权保护的创新和升级》,法律出版社 2014 年版,第 14 页。

② 具体表现形式为:英国的税收皇家部队、意大利的武装财政部队、俄罗斯的税警部队等。

③ 哈尔滨市税务学会课题组、李子民、吕国臣、阎福贵、刘彧:《行政强制法背景下的税收强制执行状况》,载《税务研究》2014 年第 5 期。

④ Brian D.Segal And Jonathan Garbutt,Canada's General Anti Avoidance Rule: Four Recent Cases of The Tax Court of Canada,*Tax Planning International Review*, 2006(33),p.19.

经成立,因为该企业授权其知识产权在该区域制造和销售的产品。① 但是,
税务法院在进行知识产权反避税审查时遇到的最大困难,就是知识产权评
估。如果不能正确评估出知识产权的价值,那么等于无法正确确定税基,而
税基的确定是知识产权反避税审查的逻辑起点。美国税务法院受理的
TBL(Timberland)许可案也具有典型意义。TBL 与国税局就关于在价值
重组时无形财产是否被转移到瑞士的联营公司产生争议,Timberland 品牌
鞋类生产商被 VF 公司收购。② 此外,美国税务法院关 Amazon 公司诉国内
收入署无形资产开发成本的成本分摊协议判决以及印度改革的预约定价协
议程序等,都是专门法院对知识产权跨境交易反避税司法审查的体现。③

　　除了税务法院,知识产权法院也具有司法反避税的审查功能,这就是上
一节中关于知识产权避税工具性的论述中所涉及的:法院对于知识产权侵
权案件的审理可能会成为反避税案件的证据。有学者将域外知识产权司法
审判模式分为四种类型:知识产权法院模式、知识产权审判庭模式、商业法
院模式和知识产权上诉法院模式。④ 有的学者表示不同意这种分类,而依
据以下标准将域外知识产权审判模式进行分类:是否是独立的法院,该法院
在国家司法审判体系中所处的审级;法院审理案件的范围是否仅限于知识
产权案件;审判人员是否具有专业背景。因此,知识产权审判制度可分为三
类模式:知识产权法院模式、普通法院审判模式和商业法院审判模式。⑤ 可
见,目前知识产权法院的设立对知识产权跨境交易反避税有着巨大的司法
审查意义。根据上一节的建议,从知识产权法视角出发进行知识产权跨境
交易反避税能够弥补税法规范本身的不足。美国联邦巡回上诉法院是当今
世界上最有影响力的知识产权法院,其设立背景、设立过程中的主要争论、

---

　　①　Alexandre Quiquerez,Intellectual Property Holding Companies:an International Legal Perspective,*Intellectual Property Quarterly*,2013(4),p.328.

　　②　Dolores W.Gregory,United States:IRS Says Timberland Deal Shifted USD 1.5 Billion in Assets to Switzerland,*Tax Management Transfer Pricing Report*,2015(8),p.432.

　　③　Martin Zetter,The Transfer Pricing Briefing for August,*Tax Journal*,2014,p.1228.

　　④　胡淑珠:《试论知识产权法院的建立——对我国知识产权审判体制改革的理性思考》,载《知识产权》2010 年第 4 期。

　　⑤　韦贵红、阎达:《域外知识产权法院的设置与运行》,载《知识产权》2014 年第 4 期。

功能与结构、运行方式等都成为世界其他各国设立知识产权法院的参考依据。是否应当设立知识产权法院作为专门法院来处理知识产权纠纷,最大的争议是担心专门法院的目光狭隘,它的诞生会违背美国实现广义司法制度的目标。因此,这种标准司法体系之外的异类司法机关遭到了质疑。此外,新的专门法院的诞生也许会增加新的设施和人员投入,纳税人因此要负担额外的税收。[①] 但是时代发展到今天,知识产权包括专利、商标、版权都在跨境避税中承担起非常重要的角色。作为后来者,其他国家在效仿美国设立专门法院来解决知识产权跨境交易反避税问题时,不得不考虑将所有种类的知识产权纠纷的争端解决权力都赋予一个专门法院。

二、专门法院对知识产权跨境交易反避税的功能互补

(一)税务法院的协调性功能

在知识产权跨境交易反避税司法审查中,税务法院起到重要的协调作用,引入了非约束性争议解决替代方式(Alternative Dispute Resolution,ADR)。非约束性争议解决替代方式的突出特点是它提供了双方解决分歧的灵活性。[②] 法院只是中立的裁决地位,不可能提供终极解决方案。比如,税收方面的考虑往往能影响解决方案,但与问题的法律决定无关。[③] 本身可以在技术问题领域查看司法鉴定的关键属性,因为这些地区已经在专门法院的形式下获得独特效果。也就是说,专门法院允许法官专注于提高案件处理效率等技术问题的解决。这类专门联邦法院的例子包括破产法庭、国际贸易法庭、税务法院和上诉法院的联邦巡回法庭等。专门法院在司法审查方面地位无可取代。尽管意识形态影响法律在诸多领域司法决策的预期,但在更多关注技术的领域,意识形态似乎没有多大意义。这就是专门法院独立于普通法院的优势。比如反避税案件涉及税法的复杂性,法官自由心证的发挥空间被专门技术的适用所挤压,以解决高度复杂的事实。这通

---

① Bruce D Abramson,*The Secret Circuit*,Rowman & Littlefield Publisher,INC. 2007,p.17.

② Mitchell L.Bach,lee Applebaum,A History of the Creation and Jurisdiction of Business Courts in the Last Decade,*Busniss Lawyer*, 2004(60),p.147.

③ Benjamin F. Tennille, Lee Applebaum, Anne Tucker Nees, Getting to Yes in Specialized courts:The Unique Role of Adr In Business Court Cases,*Pepperdine Dispute Resolution Law Journal*, 2010,11(1),p.35.

常是最高法院不受理税务案件的原因。为了强调这一点,通过对美国最高法院关于税收问题的决定的分析发现,意识形态不利于解释大法官决策。①税务法院没有设置陪审团还需要考虑税务法庭上的陪审员的专业性问题。这就是为什么税务法庭存在的意义——有一堆你需要的专业知识,并带给双方更加公平的判决。②

(二)知识产权法院的协助功能

Lexis 和 Westlaw 数据库提供发表在美国专利季刊(United States Patents Quarterly,USPQ)系列案件的全文访问,被认为是最权威的知识产权决策,报告服务超过七十年。USPQ 报告收录了自 1929 年以来知识产权法院和行政决定,包括美国最高法院、美国上诉法院(包括联邦巡回法院)、美国联邦法院索赔(及其前身美国索赔法庭)、美国地区法院、专利专员和商标、美国专利和商标局、商标评审和上诉委员会、美国税务法院、州法院,以及各种特殊法庭。③ 知识产权法院关于价格的确定可以成为税务法院的参考依据。知识产权法院可以使用可比价格法(comparable approach)、市场价格法(going-rate method)、共享利润法(profit-sharing approach)、成本加利润法等作为强制许可补偿费计算方法。被告和法院都可以根据知识产权转让的低价作为证据来认定无效、侵权不成立、低损害赔偿、不当禁令以及滥用。这些措施是现有法律的自然延伸,并与知识产权法律政策和哲学基础一致。对立法者和学者而言,这种思路和视角未来大有作为。④ 反避税案件核心问题之一就是,纳税人避税的具体数额。对于知识产权跨境交易反避税案件来说,所规避税款数额的确定对司法技术提出更高的要求。税务法院在审理此类案件时通常会遇到知识产权价值低估的问题,但是知识产权法院针对知识产权侵权所作出的判决必须依据权利人所遭受的损失,

① Banks Miller, Brett Curry, Expertise, Experience, and Ideology on Specialized Courts:the Case of the Court of Appeals for the Federal Circuit, *Law and Society Review*, 2009(43), p.839.

② Janine Robben, Specialized Courts vs.the Jury of Peers, *Oregon State Bar Bulletin*, 2005,65(6), p.9.

③ Jonr Cavicchi, Intellectual Property Research Tools and Strategies, *IDEA:The Intellectual Property Law Review*, 2007(47), p.363.

④ Andrew Blair-Stanek, Intellectual Property Law Solutions to Tax Avoidance, *UCLA Law Review*, 2015,62(1), p.73.

也即必须先评估出知识产权的价值,而此时权利人为了获得更多侵权损害赔偿一般都会高估知识产权价值,并且知识产权法院所作出的资产评估的结果可以在知识产权反避税案件中参照适用。

三、专门法院对知识产权跨境交易反避税的司法管辖权先决问题

对于同时设立知识产权法院和税务法院的国家来说,知识产权跨境交易反避税案件的管辖权应该如何确定?从国际趋势上看,税务法院的演变路径一般都经历了从行政系统向司法系统转变的结果。比如美国,美国的联邦税务法院前身是税收上诉委员会,隶属于行政系统的分支机构;后改为税务法院,但仍是行政机构的实质;直到税务法院更名为联邦税务法院,这才得以脱离行政系统,成为司法体系的组成部分。[①] 更多国家目前都无法建立独立的司法机构来解决反避税问题。那么,在行政向司法机构性质转变过程中,应该考虑尝试更有效率的管理和管辖体制以区别于普通法院,突出税务法院的特色。税务法院系统应根据经济区域合理设立,并根据经济区域合理确定管辖。具体可以参照我国知识产权法院的设置,其独立的税务法院的司法运作,能够避免司法区域与行政区域地域重合带来的公平与效率难题,确保税收司法的独立。[②] 还可以,根据诉讼案件地区分布特点,结合地方经济实力,在经济发展水平相对较高、对知识产权保护和税收司法救济有较高要求的地区先行实现独立司法机关运作。具体到知识产权跨境交易反避税的司法管辖,有两个先决问题应当解决。

(一)知识产权权利登记

知识产权案件受到知识产权权利特征的影响,地域性特征非常明显,比如知识产权侵权案件,司法管辖权确定时,对侵权行为地的认定也比较特殊。而知识产权跨境交易反避税如果要寻求司法救济,也应当考虑权利登记的影响。因为"登记"程序可能会影响知识产权获得侵权赔偿的可能性,当然,需要甄别权利登记是备案性质的,还是会影响权利有效性。同理,对各国法院行使知识产权跨境交易反避税而言,登记程序也对管辖权有着直接影响。从上一章的论述可以看出,从知识产权法视角的反避税思路是清

---

① 朱大旗、何遐祥:《论我国税务法院的设立》,载《当代法学》2007 年第 3 期。

② 孙尚鸿:《涉网知识产权案件管辖权的确定》,载《法律科学》2010 年第 1 期。

晰且有效的。海牙《排他性法院选择协议公约(草案)》(*Draft Convention on Exclusive Choice of Court Agreements*)①就知识产权权利有效性案件有多次争论,知识产权的"登记"或"注册"行为是否影响知识产权案件管辖权的选择、是否符合适用公约的条件,在讨论后都取得了比较一致的意见。各国普遍认为,登记作为公约适用的前置条件,能够加强对知识产权的管理效率和保护力度。② 美国法院行使涉及多国知识产权诉讼管辖权时,非常注重先行审查知识产权是否已在别国进行登记,以免本国司法权与他国行政权产生冲突——行使管辖权的前提是不存在跨国管辖冲突。没有登记的知识产权则不存在司法管辖权冲突的问题。尤其是知识产权跨境交易反避税的案件,案件执行难度很大,先行审查是否登记或者将登记作为管辖的前提,应当能在一定程度减轻执行困难。美国法院拒绝审理基于外国法律之上的侵权诉讼案件,作为他们对另一存在权利所要考虑的因素。欧盟《关于民商事件管辖权及判决执行的公约》(*Convention on the Recognition and Enforcement of Foreign Judgments in Civil and Commercial Matters*)对专利、商标等知识产权的备案或注册缔约国法院赋予管辖权。这实际上反映了欧盟国家在知识产权管辖权转移方面的态度,被侵权权利人所在国的行政权力是成员国首要考虑的因素。各国立法与司法案例实践以及普遍的学界观点都认同知识产权登记行为中,登记国的登记行为应当对司法管辖产生重要影响。外国司法机关行使管辖权去审查别国已登记知识产权的有效性,则会侵犯别国行政权力或司法管辖权。因此,知识产权的登记是解决权力冲突的条件,延伸到知识产权跨境交易反避税的司法案件中也是一样的。当下,发达国家普遍倾向知识产权管辖权地域范围扩张的观点,无须登记的知识产权种类的有效性问题就是司法管辖权考虑的先决问题。知识产权跨境交易反避税案件可以遵循其他知识产权案件的管辖冲突解决方式。借鉴登记国的行政力量对用于避税安排的知识产权给予一定的审查和限制,目的是对知识产权的初始信息全面掌握,用来辅助价值评估,甚至可以探讨由登记国进行知识产权跨境交易反避税案件的司法审查的可行性。因

---

① 公约全文详见 http://ec.europa.eu/civiljustice/news/archive/news_cnspaper_en.pdf。

② 何其生:《海牙〈排他性法院选择协议公约(草案)〉有关知识产权问题的建议》,载《武汉大学学报(哲学社会科学版)》2005 年第 1 期。

此,如果要从知识产权法视角出发去解决这一问题,知识产权权利登记就是必须考量的因素。

(二)知识产权权利有效性

知识产权的权利效力是司法管辖的前提,更重要的是,知识产权权利有效性也是避税合理性界定的前提。单纯从税法角度考虑的反避税措施,一般会忽视先行审查作为避税工具的知识产权的权利有效性问题。从知识产权法视角出发应对知识产权跨境交易反避税,应当考虑在特定情况下,充当避税工具的知识产权是否有效,包括版权、商标权、专利权。只有在有效期内并且没有被提起无效之诉的知识产权才是具有避税筹划功能的知识产权,否则,仅仅是出于避税目的的安排而利用效力待定或有争议的知识产权就可以当然判断避税的违法性。这也是知识产权法视角出发的考量因素,区别于仅仅从税收视角的考虑。杰弗里(Jeffrey Matsuura)认为,"一项合法的无形资产评估的关键因素是所有权的强制执行"[1]。换句话说,知识产权价值越高,则可能越多地受到来自竞争对手的权利有效性质疑。与此同时,知识产权价值评估不高的可能就是它的无效。几乎所有的专利诉讼,被告都会反诉,导致专利被判无效。[2] 法院也发现近乎一半的专利都无效。一般情况下,知识产权侵权案件的当事人很难就管辖权问题达成协议,但是这个冲突并不会对知识产权跨境交易反避税案件的管辖造成太多困扰。因为考察知识产权权利有效性对于知识产权跨境交易反避税案件而言,主要作用是对知识产权避税工具性的否定。利用无效的知识产权进行避税安排本身就是一件不合逻辑的事情。有效性的最重要的要求是"非显而易见性"。[3] 具体而言,专利申请提出前,该专利技术不能让相关领域的科学家或工程师等技术人员获取,但是很难做到所有的专利都能如此保密。[4] 很

---

[1] Jeffrey H.Matsuura,An Overview of Intellectual Property and Intangible Asset Valuation Models,*Res.Mgmt.Rev*,2004(14),p.33.

[2] John R.Allison,mark A.Lemley,Empirical Evidence on the Validity of Litigated Patents,*Aipla Quearterly Journal*,1998,26(3),p.185.

[3] Michael Abramowicz,John F.Duffy,The Inducement Standard of Patentability,*Yale Law Jouunal*,2011(120),p.1590.

[4] 35 U.S.C.§103(a)(Supp.V 2012).

明显,事实上,法院已经注意到很难做到"敏锐的司法待遇"。[①] 有效性的证据是否显著需要由该专利相关专业的技术人才来判断。跨国公司通常拥有该领域的技术人才,甚至是高水平人才的团队,因此对专利技术掌握得很全面。而知识产权法院也具备专业的知识产权审判人员,如果知识产权法院能够与税务法院或其他管辖避税案件的法院共享知识产权有效性的信息,就能够降低避税案件的司法审查成本。

本章小结

　　本章揭示了知识产权跨境交易反避税的司法救济中的重要问题:司法机关的态度、知识产权法视角的蹊径、专门法院的运作等,即以前没有被过多关注的方法。知识产权跨境交易反避税的特殊性甚至比广义的无形资产反避税还要明显,因为非智力成果型的无形资产显然不具有知识产权特殊的法律特性。侵权人和法院都可以根据知识产权转让的低价作为证据来认定无效、侵权不成立、低损害赔偿、不当禁令以及滥用。这些措施是现有判例法的自然延伸,并与知识产权法律政策和哲学基础一致。对立法者和学者而言,这种思路和视角或许能引发知识产权跨境交易反避税制度的变革。同时,如果要引入知识产权法应对知识产权跨境交易反避税的现实问题,也需要一并解决知识产权侵权案件的管辖和权利有效性的确认,因为知识产权侵权案件中的损害赔偿数额与知识产权避税案件的避税金额认定相关。

　　[①]　Graham v.John Deere Co.of Kansas City,383 U.S.1,36 (1966);Marconi Wireless Co.v.United States,320 U.S.1,60 (1943).

第五章　我国知识产权跨境交易反避税制度的构建

　　知识产权跨境交易反避税的问题既涉及国际税法也涉及国内税法,还可能会涉及知识产权法及国际条约。2015 年 7 月 1 日,我国全国人大常委会正式批准了《多边税收征管互助公约》(*Multilateral Convention on Mutual Assistance in Tax Administration*),借助该公约开展国际税收征管协助,打击跨境逃避税行为,建立全球公平税收秩序,充分保障国内税权,同时维护知识产权良性发展秩序。全球近半数国家签署这一公约,体现出多边税收跨国协助的重要性。我国作为世界第二大经济体,引进外资和对外投资二者发展并重,知识产权纠纷和知识产权避税等案件大幅度增加。批准这一公约对于拓展我国国际税收征管业务、提高跨境反避税国际合作水平、建立国际税收公信力等都有重要意义,从国际法层面来维护我国税收权益。该公约批准后,将相应修订一系列国内法,同时履行公约义务,全方面提高我国反避税立法、执法与司法水平,尤其需要提升无形资产领域的反避税技术。因此,本章的任务就是从我国的实际情况出发,阐述构建我国知识产权跨境交易反避税法律制度的现实意义,规划出我国知识产权跨境交易制度的立法以及具体运作模式,使国内知识产权跨境交易反避税问题得到有效解决。

第一节　我国知识产权跨境交易反避税制度的现状与存在问题

　　本节主要研究我国国内税法关于知识产权跨境交易反避税制度构建的现状与意义。我国知识产权跨境交易的基本问题,如特许权使用费的认定、营业利润的界定、技术服务费与特许权使用费的区别等问题,几乎都是参照 OECD 范本来划分。但是因为跨境税收协调在国际税收中依然是个难点,发达国家与发展中国家彼此需要顾虑的因素不尽相同。因此,基于是技术大国但是并不是技术强国这个现实地位,我国为了维护知识产权跨境交易的税基不被侵蚀,就要尽可能地区分不同情况运用来源国与居住国的不同规定。此外,针对我国司法机关暂时没有全面介入反避税调查但知识产权专门法院已经建立的情况,利用专门法院进行司法干预知识产权跨境交易避税也是需要重视的研究领域。知识产权交易往往涉及巨大金额。就侵权案件来说,一旦被境外司法机关受理,我国企业可能会面临艰难的诉讼地位。同理,知识产权跨境交易避税金额一般也数额巨大,如果我国司法机关能适当介入,就能够更好地维护我国税权。

一、我国知识产权跨境交易反避税制度的现状

(一)我国知识产权跨境交易反避税制度立法

当前国际反避税形势总体趋于严峻,包括 BEPS 全部行动成果与联合国转让定价操作手册的共同应用,直接或间接对各国国内反避税立法、司法与执法产生影响。当前我国立法机关进一步关注反避税制度,包括税收征管法和个人所得税法的修订,国税发〔2009〕2 号文件的修订,进一步规范和细化知识产权与其他无形资产反避税的区别、分析集团内劳务对知识产权跨境交易反避税的影响、量化调整成本节约和市场溢价理论与知识产权价格的评估等,健全规范的知识产权反避税工作机制,建立跨国公司尤其是高科技跨国公司利润水平的监控体系。下面是对现行我国知识产权反避税法律制度所做的简单的统计。[①]（详见表 5-1）

表 5-1　现行知识产权跨境交易反避税立法统计

制度类型	现行有效
法律	《中华人民共和国企业所得税法》及实施条例
	《中华人民共和国税收征管法》
行政法规	无

---

① 以现行有效的法律、行政法规、部门规章为主。

续表

制度类型	现行有效
部门规章	《股权转让所得个人所得税管理办法(试行)》(国家税务总局 2014 年第 67 号公告)
	《一般反避税管理规程(试行)》(国家税务总局令第 32 号)
	《关于开展股息、红利非居民税收专题检查工作通知》(税总函〔2014〕317 号)
	《关于对外支付大额费用反避税调查的通知》(税总办发〔2014〕146 号)
	《关于特别纳税调整监控管理有关问题的公告》(国家税务总局公告 2014 年第 54 号)
	《关于非居民企业间接转让财产企业所得税若干问题的公告》(国家税务总局公告 2015 年第 7 号)
	《关于企业向境外关联方支付费用有关企业所得税问题的公告》(国家税务总局 2015 年 16 号公告)
	《关于居民企业报告境外投资和所得信息有关问题的公告》(国家税务总局公告 2014 年第 38 号)
	《关于做好组织税收收入工作的通知》(税总发〔2014〕78 号)
	《国家税务总局关于执行税收协定特许权使用费条款有关问题的通知》(国税函〔2009〕507 号)
	《高新技术企业认定管理办法》(国科发火〔2016〕32 号)
	《特别纳税调查调整及相互协商程序管理办法》(国家税务总局公告 2017 年第 6 号)

此外,中国与加拿大、印度、以色列和新西兰税务一起签署了《转让定价国别报告多边主管当局间协议》。该协议的签署国附有按照年度报告其管辖全球合并收入超过 7.5 亿欧元的跨国集团所得与税务情报,报告义务主体为母公司,报告机关为所在国税务机关,报告内容包括集团全球所得、税收和业务活动的国别分布情况及其他指标。该多边协议促使各国国内法制定转让定价国别报告,是第十届税收征管论坛(FTA)大会的重要成果之一,也是 OECD 协调举行的第二次多国集体签署仪式。协议要求跨国企业

集团须报送其上一年度的转让定价国别报告信息,然后在有关协议签署国税务部门之间进行交换,之后,转让定价国别报告将按年度报送及交换。这是 BEPS 项目又一进展。[①]

上述规范性文件作为法律和行政法规的补充,从微观方面配合征管法对反避税进行立法技术支持。然而这些规范性文件大都是分散的,缺乏系统性。为了应对国际税收制度变革的大趋势,我国作为经济大国,有必要提高自身的税收影响力和话语权,推动国际税收现代化与法治现代化相匹配。考察我国,立法对知识产权交易的税收规避行为作出了规定,虽然还不够完善,但是国家已经越来越重视。我国现行的企业所得税法中,对企业关联方之间发生的各种交易,赋予税务机关有权按照独立交易原则进行合理调整的权力。在该规定下,集团公司从事跨境交易,尤其是涉及知识产权跨境交易的共同开发、转让,或者共同提供、接受劳务发生的成本等行为都必须坚持独立交易原则,进行成本利润分摊。这为税务机关对无形资产反避税调整奠定了法律基础。随后,国家税务总局颁布《关联企业关联关系认定表》,包括《中华人民共和国企业年度关联业务往来报告表》(部分附件废止)。2009 年,国家税务总局判定中国居民股东控制外国企业所在国实际税负发布规范性文件,对判断标准进行简化处理。在受控外国公司制度下,居民纳税人能够提供数据证明其控制的外国企业设立在部分国家的,就来自这些国家符合条件的利润分配可以不被视同股息分配额,从而免除针对这些利润的税负。[②]

2009 年,国家税务总局针对特别纳税调整实施办法提出具体方法,包括 TP、APA、CSA、CFC、Thin-cap 及 GAAR。在国际税收征管框架下,针对集团价值链信息和专有技术的跨国企业,我国税务机关应通过特别纳税调整,在全球价值链的基础上分析子公司的职能和利润贡献,维护我国税权。[③] 通过颁布该办法,充分借鉴 OECD《转让定价指南》,确认了关联交易的类型,包括无形资产的转让和使用,尤其涉及知识产权方面,包括版权、专利、商标、商业秘密和专有技术等特许权,以及工业品外观设计或实用新型

---

① 参见《经济日报》。

② 目前这些国家包括美国、英国、法国、德国、日本、意大利、加拿大、澳大利亚、印度、南非、新西兰和挪威。

③ 黄晓韡、陈文裕:《一起特别纳税调整案的启示》,载《税务研究》2015 年第 5 期。

等工业产权的所有权转让和使用权许可。在同期资料管理方面,针对关联交易所涉及的无形资产及其对定价的影响进行具体说明,可比性分析中提到无形资产的类型及交易形式,以及针对使用无形资产获得的收益作为可比性分析的基础。同时,针对知识产权让定价的反避税方法也可以借鉴五个可比性因素,包括资产类型、交易形式、期限、范围、预期收益等。可比非受控价格法应对知识产权转让和使用中考察的因素做范围界定,从种类和作用、功能与行业、收益与风险等。同时,对知识产权的开发投资、转让限制、权利独占状态、法律保护的力度及保护时间、转让成本、功能风险情况、可替代性等因素也应进行明确和规范。成本分摊协议管理详细规定了无形资产成本分摊协议的内容,但总体而言,该办法中的规定以原则性规定居多,具体操作中的可执行性较弱。新的《特别纳税调整实施办法(征求意见稿)》也已发布,其中涉及无形资产的部分发生了一些新的变化,本章将详细讨论。

　　知识产权跨境交易反避税方面,还可以参考规范性文件。国家税务总局有几个规范性文件:一个是《关于强化跨境关联交易监控和调查的通知》,规定跨国企业在境内所设立承担功能及风险的子公司,不应出现亏损。还有《关于居民企业报告境外投资和所得信息有关问题的公告》,明确中国居民企业境外投资应履行相关信息报告义务的条件,以持股比例为标准,达到或超过10%的或改变为不足10%的负有报告义务。这样,居民企业设在离岸地的控股公司,包括知识产权控股公司,通过监控居民企业股权变动情况,就可以判断其对外投资抵免是否有问题。2014年,针对大额费用不正常支付的情况,国家税务总局发布《关于对外支付大额费用反避税调查的通知》,加大反避税调查力度。这个《通知》重点针对跨国公司通过对外支付费用转移利润,尤其是向境外关联方支付大额服务费和特许权使用费的情况,该矛头直指利用知识产权进行跨境避税行为。特许权使用费支付很可能被用来跨境交易避税,尤其是以下几种情况:特许权使用费的支付目标公司位于低税国;特许权使用费的支付目标公司是集团公司的境外关联方且功能单一;特许权使用费支付方对知识产权贡献大于特许权使用费支付目标公司;特许权使用费支付在特许权贬值后依然进行。上述几种情况的特许权使用费支付尤其要关注是否存在避税嫌疑。以下费用支付有可能启动特别纳税调整立案程序,包括股东服务费、集团管理服务费、重复支付的服务费、向避税地支付的特许权使用费等。集团内服务费安排的测试方法也得到规范性法律文件的确认,包括受益性测试、必要性测试、重复性测试、价值创造测试、补偿性测试、真实性测试等。

2014 年 8 月 29 日《关于特别纳税调整监控管理有关问题的公告》(国家税务总局公告 2014 年第 54 号),税务总局 BEPS 工作组在会议上介绍了更加详细的国际层面和国内层面的行动计划①,包括:首先,加大避税案件的调查力度;继续参与制定国际税收规则,包括 OECD 发起的 BEPS 项目(2014－2016 年)以及联合国的相关活动。其次,完善国内税制,根据在 G20 所作的承诺实施 BEPS 行动计划调整国内法,预计 2014 年年底制订一般反避税管理规程;预计 2014 年至 2015 年修订《特别纳税调整实施办法(试行)》(国税发〔2009〕2 号文);2014 年至 2015 年修订《税收征管法》。最后,2015 年以后开始采用新的国际标准实施税收协定,进行转让定价谈判,参与制定多边机制;更新税收管理工具,特别是情报交换机制,预计 2018 年以前将与 45 个国家签订自动情报交换协定。

2016 年 1 月 29 日,科技部、财政部和国家税务总局联合发布新修订的《高新技术企业认定管理办法》,最大的变化就是降低了高新技术企业的认定门槛,同时出台政策对科技企业进行普惠性扶持,以促进经济结构的转型升级为目标。该《办法》对企业拥有知识产权的规定改动很大,取消地域和时间限制,规定企业通过自主研发、受让、受赠、并购等方式,对其主要产品或服务在技术上发挥核心支持作用的知识产权能够享有所有权。②

2017 年 3 月 17 日,国家税务总局发布《特别纳税调查调整及相互协商程序管理办法》(国家税务总局公告 2017 年第 6 号),第 4 条要求税务机关实施特别纳税调查,应当重点关注的企业风险特征中第 4 款"利润水平与其所承担的功能风险不相匹配,或者分享的收益与分摊的成本不相配比",充分表达出对以无形资产尤其是知识产权的避税安排的重视。

上述法律规范对知识产权跨境交易避税问题都有相应的规制效应,但是因为避税自由与反避税干预是一对天然存在的矛盾,不同的知识产权转

---

① 2014 年 9 月 25 日,中国国家税务总局(税务总局)针对经济合作与发展组织(OECD)此前一周发布的税基侵蚀和利润转移(BEPS)项目 2014 年成果在北京召开了宣讲会。

② 原来是固定强调地域"在中国境内(不含港、澳、台地区)注册的企业",强调时间和"近三年内通过自主研发、受让、受赠、并购等方式",或"通过 5 年以上独占许可方式",才能就其主要产品或服务的核心技术享有自主知识产权。

让形式可能产生不同的税收结果,所以可以通过税收筹划达到避税的目的。那么,反避税就是使相应的税收筹划方式失效。无论怎么反避税,总会存在税收筹划的空间,即法律规避的空间。利用不同国家不一致的税务处理方式被称为税收套利。①　即无论怎么进行制度完善,总会存在套利的空间,所以只针对套利导致的避税风险,论述相应的制度完善,并不是一并消灭套利现象。当然,避税行为导致国家税收减少。但是,当不存在税收筹划的空间时,可能也会同时打击了知识产权转让热情,造成国家税收和经济发展出现更多损失。法律的完善途径要通过分析诸如跨境避税的消极影响、反避税的限度、避税的法律成因、实现路径、国外的做法及对我国的借鉴等。从法的维度来看,体现为税法、知识产权法的完善。

(二)我国关于知识产权跨境交易反避税的实践

1.知识产权跨境交易反避税的实践情况

近年来,随着境内高新技术企业的快速成长和大型跨国集团公司的业务扩张,我国面临的知识产权跨境交易反避税来自输入型避税和输出型避税两种情况:

(1)非居民纳税人避税。非居民纳税人避税主要会引起来源国的税收损失。跨国公司在中国取得知识产权收入,中国作为来源国应当进行反避税审查,维护国内税权。非居民纳税人避税的情况在中国越来越普遍,这与中国经济快速发展和知识产权数量激增有密切关系。

首先,中国作为收入来源国,随着经济发展,越来越具有吸引跨国公司的优势。第一,经济政策优势。西蒙·库兹涅茨首次在《现代经济增长》一书中提出"大国经济"的概念,国家规模对经济增长的影响很大。②　中国加入世贸组织、参与建立自贸区、成立亚投行等,各种参与国际事务的活动都逐渐显现出吸引跨国公司的优势,市场领域开放程度逐步加大。此外,我国经济与金融长期稳定并持续增长,显示出作为发展中的后发优势;国家法制逐步健全,使全球投资者将我国作为投资重点国度,许多高科技公司也纷纷在我国设置分支机构。第二,市场潜力优势。中国人口基数大,形成巨大消

---

①　Peter H.Blessing:《滥用与反滥用——税务律师在一个变换世界中的角色》,载熊伟:《税法解释与案例评注》(第2卷),法律出版社2011年版。

②　[美]西蒙·库兹涅茨:《现代经济增长:速度、结构与扩展》,戴睿、易诚译,北京经济学院出版社1989年版,第5页。

费市场,电子商务的迅猛发展给知识产权交易提供了巨大的发展空间与潜力,跨国公司以追求全球利润最大化为目标,这些优势对其极具诱惑力。第三,高新技术投资政策优势。中国法律给予非居民纳税人多方面的优惠政策,尤其给予高新技术投资很大的税收优惠空间,有力地促进了中国经济的高速发展。第四,生产制造成本优势。跨国公司跨境投资,还在于能实现成本节约。对于依附于高价值知识产权的产品采购、组装等是实现成本节约的重要环节。成本优势来自低廉的人力成本、采购成本、投资成本等。而且中国也是巨大的消费市场,投资市场接近消费市场能够创造更大的经济规模。此外,我国政府出台多项税收优惠激励高科技行业发展,政府激励因素也不可忽视。作为新兴市场,我国能够提供区位成本优势,也能够提供扩大市场价值链的机会成本,地域优势及其所带来的额外利润对于跨国公司来说是非常重要的全球布局的考量因素。[①] 上述优势都是中国越来越多地充当税收来源国的因素。

其次,知识产权跨境交易税收博弈主体。知识产权跨境交易税收博弈主体是指在华取得收入的跨国公司,与收入来源国——中国。跨国公司是由分属在不同国家的多个实体组成的架构,每个实体都是依据所在国的法律成立的法律主体,当然主要是法人组织。因此必然存在母国、东道国、集团公司之间各种此消彼长的博弈。这种博弈基于内部化优势。经济学家鲁格曼认为,内部化就是指就是企业形成内部市场,内部运作逐渐取代外部运作。跨国公司的内部化优势体现得非常显著。彼得·巴克利(Peter Buckley)和马克·卡森(Markc Casson)认为,现代企业在全球开展了各种各样的商业活动,尤为重要的高新技术研发、管理队伍与人才队伍建设等商业活动相互依赖。[②] 在这个过程中,企业内部市场占主要运行地位,跨国公司的内部运作非常严谨有序,内部市场像潜在的规则市场一样具有效率,内部资源配置由行政命令来解决,由内部价格(或转移价格)来调节。要建立内部化优势的主要途径之一就是不断提高内部化程度。跨国公司利用内部

---

① 龚赛安、姚柏坚:《新兴市场区位特定优势所带来的超额利润问题探析——中国的成本优势是否存在?》,载《涉外税务》2012 年第 6 期。

② 葛顺、罗伟:《中国制造业企业对外直接投资和母公司竞争优势》,载《管理世界》2013 年第 6 期。

化优势在全球范围内优化资源配置,获取全球化收益最大化。[①] 通过内部化运作,集团交易转移大量利润,很容易造成不同国家的子公司账面亏损但实际整个集团利益是盈利的状况,但是因此避免了被课税,其生产经营全球化或国际化的战略目标得以实现。

最后,在知识产权跨境交易税收博弈中,高科技跨国公司所呈现出许多不同点。第一,高科技跨国公司拥有强大经济实力和高额知识资产。由此产生有利于跨国公司的积极效应被投资国政府高度重视,能够从资金优势上提升知识产权跨境交易的避税能力。第二,高科技跨国公司拥有完备的现代企业制度。跨国公司的治理结构和财会制度等具有使企业高度成熟运转的能力。通过全球部署,母子公司和总分公司各司其职,地区总部和研发中心权利明晰,而避税安排是其不可或缺的内部成本节约的一种手段,借助母子公司和研发中心的形式,能够在管理技术上提升知识产权跨境交易的避税能力。第三,跨国公司通常经营结构合理。一方面,跨国公司研发和营销成本远大于生产成本;另一方面,跨国公司的对外直接投资难免会产生技术外溢的后果。技术外溢水平和研发成本高低对于跨国公司进入模式选择和东道国福利水平影响很大。[②] 这样会产生巨大的利润空间,因此进一步提升了知识产权跨境交易的避税能力。第四,垄断与内部化优势。垄断给企业带来多方面的优势,包括资本优势、技术优势、无形资产优势,以及利用资源的能力等优势。随着跨国公司技术的不断进步,市场、资本、技术、人才等方面的垄断结果不断呈现,增加了高科技公司税收博弈的筹码,东道国需要从经济、就业、技术等多角度与跨国公司进行博弈。可见,作为来源国的税收损失,具体到知识产权反避税而言,重点是常设机构的认定,以及特许权使用费与营业利润的区分。

总之,作为非居民企业的高科技跨国公司,其纳税和避税问题越来越引人注目。知识产权的避税工具性被推到前所未有的高度,我国作为东道国应当充分重视并积极应对。来自非居民企业的税收占比不断增加,其全球运作优势迫使税务机关不断加强信息获取能力,完善税收制度,加大执法强

---

① [美]R.科斯、A.阿尔、D.诺斯等:《财产权利与制度变迁》,上海三联书店、上海人民出版社 2000 年版,第 23 页。

② 孙铭、王凤生、张志诚:《跨国公司技术外溢、进入模式选择与东道国福利分析》,载《山东社会科学》2012 年第 11 期。

度,才能在与跨国公司的博弈中获得对自己有利的纳什均衡。[①]

(2)居民纳税人避税。居民纳税人避税主要会引起居民国的税收损失。具体到知识产权跨境交易反避税,主要应关注特许权使用费的性质。作为居民国,反避税的重点对象不仅局限于跨国公司,本国企业也可能利用知识产权进行避税,即本国居民纳税人避税。维护国家税收权益,不能只关注发达国家利益,越来越多的跨国公司在我国设立居民纳税人企业,应当共同关注居民国与来源国税收利益。国际税收规则的重塑意味着发达国家垄断规则制定权的现象被打破。以往,发达国家作为跨境企业集团主要的居民国,更关注的是居民国的税基和税源问题。如今,在技术跨境转移大背景下,发展中国也更加关注所得来源国的税基侵蚀问题。[②]更何况跨国公司在我国设立的居民纳税人越来越多,我国也应当关注居民国税收问题。但是,我国国际税收制度从吸引资本输入转变为资本输入、输出并重,跨国公司给收入来源国实施税收征管带来的挑战。从20世纪末开始,跨国公司在华的投资竞争增多,采取收购股份方式直接进入中国市场的跨国公司数量激增。到现在,"一带一路"等国家层面规划的实施,我国对外资本输出规模日益增加,直接和间接对外投资是使用外资的两倍多。[③]我国已成为资本净输出国,应当着重关注我国作为居民国的税收协调。在税源日趋国际化的新常态下,国际税收重点是统筹国内国际,加快国内税制改革。作为居民国,应当重视跨国公司知识产权避税行为。跨国公司在我国投资研发项目有不同类型,一种类型是以辅助我国企业生产、销售、研发为目标。这样的投资是许多跨国公司的选择渠道,例如,通用汽车、英特尔、IBM中国研究中心等,这些企业的知识产权收入对我国的税收贡献巨大。另一类是实现全球研发(R&D)联网。跨国公司大量资本、技术、管理经验及人才战略涌入中国,多方面冲击作为收入来源国的中国,给我国的涉外税环境造成了很大压力。针对上述各种现状,应当考虑在居民纳税人利用知识产权避税的问题时给

①　那力、臧韬:《中国视角:收入来源国与跨国公司的税收博弈》,载《税务与经济》2009年第4期。

②　参与BEPS行动计划的44个国家中,虽然只有10个发展中国家,但通过立场协调的方式,在一定程度上改变了OECD国家主导规则制定以及行动推动的局面,这对发展中国家来说是非常珍贵的历史机遇。

③　中国行业研究网,《去年我国对外直接投资首次破千亿美元》,http://www.chinairn.com/news/20150120/15364412.shtml,最后访问时期:2018年12月25日。

予全方位的关注,包括防止居民纳税人利用混合错配在知识产权跨境交易中避税。

2.中国知识产权跨境交易反避税案例实践

案例:中国首例大额跨境服务费反避税案件

第一,案情背景。某大型跨国公司混淆跨境服务费的分配方式,对无形资产经济所有权与成本负担不合理分配,利用国别税制差异避税。该跨国公司属于世界 500 强企业,在中国有两家子公司。但是从 2008 年起,两家中国子公司的销售收入不断增长,利润却出现大幅度下降,从而应税所得也相应减少。经过分析财务数据发现,利润下降主要是因为总公司支付给位于新加坡的集团关联公司高额跨境服务费,两年内超过 38 亿元。[①] 我国税务机关通过反避税调查发现,该跨国集团通过全球分配服务成本池中的费用的方法避税。首先,将费用分配给设在新加坡的关联公司(作为全球运营中心),关联公司再将费用分配给中国子公司。这样做的好处是,一方面,根据我国法律规定,关联公司在新加坡的经营所得可以免缴企业所得税;另一方面,中国子公司要负担成本,以更高的比例分摊费用,从而冲减利润,降低应税所得。其次,该跨国公司总部与新加坡关联公司之间通过协议分摊跨境服务费。具体做法是,以部门雇员人数来作为分摊基础。但是在实际执行中,关联公司与中国子公司以销售收入作为分摊费用的基础。这样的费用分摊结果是,位于新加坡的关联公司对集团公司的信息系统研发和市场营销等无形资产享有经济所有权,但中国两家子公司不享有所有权和收益。该跨国公司利用国家间税制差异,不合理分摊研发成本,认为设定经济所有权,转移利润。

第二,主要争议。中国两家子公司费用计算基数本应该是分摊给新加坡关联公司的成本池,但实际上,两家子公司的分摊费用却采用全球成本池,人为增加了中国公司的成本支出,降低了利润。2010 年当地税务机关对该企业发出调查通知,对该跨国公司两家子公司启动反避税调查。经过谈判,该跨国公司认可调查小组对于跨境服务费中的业务建议费、信息系统支持费、研发费用和市场支持费用的调整建议,最终于 2013 年补缴税款和利息共计四亿多元。因为该案涉及知识产权研发,所以无形资产成本分摊

---

① 黄坚、曾霄:《案例剖析:首例大额跨境服务费避税案件查结》,http://www.chinaacc.com/shuishou/fxgl/zh20140123173050505046696.shtml。

就是重要的考量因素。同时,在跨境服务费中,哪些是中国公司从中收益的,收益费用支出中,哪些应当归属于劳务费、哪些应当归属于特许权使用费,这些都是反避税调查的重点。知识产权产权跨境交易反避税的调查重点也应放在区分研发的实际承担人和实际研发地以及研发性质方面。

3.我国关于知识产权跨境交易反避税的特点

谈到我国关于知识产权跨境交易反避税,具体来说,主要有以下特点:

(1)以行政裁决为主。从上述案例可以看出,一直以来,我国知识产权跨境交易都以行政手段为主导。行政反避税是处理知识产权跨境交易避税问题的主要手段,反避税案件基本上都没有进入司法领域。并且在行政裁决中缺乏足够的行政机关信息交流,比如知识产权部门、海关部门等信息配合。这样一方面会造成裁决的效力低下,另一方面会造成公正程度的欠缺。更重要的是,救济途径的局限给纳税人的权利保障不够充分。

(2)以事后处置为主。知识产权跨境交易预防体系建设不足,反避税调查一般都是事后处置。我国各类相关的规范性法律文件,包括转让定价、预约定价安排、成本分摊协议、受控外国企业、资本弱化以及一般反避税等特别纳税调整等,都更多地关注事后处理。我国应当从立法的角度出发,为事后处置向事前控制奠定立法基础。例如,预先关注知识产权研发情况,以及知识产权价格评估、知识产权登记备案等机制的建立,将这些信息作为事前控制的基础。

(3)有害税收实践与鼓励创新的矛盾。[①] OECD 很早就开始应对有害税收竞争问题。目前,我国知识产权申请量已经达到世界第一,随着知识产权贸易的增加,对此类避税交易的规制将成为我国税法需要着重关注的问题。虽然从当前来看,美国的跨国公司面临的知识产权避税问题显然高于我国,但是从长远来看,我国也有一大批正在快速发展的大型跨国企业,日后必将也会面临当今美国立法、司法和行政机关面临的知识产权避税交易问题。因此,我国在构建知识产权跨境交易反避税制度的同时,要合理平衡知识产权跨境交易反避税的力度与促进知识产权发展的税收优惠力度二者之间的关系。

---

① 张泽平:《BEPS 行动计划对我国国内税收立法的影响及应对——以打击有害税收实践行动方案为视角》,载《国际税收》2015 年第 6 期。

二、我国知识产权跨境交易反避税制度存在的问题

(一)一般反避税立法有待完善

我国最早引入一般反避税规定是在现行的《企业所得税法》,也就是始于 2008 年。随后,我国也提出按照实质重于形式的原则审查避税安排,对企业的避税安排重新定性。企业不得享有不符合实质重于形式原则的避税安排获得的税收利益。这就限制了知识产权控股公司的活动范围,对于没有经济实质的实体,特别是设在避税港充当导管公司的企业,在税收上否定了该企业的存在。知识产权跨境交易反避税制度在完善过程中需要借鉴一般反避税规则作为兜底条款解决特定问题。我国一般反避税的基本法律框架已经初具模型。但是,总体来看,一般反避税在我国还是一个需要完善的领域,很多都是原则性规定,对于知识产权跨境交易反避税来说,缺乏一套全面、综合的操作流程和执行标准。因此,未来的目标应当是,在充分研究知识产权跨境交易避税的基础上,结合国际先进经验,针对我国居民纳税人和非居民纳税人的整体情况,对一般反避税调查程序、调整方法、合理商业目的的界定等进一步明确,建立更加透明、统一和公平的一般反避税机制应对知识产权跨境交易避税安排。[①]

(二)执法程序调查功能有待完善

受经济学交易成本理论[②]和委托代理理论[③]的影响,政府间合作对于降低交易成本、提高行政效率有着重要作用。鉴于我国税制体制改革的特殊性,知识产权跨境交易反避税问题不仅涉及不同层级政府间税权划分问题,还涉及税务、海关、知识产权、评估机构等多个部门合作问题。各部门如何分享与交换信息,如何联合执法,如何根据本书第四章的论述从知识产权法视角来解决避税问题,如何进行知识产权部门与税务部门的信息沟通等,都直接影响到反避税执法调查功能的实现。因此,在进行知识产权跨境交易反避税执法调查的过程中,跨部门执法协调效率不足,需要各部门配合完

---

① 高阳、贾兰霞:《深入解读〈一般反避税管理办法(试行)〉——访国家税务总局国际税务司副司长王晓悦》,载《国际税收》2015 年第 1 期。

② Dixit,A.K,*The making of Economic Policy:A Transaction-Cost Politics Perspective*,Cambridge:MIT Press,1996,p.1.

③ Garen,J.E,Executive Compensation and Principal-Agent Theory,*Journal of Political Economy*,1994,102(6),p.1175.

成,我国跨部门合作机制还有待完善。

(三)司法程序介入功能有待启动

专门的税务法庭和高素质的法官是从司法途径解决知识产权跨境交易避税问题的关键。但是目前我国欠缺司法介入反避税的法律传统,缺乏完善的税收司法体系,司法在反避税实践中的功能还未得到充分适用。事实上,先通过个案审判以司法途径确定典型税收安排,再经过司法原则的适用进行普遍推广的机制也是美国反避税司法模式的主要路径。从实用主义哲学的观点出发,实用主义对司法方法论影响很大,尤其是通过司法审判的方式确定具体原则是非常有效率的行为。从实用主义者的角度出发,对特定情况下如何适用具体反避税规则无具体标准,具有不确定性,在尚不足以法典化的阶段,可以先通过司法确立原则。例如,在无形资产转让定价领域广泛适用的经济实质原则是否应当法典化一直是美国税法的争论焦点。虽然实用主义哲学对司法理论的影响也有弊端,比如理论构建当中过多地强调了司法的工具性和目的性,[①]但是司法介入知识产权跨境交易反避税依然是国家法治进步的标志。司法个案关于避税交易特征、行政途径识别避税、立法制定特别反避税条款等,都具有重要的理论和实践指导意义。[②] 而我国可以赋予知识产权法院部分职能,以知识产权评估、损害赔偿、禁令签发等措施配合反避税司法审查。

(四)国际情报交换制度有待完善

BEPS 行动计划逐渐打破国际税收的国家间壁垒,伴随着税收情报交换国际合作的不断加强。相比 BEPS 行动计划重塑国际税收规则的影响长期性,税收情报交换对征纳双方的影响具有即时性。我国政府 2015 年 12 月签署《金融账户涉税信息自动交换多边主管当局间协议》,逐步执行协议。2018 年,我国承诺执行自动情报交换全球新标准。按时在具体执行中,情报交换类型和内容应当确定。按照适用情形和实施程序的不同,税收情报交换可以分为应要求交换(on-request exchange)、自动交换(automatic exchange)、同期调查(simultaneous exchange)、自发交换(spontaneous exchange)、境外税务检查和行业范围的情报交换等类型。在具体信息交换国

---

① 李鑫:《实用主义司法方法论:主张、成就及不足》,载《兰州大学学报(社会科学版)》2014 年第 6 期。

② 俞敏:《美国反避税之经验与启示》,载《特区经济》2009 年第 7 期。

际协调方面,OECD 和欧盟应承诺为发展中国家磋谈税收情报交换协议的能力提供技术援助。[①] 当前为了应对国际情报交换,我国一方面应完善情报技术设备,另一方面应培养收集和处理情报的员工。[②] 同时应当针对不同的信息采取不用的交换形式,尤其是知识产权跨境交易反避税涉及诸多知识产权权利人所掌握的成本与价格信息。

三、我国知识产权跨境交易反避税制度的构建意义

(一)顺应宏观背景:打击知识产权避税的国际趋势

国际趋势越来越明显地显示出,很多跨国公司通过激进的避税安排,以知识产权为媒介进行跨境交易避税。本书之前分析过苹果公司、谷歌公司等,其实还有微软公司、IBM 公司等国际知名大型跨国公司都有非常严谨而实用的避税战略。在这种趋势下,各国税收主权遭受破坏,税收公平难以实现,良好有序的商业环境无法建立。G20 与 OECD 在全球掀起了打击BEPS 的浪潮,并且特别是针对无形资产的行动 8 成为重点之一。全球主要经济体高度重视和积极响应,我国也作出积极回应,加大"打击国际逃避税" 具体行动力度。知识产权跨境交易避税安排往往涉及数个国家,我国日益成为制造业大国,许多国外高科技公司在我国设立分支机构,同时我国的高科技公司也向国外技术输出,都会产生技术跨境交易行为,为避税安排留下空间。可见,我国规范知识产权跨境交易避税行为是顺应税制改革全球化的要求,符合国际趋势。

(二)维护国家税基:应对知识产权跨境交易税基侵蚀

我国不仅引进外国企业到国内经营,同时也鼓励国内企业向境外拓展业务。无论是引进的企业还是走出的企业,都与避税地联系日益密切,存在将利润转移到避税地的情况。知识产权跨境交易造成的税基侵蚀问题不容忽视,无论是作为居民国还是来源国,这一部分税收都是非常可观的。我国在法律层面和部门规章层面都对此问题高度重视。针对对外支付大额费用反避税调查专门发布通知,要求对向避税地等低税国家和地区支付的特许权使用费税基侵蚀后果进行调查。为了维护我国税基,应当尽量避免大量

---

① 张泽平:《论国际税收行政合作法律机制的完善》,载《税务研究》2013 年第 3 期。

② 易波:《发展中国家反避税执法能力建设及我国的对策》,载《法学杂志》2016 年第 2 期。

通过在避税地设立公司的情况出现。很多跨国公司可能会采取这样的措施：先在国内研发形成知识产权，将其所有权转移到避税地，然后向国内企业反向收取特许权使用费，从而增加费用支出降低国内企业利润。不考虑特别税收筹划，正确的账务处理应当是：知识产权研发地应当获得税收流入，应该由国外企业向我国企业支付特许权使用费，收入一方应当向我国政府纳税。这种避税筹划是典型的知识产权跨境交易对我国税收的影响。中国本土公司不但无法收取费用，反而向外支付费用，两种效应叠加造成税收严重流失。同时，在引进国外资本的过程中，很多跨国公司母公司在我国设立子公司，通过关联交易或者其他的避税筹划进行避税。我国还鼓励利用产业重组与企业重组的方式对技术性不同的公司采取不同的外资政策，通过税收制度完善产权结构成本。① 总之，面对愈演愈烈的税基侵蚀，维护国家税基安全的任务日益迫切。

第二节　我国知识产权跨境交易反避税的参与主体与利益协调

一、我国知识产权跨境交易反避税的参与主体分析

知识产权跨境交易反避税的参与主体需要协税护税义务人共同承担。政府职能管理部门中具有协税护税义务的有：财政审计部门、工商部门、海关外贸管理部门、出入境机关、质量监督部门、司法部门。非政府部门的协税护税义务人包括金融机构、中介机构、扣缴义务人等。② 我国知识产权跨境交易反避税公权力参与主体如下：

（一）国家层面

国家层面对知识产权跨境交易反避税的作用表现得非常宏观和基础。首先，我国政府在知识产权跨境交易反避税中起到的作用主要是签订税收协定，从宏观方面解决纳税人避税和双重征税行为。从税收情报交换方面

---

① 崔文玉：《论我国企业重组税收法律制度的改革与完善——韩国的法律实践及其借鉴》，载《法律科学（西北政法大学学报）》2014年第6期。

② 魏俊：《税权效力论》，法律出版社2012年版，第179页。

来看,我国分别与多个国家和地区签署了税收情报交换协定。[①] 这些国家和地区中,不乏传统的"避税天堂",例如英属维京群岛、百慕大、开曼等。因此,虽然目前签订税收情报交换的双边协定数量有限,但是对于打击知识产权跨境交易避税的作用不容小觑。[②] 此外,多边国际协定的签署对我国知识产权跨境交易反避税也有重要影响。例如,TPP 知识产权保护力度加大,我国也要相应调整知识产权政策。在美国的倡导下,跨国公司的科技创新优势和利益诉求,需要得到相关知识产权保护方案。但是,为了得到相应的保护,所支付成本巨大,甚至超过 TRIPs 所涵盖的内容。[③] 国际协定对知识产权保护的力度加强,间接会影响知识产权的社会价值,进而对避税安排也产生不可忽视的作用。因此,国家层面对知识产权跨境交易反避税的意义是根本性的。此外,跨国公司的国际性需要国家层面来解决税收利益的分配冲突,这不是一国内部能解决的问题。总之,国家层面的税收协调是保护国家税收权益的基本手段。我国应当内外兼顾,对内加强国际税收立法和管理,强化国际税收立法及管理,运作专门的国际税收管理机构;对外应当充分保护跨境交易中得到有利的税收分配权,争取我国在跨国税收权益的分配中取得公平的份额。

(二)行政机关

行政机关对知识产权跨境交易反避税的作用是全方位的。首先,行政机关规范性文件的发布是完善反避税法律体系的重要补充;其次,行政机关是进行反避税调查的执法机关;最后,知识产权跨境交易反避税网络健全,包括税务机关、海关、知识产权部门等。毋庸置疑,行政机关是我国知识产权跨境交易反避税的主要执行部门。因为要涉及跨境交易,海关的重要作用也不可忽视。因为跨国公司转让定价,特别纳税调整与海关估价相冲突,

---

① 国家税务总局:《税收条约》,http://www.chinatax.gov.cn/n810341/n810770/index.html,最后访问时间:2018 年 3 月 1 日。

② 截至目前,这些国家为:巴哈马(2009 年 12 月签署,2010 年 8 月生效)、英属维尔京(2009 年 12 月签署,2010 年 12 月生效)、马恩岛(2010 年 10 月签署,2011 年 8 月生效)、根西(2010 年 10 月签署,2011 年 8 月生效)、泽西(2010 年 10 月签署,2011 年 11 月生效)、百慕大(2010 年 12 月签署,2011 年 12 月生效)、阿根廷(2010 年 12 月签署,2011 年 9 月生效)、开曼(2011 年 9 月签署,2012 年 11 月生效)、圣马力诺(2012 年 7 月签署,2013 年 4 月生效)、列支敦士登(2014 年 1 月签署,2014 年 8 月生效)。

③ 樊轶侠:《TPP 能否取代 WTO?》,载《国际税收》2015 年第 1 期。

必须进行协调。鉴于海关与税务局的不同目的,海关不关注进口高价而关注进口低价行为,执法依据是海关估价规则,针对引发违规、走私调查的案件;而税务机关恰与海关相反,关注进口高价,不关注进口低价,执法是依据税务规则(参考 OECD 指引),并且对往期有纳税调整的权利。税务机关的知识产权跨境交易反避税管理集中在关联申报、同期资料管理和特别纳税调整三个方面。因此,政府政策对于纳税人的避税筹划决策进行干预,进而影响知识产权跨境交易反避税的运作。考虑到政府干预措施,纳税人认为在有些情况下公平的价格必须进行调整。例如,政府进行价格控制(甚至降价)、利率管制、服务费管制、特许权使用费管制、控制了支付特许权使用费、特定部门补贴、外汇管制、征收反倾销税或汇率政策等。一般来说,这些政府干预措施应考虑市场中的特殊情形,以及评估纳税人在市场上的交易价格。①

(三)中介机构

在知识产权跨境交易反避税中,中介机构也发挥着重要作用。最重要的是会计师事务所,其对纳税人避税合法性起到关键作用。我国注册会计师的法律责任体系明确,分别体现在《刑法》《注册会计师法》《税收征管法》《公司法》等多部法律法规中。注册会计师的存在,既可能对税务机关进行反避税调查有利,也可能对纳税人避税安排有利。虽然立法要求中介机构有如实举证的义务,甚至规定了严厉的制裁方案,但是依然可以套用经济人的原理,认为中介机构在经济利益的驱使下,更多地会为反避税调查增加难度。同时,由于外部环境的改变,立法顺序的先后不同,现行法律中涉及注册会计师法律责任的条文的矛盾也频频出现。以《刑法》为例,常见的是依法追究刑事责任,但是对犯罪构成要件的描述显然不够具体,对情节严重与否的量刑规定也缺乏可执行性。这样会造成中介机构之间权责不明,留下了规避法律的空间。以注册会计师为考察对象,其能够规避法律责任、协助纳税人避税的原因很多,主要从客观原因上来分析,得出两点:第一,会计师事务所的组织形式降低了执业风险。无限责任制的组织形式下,注册会计师不遵循会计制度的风险更大,对客户的会计报表的真实性承担无限连带责任。但是有限责任制的会计师事务所组织结构很大程度降低了风险。第

---

① OECD,Aligning Transfer Pricing Outcomes with Value Creation. OECD/G20 Base Erosion and Profit Shifting Project,2015,p.41.

二,注册会计师行业的职业建设。会计师在很多情况下对账务处理具有一定的弹性操作空间,同时法律思维和法律知识的欠缺导致其难以准确对企业避税行为合法界限做出清晰的界定。从法律角度看,由于注册会计师职业的专业技术性太强,知识产权本身专业性也很强,因此,对注册会计师协助纳税人进行知识产权跨境交易避税筹划的行为过错认定比较困难。对注册会计师及会计师事务所而言,协助纳税人避税还应当区分主观方面的态度。如果其出于故意的态度而避税,则应当承担连带赔偿责任;如果仅仅是过失,应当承担补充责任;如果是轻微的过失,不应当承担责任。注册税务师越来越多参与国际税务活动,为其他国际同行(税务师、会计师、律师)的交流与合作提供社会经济背景。① 除了会计师事务所,我国还设置了税务师事务所作为中介机构,主要从事涉税服务和涉税鉴证业务。税务师事务所对维护国家税收收入增长、减少税收流失、税收服务体系的建立及国家税收收入的稳定增长都起到了重要作用。我国涉税鉴证和涉税服务的需求必将逐步增长。但是,税务师事务所将由注册制改为职业准入类。考察我国中介机构与纳税人的避税筹划合作关系,应当大力发展律师事务所介入知识产权跨境交易。

(四)法院

1.知识产权法院反避税功能的启用

国际竞争驱动知产审判专业化。自 1978 年中共十一届三中全会确立改革开放以来,我国面临的形势是来自国际的要求我国加强知识产权保护的态度比来自国内的明确和强硬。我国已经在知识产权法院设立和运作的路程上迈进了很大一步。知识产权法院对知识产权跨境交易反避税来说,能够起到的作用表现在:首先,知识产权法院对知识产权侵权等判决中必然会涉及知识产权定价或者禁令签发等司法行为,能够为知识产权法视角的反避税行动提供依据。其次,知识产权法院的介入,可能会对部分知识产权跨境交易反避税案件起到降低取证成本的作用。最后,知识产权法院的介入,对同时涉及知识产权侵权和避税案件的权利人来说,面临的司法风险更大。当然,在没有专门的知识产权法院参与之前,知识产权法庭或者普通法院审理的知识产权侵权案件都有可能对知识产权反避税案件进行辅助司法审查。以我国的一起案例为例来看:2013 年广东省高级人民法院审判了华

---

① 刘隆亨:《我国注税行业的国际化发展》,载《注册税务师》2015 年第 7 期。

为公司诉美国IDC^①垄断案,判定IDC公司构成垄断,赔偿华为公司2000万元人民币。^②该判决结果引起学界和业界的广泛讨论。该案是我国法院首次对不公平的专利许可费作出认定并据此认定专利权人构成滥用市场支配地位;同时,此案涉及跨国公司之间的标准必要专利许可纠纷。于是,该案的判决对知识产权跨境交易影响深远,引起国内外广泛关注。该案是否可以认为对知识产权反垄断案提供了应当遵循的先例,是否意味着包括华为公司在内的众多中国企业扭转了长期以来处于专利劣势地位的被动局面,诸如此类的疑惑,才是华为公司诉IDC案带给我们的终极思考。以此案例为契机,如果知识产权法院能够在知识产权案件审判时确定特许权使用费,那么就可以成为知识产权避税案件的参考。从上一章的理论出发,如果IDC从中国收取高昂许可费,就应当从来源地规则出发,缴纳更多的预提税。知识产权法的合理运用有助于反避税的实施,同理,税法的合理运用也有助于知识产权许可的公平交易。建议将税法运用到知识产权交易案件中,不仅是避税案件,也有可能是如华为公司诉IDC这样的单纯的特权性使用费争议的案件。在不公平的高价许可案件中,被许可方可以申请对高许可费的征税情况进行调查。从保护知识产权视角出发,可以适当增加不公平的高价许可交易中许可方的实际税负,利用税收杠杆共同维护知识产权公平交易。反之,在知识产权反避税的诉讼中,如果条件允许,也应当对知识产权许可情况进行调查,如果有高价许可行为存在,就可能对避税行为的不恰当甚至不合法进行质疑。

2.税务法院反避税功能的探讨

关于我国是否要建立专门的税务法院,各方有不同的建议。本书认为,税务法院的设立对反避税调查的效率肯定是有利的,并且有助于提供给纳税人更加公平的权利伸张平台。当然这是对所有反避税案件都有利的,具体到知识产权跨境交易产生的反避税案件,如果由税务法院审理,考虑到税务法院的专业设置,可能会响应OECD《转让定价指南》的要求,给予无形资产足够应当能得到更加专业的审判结果。在具体机构设置方面,可以参考美国、加拿大的做法,设立专门税务法院;也有参考法国、瑞典的做法,设立

---

①　InterDigital Group,中文翻译为交互数字集团。

②　祝建军:《标准必要专利使用费条款:保密抑或公开——华为诉IDC标准必要专利案引发的思考》,载《知识产权》2015年第5期。

专门行政法院。当然,也可以设置税务法庭作为过渡,类似于知识产权法院的设置过程。① 还有观点认为,反避税案件的审查目前主要由税务机关执行,税务机关要紧紧依靠公检法机关,因此应当展专门的税收执行机构。比如,税务稽查部门发展成为专业税务警察,进而设立税务检察院、税务法院。② 知识产权数量的增多、价值的增高都值得考虑设立专门的司法机构,以此来应对其避税的成本是可行的。

(五)银行

BEPS 问题的解决离不开 FATCA 条款的实施,归根结底,利润和税收的转移路径都离不开金融机构的支持。如今 FATCA 条款对避税地的打击严重影响了知识产权控股公司的离岸设置效率。对我国而言,FATCA 条款下,中国金融机构也需承担报告义务,中国税务机关要从国家战略利益的高度去深刻理解 FATCA 的实质与趋势,争取在这场应对 FATCA 的国际税源大战中占据主动地位。③

FATCA 对我国反避税国际义务的影响是:原来的报告义务规定中,银行直接向国外税务机关报告,我国税务机关风险较小;FATCA 条款下,银行向我国税务机关报告,我国税务机关向国外税务机关报告,风险增加。④ 2015 年 7 月 OECD 发布《金融账户信息主动交换共同申报标准(CRS)》,建立多边税务信息交换机制,由各国政府主动取得金融机构账户持有人的信息,并与账户持有人的税务居住国进行税务信息交换,以防堵跨国逃漏税,被称之为"全球版的肥咖法案"。和美国肥咖条款相同,CRS 也要求金融机构定期向税务主管机关申报账户持有人金融信息。如何应对 FATCA 的挑战,是摆在中国税务机关面前的迫切问题。知识产权跨境交易避税必然也受到 FATCA 的重要影响,因此应尽快完成金融机构向税务机关申报非居民账户信息的立法,甚至可以要求全球范围内金融机构履行报告义务并进行合作。具体做法可以通过有效整合税务机关应对 FATCA 的资源,设立专门实体化操作的国际数据管理中心,负责数据的传递、风险分析等国外请

---

① 朱大旗、何遐祥:《论我国税务法院的设立》,载《当代法学》2007 年第 3 期。

② 哈尔滨市税务学会课题组、李子民、吕国臣、阎福贵、刘彧:《行政强制法背景下的税收强制执行状况》,载《税务研究》2014 年第 5 期。

③ 郝昭成:《国际税收迎来新时代》,载《国际税收》2015 年第 6 期。

④ 姜跃生:《FATCA:中国税务应对三策》,载《国际税收》2015 年第 3 期。

求,与金融机构一起完成跨国反避税协调。

二、利益协调:最大化整体效率下知识产权跨境交易征税权的分配

(一)知识产权部门与税务部门的配合

知识产权部门与税务部门相配合,通过信息共享的方式提高应对知识产权跨境交易反避税的行政效率。知识产权部门与税务部门配合的目的在于,使税务部门能够及时获取纳税人的知识产权状况,提高评估信息的准确性,提高知识产权估价判断能力,在此基础上提高反避税技术。对知识产权部门而言,能够为税务部门的反避税工作提供辅助作用,知识产权部门的专业性使其能够对权利人的技术先进性程度有更准确的把握,在知识产权保护方面也更为有力。知识产权部门应当与税务部门建立信息共享机制,共享包括知识产权评估、高新企业名单及生产方式、企业知识产权持有情况等。

(二)税务部门与海关相协调

税务机关与海关都需要按照独立交易原则反避税,但二者需要相互协调,尽量消除政策差异,逐渐消除税务机关与海关在转让定价方法的差异。税务机关可以接受可比非受控价格法(可比交易的价格)、再销售价格法[再销售给独立第三方的价格×(1−可比交易毛利率)]、成本加成法(可比交易成本加成率)。对税务机关而言,转让定价调查的对象主要是关联交易额较大,类型较多,长期亏损、微利或跳跃性盈利,利润低于行业水平,与避税港发生关联交易,未进行关联申报或者准备同期资料等几种情况。税务机关处理知识产权转让定价的关键是找到定价方法和同期资料验证。在选取评估方法时,行政机关之间却存在矛盾。比如,利润法不能确保海关在进口价格上的税收利益,因为利润法考察的是企业的利润,而不是进口价格;利润法不重视交易的可比性,不比较进口交易;利润法比较的是企业,而不是进口货物。但是,海关的政策对知识产权交易成本也会产生影响,比如海关总署公告 2015 年第 51 号《关于暂停收取海关知识产权备案费的公告》,规定不再收取知识产权备案费,相当于降低了知识产权跨境交易成本。海关完税价格的除外项目与税务筹划区别于税务机关,特许权协议条款设计目的不同。此外,海关估价中常见的法律风险之一就是对含有知识产权交易的特许权使用费的定性。特许权使用费的关税风险表现在以下方面:买方应向或已向卖方直接或间接支付特许权使用费,并且该特许权使用费未

计入进口货物的完税价格;该特许权使用费与进口产品有关;该特许权使用
费的支付构成该进口货物向中国境内销售的条件。海关估价是特许权许可
协议常见问题,OECD《转让定价指南》中也提到海关估价对转让定价的影
响。常见的问题有许可权利、许可产品、许可用途界定不清;对特许权使用
费计算、支付、"与进口有关"等概念的理解不同等。因此,协调税务机关与
海关的关系,要注意特许权使用费的关税风险,包括特许权许可协议的合同
设计。在不影响许可费水平的条件下,尽可能与进口货物分离,特许权使用
费计入完税价格。海关估价对税务机关评估受控交易的转让价格是否符合
独立交易原则是有帮助的。因此,我国税务机关与海关两大行政机关的规
范性文件对知识产权跨境交易反避税有着不可忽视的影响。

第三节　我国知识产权跨境交易反避税
制度的立法与运作

一、我国知识产权跨境交易反避税制度的立法完善路径

(一)国际协定与国内法的平衡

1.BEPS 仍然允许对知识产权进行合理的税收筹划

数字经济背景下的国际税改对中国的影响很大。① 2015 年,税基侵蚀
和利润转移(BEPS)项目 15 项行动计划全面出炉,国际税收管理体系面临
全面重构。虽然国际主流观点都强调实质经营活动,以及税收透明度和确
定性。虽然避税地的避税空间大幅度被减少,但是,BEPS 仍然允许合理的
税收筹划。知识产权跨境交易避税至少还是会继续存在下去。全球资源、
人员、技术、税收依然在加速流转。虽然 BEPS 给跨国公司留下了税收筹划
的空间,但是各国应当在 BEPS 原则下,推动国内税法与国际多边条约趋
同,实现税基保持,降低制度交流成本。从全球资源配置的角度来看,向低
税负地区投资是投资者最理性的选择。因此,我国应当在认识到这个规律
的前提下,遵循 BEPS 框架理念,继续执行针对知识产权的税收优惠政策,

---

① 高运根:《数字经济背景下的国际税改及其对中国的影响和建议》,载《国际税
收》2015 年第 3 期。

建立良好的税收管理秩序。要做到不断吸纳 BEPS 的最新研究成果，并不断结合我国经济社会发展规律进行本土化制度建设，例如价值链分析则，BEPS 是没有价值链报告的，属于中国创新。但是，BEPS 要求防止税收协定优惠的不当授予，利益限制条款（the limitation-on-benefits rule，简称"LOB"）作为特别反滥用规则，还有税收协定中主要目的测试规则（the principal purpose test rule，简称"PPT"）。[①] 但是 BEPS 认为 LOB 和 PPT 不一定适用于所有国家，因此我国应当结合这两项规则制定属于我国的知识产权反避税政策，合理把握反避税的限度。

2.BEPS 倒逼我国国内法律相应调整

BEPS 行动的目的由最初实现经济实质与税收利益相匹配，发展到打击避税地，再到现在协调不同国家的税制矛盾，客观上要求各国对国内法律进行相应调整，以适应国际税收要求。OECD 的 BEPS 行动给予无形资产重点关注，也成为我国调整国内知识产权相关反避税规定的参考。BEPS 没有给任何国家完成税制改革的具体时间限制，只是作为一个纲领性的指导原则存在，并且具有高超的立法水平，很多国家积极参与，通过国内法调整来与 BEPS 接轨。

首先，我国应当解决有害税收实践的问题。在我国，知识产权跨境交易反避税问题，包括企业所得税、增值税等都与 BEPS 相关。BEPS 各项成果中，不仅第八项至第十项，其他部分也配合无形资产反避税。例如，我国给予知识产权交易许多税收优惠。但是，知识产权的无形资产特性使得其收益不是成本加成型的，而是成本叠加型的，即一定成本对应的汇报比率不是固定的，而是随着销售额的增加成本逐渐被稀释，直到可能达到忽略不计的比例。[②] BEPS 第五项行动"有害税收实践"就是解决这类问题的。英国、德国等国家都主动修订了国内立法关于无形资产的税收优惠，对实施"专利盒"制度的企业提出研发支出扣除的实质性要求。既要实施知识产权激励机制，又要保证合理税权的实现，总之，不能让有害税收实践对知识产权跨境交易反避税产生更大的负面影响。

---

① 冯立增：《BEPS 行动计划 6.成果 4 防止税收协定优惠的不当授予》，载《国际税收》2014 年第 10 期。

② 高阳：《BEPS 行动计划如何引领发达国家国内税法改革》，载《国际税收》2015 年第 7 期。

其次,数字经济下知识产权征间接税问题。间接税一般带有浓重的国内政策色彩,通常各国关于间接税的税基差别较大,协调困难。但是在数字经济下,知识产权交易形式逐渐多元化,对于个别国家就新兴行业提出新的间接税需要重视。例如,英国对在网络上下载知识类作品征收下载税(download tax),如果其他国家没有相应的税种,则可能面临税基被转移的危险。我国应当就此类问题做好预案准备,以免随着数字经济的逐渐深入而丧失知识产权交易税收收入。

最后,知识产权交易避税认定的效率判断。知识产权交易很容易出现人为规避常设机构的问题。我国借鉴英国的做法,判断是否存在人为规避的标准,即"转移利润税"(diverted profits tax)。第一个标准是经济利益与税收利益相比较,判断关联关系双方交易安排对税收总体福利影响。如果交易给本国带来税收流失,给别国带来税收增加,但是增加额不到本国流失额一定比例(英国是80%),则认为交易的经济利益小于税收利益;另一个是交易目的标准,即避税如果是交易安排的主要目的或主要目的之一,税务机关就可以启动反避税。[①] 对知识产权这类无形资产而言,上述判断标准简化了繁杂的认定程序,仅仅从最后的结果或者最初的目的来推断常设机构规避是否成立,这也是 BEPS 的伟大贡献。

(二)参与主体路径:成本分摊协议的适用

BEPS 行动计划确定了 15 项行动的内容,并设定了这些行动计划的执行期限。[②] 其中,BEPS 行动计划 8 涉及无形资产的转让定价,需要完善规则来防止集团企业通过无形资产的转移达到税基侵蚀和利润转移的目的。《无形资产转让定价指引》(2014)出现关于这一行动计划的第一次工作报告,主要针对《转让定价指南》第 6 章提出修改意见。这个讨论稿响应了行动计划 8 要求的更新《转让定价指南》第 8 章成本分摊协议的需求,并为更新的章节提供了初稿。

成本分摊协议的适用对知识产权跨境交易反避税的参与主体有多方面

① 张滢:《对英国开征"谷歌税"的评述与思考》,载《国际税收》2015 年第 5 期。

② OECD,BEPS Action 8:Revisions To Chapter Viii Of The Transfer Pricing Guidelines On Cost Contribution Arrangements. (CCAs)http:// www.oecd.org/tax/ transfer-pricing/discussion-draft-beps-action-8-cost-contribution-arrangements.pdf,最后访问时间:2018 年 4 月 29 日。

的影响。现实中,通过运作成本分摊协议来进行知识产权跨境交易避税的
案例非常普遍,我国每年也会因此调增大量的税收。BEPS 第 8 项行动计
划应当成为规范我国企业利用知识产权跨境交易避税的参考,涉及知识产
权开发与交易以及劳务交易时的成本分摊运作。在成本分摊协议框架下,
首先应当确定成本。无论开发还是受让,参与方可以从无形资产或劳务交
易中获得利益,但前提是研发成本应当在研发成员之间合理分摊。其次应
当明确研发成果归属方。在具体执行过程中,有一种情况是贷款方(即债权
人)的权益界定,债务人从债权人处借得资金参与成本分摊,那么债权人是
否允许享受利润分摊,必须要谨慎考虑。再次,成本分摊协议所涉及的知识
产权预期收益应当以合理商业目的为基础,进行合理会计计量,在此基础上
要合理量化成本分摊各方的风险。参与方使用成本分摊协议所开发或者受
让的无形资产,应当不需要额外支付特许权使用费。成本分摊协议涉及研
发或者劳务活动的具体承担者及其功能风险,打破了传统的受控外国公司
规则。[①] 同时,对受控外国企业利润中应归属于居民企业的部分,我国应当
认定可归属所得,类似常设机构的规定,CFC 从实体法进入交易法。受控
外国企业从关联企业取得特许权使用费、受控外国企业取得源自知识产权
或风险转移收入超过正常回报的所得都应当着重获得关注。最后,明确不
同类型的成本分摊协议。经常出现的成本分摊协议有两种类型,一类是建
立在无形或有形资产的联合开发、提升、维护、保护和开发利用的开发成本
分摊协议,另一类是包括劳务的获取的服务成本分摊协议。虽然每个特定
的成本分摊协议应考虑自身的事实和情况,但这两种类型成本分摊协议的
主要区别往往是前者期望产生持续的未来利益,而后者往往仅产生当期利
益。在某些情况下,获得当期服务的成本分摊协议也可能产生或增加提供
持续利益的无形资产。在开发成本分摊协议下,开发的无形资产或有形资
产中的每个参与者享有分享股份的权利。跨国公司往往在特定的地理位置
或针对特定的申请来开发知识产权,得到独立的权利可能构成实际法律的
所有权。实际法律的所有权可能是参与开发的唯一一个财产的合法所有
人,但是其他参与者对该项财产具有有效所有权。在这种情况下,我国应当
规定根据成本分摊协议,任何开发知识产权的参与者都有获得有效所有权
的权利,不需要支付特许权使用费或考虑其他开发知识产权的使用与参与

---

① 崔晓静、何朔:《"美国微软公司避税案"评析及启示》,载《法学》2015 年第 12 期。

者获得的利益一致。

(三)构建知识产权跨境交易避税预防体系

构建知识产权跨境交易避税预防体系是基于内部控制理论的提出。内部控制能够对提升财务报告的可靠性、实现经营活动的效率与结果、提高法律遵循程度等目标的达成提供合理保证。[①] 基于跨国公司内部控制的完善,建立知识产权跨境交易避税预防体系就非常必要。先要建立多层次、全方位的内控预防信息化平台,并运用数据挖掘技术。[②] 挖掘现有信息系数据,将预警评估系统、综合征管软件、税收执法管理信息系统中的有关知识产权的权利归属、研发情况、交易情况等数据对接,整合相关数据信息,搭建内控机制建设的信息化管理平台,提高事前与事中的监控水平。然后,利用综合数据管理系统进行预警分析和事后监督。这是对预防体系的评估与反馈,通过加大对知识产权跨境交易行为的纳税评估和复审复核力度、加强督导考核、强化责任追究等手段提高系统运行成效。美国 COSO 报告与《SOX 法案》对内部控制理论研究有很大推动,对我国反避税理论建设也有很大启迪。[③] 依托预警评估系统全面落实税源监控、税收分析、纳税评估、税务稽查的互动机制,深入开展税收征管状况监控分析,从而形有机联系的分析机制。总之,要充分利用系统程序的设置,提高反避税的执法效率,同时实施对税收执法权的严格控制。[④]

(四)增值税改革对知识产权跨境交易反避税的积极影响

增值税的设计理念是最优商品税理论。[⑤] 增值税的设计理念使知识产权跨境交易避税难度提高。最优税收理论是公共经济学最重要的基础理论之一,詹姆斯·米尔利斯(James A.Mirrlees)威廉·维克里(William Vick-rey)因在非对称信息下对激励经济理论作出奠基性贡献而获得 1996 年的诺贝尔经济学奖。后来发展出最优商品税,提出等比例原则和逆弹性规则。等比例规则是指税收的额外负担最小,商品税才能达到最优状态,为达到最

---

① 施先旺:《内部控制理论的变迁及其启示》,载《审计研究》2008 年第 6 期。

② 肖恺乐:《发达国家"信息管税"的特点及对我国的启示》,载《税务研究》2011 年第 6 期。

③ 余榕:《解读我国内部控制理论框架》,载《会计之友(上旬刊)》2010 年第 9 期。

④ 林静:《税收管理内部控制问题探究》,载《税务研究》2012 年第 10 期。

⑤ 冯秀娟:《中国增值税制度深化改革研究》,财政部财政科学研究所 2014 年博士学位论文。

优状态,税率的设置应当具备使各种商品的生产数量以相等的百分比减少的功能。因此税收课征应当针对预期需求不受价格变动影响的商品,即应当对需求弹性小的商品征税,即逆弹性规则。[1] 增值税是根据最优商品税理论设立的税种,但是一度以来并不适用于知识产权交易产生的税收。而知识产权显然是需求弹性很小的商品。在我国 2012 年开始的营业税改增值税的税制改革中,知识产权服务业中,对境外提供知识产权服务的纳税人,在此次改革后税负均有下降。这是针对小规模纳税人的统计,对一般纳税人来说,税负变化情况并不确定。但是总体上要实现"结构性减税"的目的,达到减少重复征税,优化产业结构的效果。[2] 从增值税的设计理念可以看出,进销项的税金控制和抵扣、增值税专用发票的比对等,都增加了知识产权在跨境交易避税的难度。知识产权跨境交易原本是征收营业税和关税,但是因为营业税是价内税,不存在进项抵扣,进项税金只能列支成本,销项税金也只能在总收入中扣除。增值税的设计理念是价外征收、进项抵扣,因此知识产权在跨境交易时,进销环节都能够解决重复征税的问题了。结构性减税措施有利于整个行业的发展,但是知识产权交易的可抵扣进项税金范围很窄,大部分是研发人员的人工成本,大约占收入的 50%,因此也只能计入成本,不能抵扣。[3] 知识产权服务业与其他现代服务业相比存在税收偏重的现实,高智力研发成本无法得到合理的成本扣除,境外和小规模纳税人提供的服务外包费用无法实现成本扣除。[4] 营业税改为增值税后,一般纳税人转让商标权和著作权属于增值税的应税项目,因此转让时不必将已抵扣的进项税额转出。[5] 总之,营业税改增值税之后,从增值税的设计理念和运行实际都可以看出,我国知识产权交易将得到更加公平的税负对待,有助于知识产权跨境交易的实行,理论上可以降低反避税的难度。

---

[1]　杨斌:《关于用西方最优税收理论指导税制改革的论辩》,载《厦门大学学报(哲学社会科学版)》2005 年第 4 期。

[2]　王波、刘菊芳、龚亚麟:《"营改增"政策对知识产权服务业的影响》,载《知识产权》2014 年第 4 期。

[3]　叶灿红:《"营改增"下高新技术企业如何进行税收筹划》,载《现代经济信息》2014 年第 10 期。

[4]　张富强:《税收公平视野下知识产权服务业增值税制的优化设计》,载《暨南学报(哲社版)》2015 年第 9 期。

[5]　张星:《"营改增"后固定资产与无形资产的核算》,载《财会月刊》2014 年第 2 期。

二、我国知识产权跨境交易反避税制度的行政运作

(一)我国知识产权跨境交易反避税制度行政运作的理念辨析

第一,行政主导的优缺性反思。我国是典型的行政主导的反避税模式,在知识产权跨境交易反避税问题中也不例外。但是,行政机关反避税应当是补充税法漏洞,不应当具有过度的行政权力。鉴于避税种类繁多,我国税务行政机关依法针对个案进行税法解释时,不可避免地又产生了大量的抽象性行政规范文件,包括通知、办法、说明、解释、答复、复函、函、标准、批复、规定、通告等多种形式。① 此类规范性文件的效力等级从国家级、省级、市级不等。基层税务机关在具体审查反避税案件时,在法律、行政法规之外还要参考众多的解释性文件,而不同省区需要参考的解释性文件可能不尽相同,这在一定程度上影响了行政执法的公正性。同时,数量庞大的解释性文件的存在也可能会降低反避税的行政效率。税法的高度技术性也压缩了大量解释性文件存在的合理空间,行政机关大量出台解释性文件无疑相当于加重了自身的立法职责。

第二,自由裁量权的边界的衡量。反避税的技术难度很大,但是比技术难度更大的是"反"的限度。就像阿基米德点一样,反避税限度只有在一定限度内才能做到既增加国内税收,又不影响企业活力尤其是高科技企业创新的能力。如果高科技企业利用知识产权管理运营降低企业税负,却因反避税力度太大而丧失了低税负优势,无疑是违背了企业追求高利润的目标,研发积极性或许会受到影响。为了限制知识产权跨境交易反避税问题中的行政主导思维,就必须限制行政机关的自由裁量权。一个是提高税法的立法技术,另一个就是建立司法审查制度。提高立法技术要完善《立法法》,严格规范授权立法的情形。建立司法审查制度一方面可以将司法审查职责赋予现有的法院来承担,另一方面可以成立税务法院,单独行使司法审查职责。

(二)我国知识产权跨境交易反避税制度行政运作的具体措施

1.合理区分知识产权避税交易类型,提高反避税技术

知识产权对于其他无形资产具有特殊性,这种特殊性自然也反映在反避税领域,其中涉及知识产权转让的关联交易包括专利权、非专利技术、商

① 王宗涛:《反避税法律规制研究》,武汉大学 2013 年博士学位论文。

标权、著作权几种类型。某些可以带来巨大价值的无形资产并不一定反映在拥有该无形资产所有权的公司的资产负债表的账面价值中。而营销性无形资产包括有助于商业性开发的产品或劳务的商标、商号、客户名单、分销渠道和一些能提升产品价值的独特的名字、符号或图片并不属于本书讨论的范畴。合理区别知识产权避税交易类型,是提高我国知识产权反避税技术的第一步。

2.强化知识产权跨境交易同期资料管理

同期资料管理需要加强。OECD《税基侵蚀和利润转移》(BEPS)第13号行动方案《转让定价同期资料和分国别报告指南》(*Guidance on Transfer Pricing Documentation and Country-by-Country Reporting*)推荐了分国信息披露表模板,对同期资料的提供给予充分重视,要求纳税人负有提供收入、利润、税金等信息的义务。[①] 涉及知识产权跨境交易的同期资料对反避税有重要的证明作用。集团内知识产权的开发、知识产权所有权归属和应用的整体战略应当是同期资料的主要组成部分。我国《特别纳税调整实施办法(征求意见稿)》中也指出,集团内知识产权研发机构以及管理方地域和人员的相关情况需要明确。应先明确知识产权跨境交易的同期资料范围,包括集团内对转让定价安排有显著影响的重要知识产权及其法律上的权利人信息,集团内与知识产权相关的成本分摊协议、研发服务协议和许可协议,以及其他与知识产权相关的转让定价信息等。此外,知识产权跨境交易的同期资料应当是动态的,包括集团财务报告年度期间数据,尤其应当反映知识产权相关权益的转让信息,特别是关联转让信息、交易定价;还包括影响关联交易定价的主要经济和法律因素等。BEPS第13号行动方案《转让定价同期资料和分国别报告指南》也对无形资产的同期资料作出特别规定,可作为我国此方面改革的参考。合理运用同期资料交换技术,能有效减少重点区域内跨国公司利用知识产权转让定价行为,分国别报告将为各国政府提供企业利润、经济活动和跨国公司税收全球配置等信息。强化知识产

---

① OECD/G20.Base Erosion and Profit Shifting Project: Guidance on Transfer Pricing Documentation and Country-by-Country Reporting, http://www.oecd.org/tax/ guidance-on-transfer-pricing-documenta tion-and-country-by-country-reporting-9789264219236-en.Htm, 最后访问时间:2018 年 12 月 25 日。

权跨境交易同期资料管理,有助于为税务机关提供更准确的反避税证据
材料。[①]

3.关注可比性分析对知识产权类型和交易的影响

可比性分析方法是重要的特别纳税调整方法,对知识产权跨境交易避
税具有很强的适用性,对知识产权的类型、交易形式有影响。通过交易获得
使用知识产权的权利、使用知识产权获得的收益等都可运用可比性分析方
法进行分析。可比性分析对知识产权类型和交易的影响表现在转让定价方
面,知识产权如果被用在转让定价尤其是跨境交易的转让定价时,运用可比
性分析是必不可少的。[②] 先要确定交易资产特性,选用合理的转让定价方
法应当进行可比性分析,包括知识产权类型、交易形式、保护程度、期限、预
期收益等。接着要确定交易各方的功能、资产和风险。例如,在比较功能
时,最重要的是看对知识产权研发的影响,应当关注企业为履行功能所使用
资产的类型和特性。运用可比性分析时要注意相应的风险,包括投资风险、
研发风险、贬值风险、侵权风险、替代技术风险和财务风险等。[③] 此外,要区
分交易净利润法和收益法的适用。总之,选择合适的方法进行可比性分析
对解决知识产权跨境交易避税问题非常关键。[④]

4.审查知识产权使用权或者所有权的转让区别

知识产权使用权或者所有权的转让审查对反避税和支持创新都有重要
影响,美国《拜杜法案》对此提供了政策借鉴。企业、政府与高校之间的创新
能力与税收安排息息相关。[⑤] 使用权与所有权的转让与税收激励对发展中
国家尤其关键。[⑥] 具体执行时应当关注知识产权使用权或者所有权的转

[①] 《特别纳税调整实施办法(征求意见稿)》第 15 条第 3 款。

[②] Robert Feinschreiber,Kent Margaret,Conducting a Comparability Analysis for
Intangibles.Corporate Business Taxation Monthly,,2012,14(1),pp.17-24.

[③] Robert Feinschreiber,Kent Margaret,Conducting a Comparability Analysis for
Intangibles.Corporate Business Taxation Monthly,,2012,14(1),pp.17-24.

[④] 范晓波:《论知识产权价值评估》,载《理论探索》2006 年第 5 期。

[⑤] Tresemer,Parker,Renewing the Bayh-Dole Act as a Default Rule in the Wake
of Stanford v.Roche,*Journal of Legal Technology Risk Management*,2012,6(1),pp.
173-274.

[⑥] Boettiger, Sara, Bennett, Alan, Bayh-Dole Act: Implications for Developing
Countries,*The Intellectual Property Law Review*,2006,46(2),p.261.

让,对此进行重点审查,看是否存在不合理的避税安排。知识产权所有权转让收益为转让价格减去相关成本费用支出的差额。知识产权转让内部化趋势加强,伴随着交叉许可、拒绝许可等许多形式,给税务处理造成一定的混淆和困扰。[①] 因此,要对知识产权使用权或者所有权的转让进行审查,确定交易方式。确定交易方式之后,就要确定知识产权转让价格,采用合适的资产评估方法。

5.区分知识产权的法律所有权人和经济所有权人

知识产权所有权人包括法律所有权人和经济所有权人,区分二者的关系有助于反避税的实施。知识产权法律所有权关注取得权利途径的合法性,包括依法登记或者合同约定等合法方式。由合法途径取得合法权利的,是法律意义上的所有权人。知识产权经济所有权人关注对知识产权价值做出的实质贡献,包括在开发、维护、推广等活动中。由实际投入和承担风险确定的,是经济意义上的所有权人。在知识产权跨境交易中,经济所有权人一般位于科技和经济水平较高的国家和地区,承担知识产权主要的研发功能,出于税收目的考虑,并不将知识产权登记在自己名下。但是知识产权使用、转让使用权或者所有权获得的收益不因经济所有权人的贡献而给予相应分配。知识产权收益分配应当与经济活动和价值贡献相匹配,否则就容易出现人为割裂法律所有权和经济所有权并进行避税安排的情况,典型的就是苹果公司避税案。考虑知识产权价值的实现方式,判定各方对知识产权价值的贡献程度,在各方之间进行分配。[②] 在区分法律所有权和经济所有权时,还应当考虑相应的风险。知识产权形成和使用过程中的风险包括研发和营销失败风险、无效风险、侵权风险、责任风险等,风险的划分应当与所有权的划分相关。同时,知识产权收益也与所有权划分相关。但是要注意,"价值创造"与"额外利润"的区别,以及"相互作用"对"价值创造因素"的影响。总之,跨国集团关联方之间支付的特许权使用费,应当与知识产权为使用方带来的经济利益相匹配。经济利益成为特别考量因素,如果企业对不能为其带来经济利益的知识产权支付的特许权使用费,则税务机关有权

① 孔庆江、胡峰:《论跨国公司对华技术转让中的知识产权战略及其对策》,载《法学杂志》2007 年第 5 期。

② 黄汇:《知识产权非理性扩张的法哲学解读——基于知识产权与所有权理念差异的视角》,载《西南民族大学学报(人文社科版)》2006 年第 6 期。

实施特别纳税调整。

6.构建合理的知识产权评估模型

除了传统的资产评估方法包括成本法、市场法和收益法等方法,我国《特别纳税调整实施办法(征求意见稿)》中对价值贡献分配法、资产评估方法等方法进行了规定。价值贡献法类似于美国所使用的公式分配法,是OECD范本中没有的。知识产权价值溢价由市场决定,价值基础由技术内涵决定。[①] 首先,构建合理的知识产权评估模型要应对技术难题。因为难以找到最合适的评估方法,难以获得最全面的价值信息,而且还面临跨境交易难以取证等问题。可以考虑通过分析价值创造因素对跨国集团利润的贡献,将其合并利润在位于不同国家的关联企业之间进行分配。其次,构建合理的知识产权评估模型,要对知识产权公允价值范围进行明晰和界定。针对著作权、商标权、专利权等不同特性,划定其公允价值范围,在数字经济时代,尤其要考虑软件使用和数字编辑等费用对公允价值构成的影响。最后,构建合理的知识产权评估模型,要将知识产权避税工具性与侵权损害赔偿案件联系在一起考虑。[②] 准确地评估价值是确定反避税案件、判断侵权案件的前提。

三、我国知识产权跨境交易反避税制度的司法运作

(一)司法机关的完善

1.税务法院设立的可能性和意义

我国目前没有税务法院,但是有越来越多的公司从事跨境业务。我国的知识产权申请量已经达到全球最多,同时境外资本在我国投资的趋势也依然高涨,而知识产权跨境交易反避税技术难度很高。为了制衡征税问题行政权过于集中的现象,司法应当考虑介入,成立专门税务法院。考虑到设置税务法院的行政成本,我国可以参考美国的模式。美国税务法院(US Tax Court)设立于1969年,是美国正式的司法机构,属于联邦法院的组成部分。其宪法依据是美国《宪法》第1条。税务法院的管辖范围包括:审理欠税争议、受让人责任争议、特定类型的确认判决、合伙项目的调整再调整、

---

① 李鹃:《知识产权担保制度研究》,法律出版社2012年版,第157页。
② 王竞达:《跨国并购知识产权价值评估相关问题研究》,载《经济与管理研究》2010年第5期。

利息减免和行政费用以及工作身份审查、特定征收措施审查等。[1] 美国的税务法院位于华盛顿特区,但是可以受理全国各地的案件,并采取巡回办案的形式。[2] 因此,我国的税务法院也可以考虑设置类似知识产权法院的模式,先在特定地区设置试点,而管辖范围可以辐射全国。这种设置方式的好处是能够节约司法审判成本,但是难免会增加诉讼双方的司法救济成本。

2.知识产权法院的司法协助

我国已经设立了知识产权法院,对知识产权跨境交易反避税司法审查有协助作用。首先,知识产权法院的重要性在于判定知识产权低价转让的效力。很多情况下,低价都是无效的证明。但是只要知识产权是有效的,法院必须裁决被告的行为是否属于知识产权法禁止的。其次,本书第四章已经论述如果知识产权低价转让,那么保护范围就会相应缩小,有效性与保护范围都属于知识产权法院可以裁判的范围,并且能够为审理反避税案件的法院提供辅助证据。诉讼前,知识产权的保护范围是不确定的,这与不动产有所区别,不动产的保护范围由占地的物理特性所限定。再次,知识产权法院对专利、商标、版权的侵权的判断。专利诉讼中,被告可能通过字面意义侵权,也可以通过"等同原则"避免字面意义上的侵权。商标诉讼要求判定商标的知名度,商标淡化诉讼要判定商标是否著名。版权法中,判定被告侵权要注意是否合理使用。最后,知识产权法院可以判断知识产权的范围与价值二者相互联系。知识产权的权利范围是价值评估的重要因素,并且权利范围越大,知识产权价值越高。专利的经济价值取决于其范围,范围越大,被侵犯的可能性也越大。[3] 基于范围和价值的关系,知识产权被低估价格就成为缩小保护范围的证据。每种类型的知识产权效力的具体论述还有待深入分析。

(二)司法制度的完善

1.国际协调的困难与举证义务的国际分配

首先,知识产权跨境交易反避税稽征难度大的一个主要原因是知识产

---

[1]　美国税务法院网,http://www.ustaxcourt.gov/about.htm,最后访问日间:2018年12月12日。

[2]　熊伟:《美国联邦税收程序》,北京大学出版社 2006 年版,第 200 页。

[3]　Robert P. Merges, Richard R. Nelson, On the Complex Economics of Patent Scope.*Columbia Law Review*,1990(90),p.893.

权的无形性导致取证困难。第一,困难首先表现在电子证据取证方面。尤其是跨国公司的知识产权研发过程不透明,知识产权控股公司对知识产权的研发贡献和获取很多要用到电子证据。《中国电子商务法(示范法)》(草稿)中对电子证据作出如下描述:所谓电子证据,是指以电子形式表现出来的、能够证明案件事实的一切材料;所谓电子,就是在技术上具有电的、磁的、数字的、磁性的、无线电的、光学的、电磁的或类似的性能。在知识产权跨境交易反避税的司法程序中,司法机关是否有义务积极帮助当事人收集、固定电子证据,这都值得商榷。电子证据真实性和效力的认定对反避税司法程序也有很大影响。第二,我国还应当积极推荐同期资料管理相关业务,因为同期资料是反避税中的重要证据。第三,税务机关反避税团队与中介机构的博弈非常艰难。举证责任的规则差别在转让定价问题上会带来严重的后果。第四,同期资料管理规定在一定程度上加重了纳税人的举证义务和负担。很多企业必须寻找有资质的中介机构来完成同期资料义务,纳税人举证成本增加。①

其次,知识产权的研究与开发费用会计处理的国际趋同对知识产权跨境交易反避税的影响。研究与开发费用是作为资产还是作为当期费用处理,一直是一个争议较大的问题。国际上比较通行四种观点:第一个观点是将研发费用全部费用化,作为当期费用直接记入损益。第二个观点是将研发费用全部资本化,即认为研发费用全部形成无形资产。第三个观点是将研究费用与开发费用区别对待,研究费用作为费用处理,开发费用可以根据成功的可能性确认为资产。第四个观点是发生期间研发费用计入一个单独账户,研发结束后根据研究开发费用最终的去向来决定其属性。如果研究开发取得成功,可以将其全部费用资本化,并且在其收益期内进行摊销,否则就作为费用计入当期损益。② 采用或与国际会计准则趋同成为一种潮流,欧盟、澳大利亚等都已采用国际财务报告准则,美国在安然事件以后,其财务会计准则委员会与国际会计准则理事会开始进行沟通和试图进行统一。我国应当继续推动国际会计准则趋同全球化,以缩小税会国际化差异,进一步压缩知识产权跨境交易避税空间。

---

① 鲍灵光:《反避税过程中举证责任问题探析》,载《税收经济研究》2012年第4期。
② 王瑞龙:《我国会计准则与国际趋同的证据——以无形资产的研发费用为例》,载《会计之友(中旬刊)》2009年第2期。

　　最后,在税法解释方面,应当以税务司法解释弥补行政反避税之不足。我国目前尚未出现税务司法解释,主要是因为目前我国税务诉讼较少,因此税务机关出台了大量的文件来解释税法规范性文件。反避税依据也多为这些解释性文件,因此在整体上来看,缺乏司法解释介入的行政反避税欠缺税收法治的高度。

　　2.知识产权法视角的反避税网络构建思路

　　本书揭示了避税如何可以通过知识产权法律来解决——学者们以前没有过多关注的方法。被告和法院都可以根据知识产权转让的低价作为证据,来认定无效、侵权不成立、低损害赔偿、不当禁令以及滥用。这些措施是现有判例法的自然延伸,并与知识产权法律政策和哲学基础一致。对立法者和学者而言,这种思路和视角未来大有作为。知识产权价值评估不高的可能就是它的无效。这说明,专利法和商标法现有理论对低估价值并且提供证据证明知识产权无效对反避税有禁止反言的作用。《中华人民共和国民法通则》《中华人民共和国专利法》《中华人民共和国民事诉讼法》《中华人民共和国行政诉讼法》《中华人民共和国著作权法》《中华人民共和国商标法》等法律,《信息网络传播权保护条例》《计算机软件保护条例》等行政法规,《最高人民法院关于审理专利纠纷案件适用法律问题的若干规定》等司法解释,都为知识产权侵权损害赔偿作出了侵权行为人的以及侵权赔偿方法确定等规定。同时,鉴于我国已经建立了知识产权法院,可以将知识产权审查的信息汇总并提供给反避税部门,作为知识产权跨境交易反避税的证据。为此,我国司法视角的知识产权跨境交易反避税构建应当遵循如下思路:

　　第一,法院应当根据知识产权特性确定损害赔偿,并作为反避税审查依据。前一章已经论述,低转让价格往往导致知识产权难以被认定有效,并且难以得到侵权认定。但是权利人都希望自己的知识产权具有高昂的价值,价值与预期收益成正比。因为知识产权能够使权利人增加利润,无论是直接运营知识产权还是通过收取特许权使用费的方式(或者两者兼得)。基于获得损害赔偿的视角,法院在判定知识产权有效性和知名度方面具有司法权。知识产权侵权的损害赔偿主要基于权利人因侵权损失的利润或者特许权使用费。低转让价格说明知识产权人对知识产权的预期收益比较低,而预期收益是侵权损害赔偿的判定标准。知识产权权利人可能会抗辩,称低转让价格并不是出于低利润预期,而是为了降低知识产权无效或者缩小保护范围的风险。但是知识产权损害赔偿只有在原告成功向法院证明知识产权有效且侵权成立时才发生。首先,专利损害赔偿中,专利侵权损害赔偿有两个主要方面:损失的利润和合理的使用费。转让价值评估与这两点都有关系。低价转让意味着损失的利润较低,因为转让价格反映了专利能够给权利人带来的利润水平。损害赔偿的另一个措施是"合理的许可费",当专利权人缺乏足够的证据证明其损失或者专利权人自己并不销售专利产品而是通过许可他人销售专利产品来收取许可费的情况下适用本措施。因为许多知识产权避税结构都包括许可给"避税天堂"的子公司,因此合理的许可费通常就构成损害赔偿的标准。其次,商标知名度审查。商标诉讼要求判定商标的知名度,商标淡化诉讼要判定商标是否著名。任何商标侵权案件中,商标的知名度都是判定侵权与否的关键依据。法院有权利判定通过独特性和在市场上的地位判定知名度。知名度越高的商标保护范围越大,竞争对手所使用的名称和商标就越容易对知名商标构成侵权。[①] 同理,低转让价格证明该商标知名度不高,其保护范围应当缩小。跨国公司如果人为压低商标价格,则可能会失去商标损害赔偿的机会。最后,版权法中应当关注合理使用的认定和例外。被告侵权要注意是否合理使用,因此司法机关要判断知识产权范围与价值的关系,认为知识产权的权利范围是价值评估的重要因素,并且权利范围越大,知识产权价值越高。可见,原本属于单纯的知识产权法方面的问题,其实都与反避税息息相关。

　　第二,法院应当将禁令作为反避税工具。早在加入 WTO 前后,我国就按照《TRIPs 协定》的要求对《著作权法》《商标法》《专利法》修订,增加了法院签发禁令的权力。禁令作为一种强制措施,当权利人有证据证明他人的行为会产生侵犯其权利的后果,为了避免合法权益遭受难以弥补的损害,可以在起诉前申请采取责令法院签发禁令,请求侵权人或即将实施侵权行为的人停止侵害行为。[②] 同时,禁令也可以作为知识产权跨境交易反避税的工具。为了得到禁令,知识产权人必须证明申请禁令的合理性,其中不但要证明知识产权的有效性,而且要证明被告侵权的可能性。通过低转让价格作证据,证明侵权活动的范围应该缩小,使被告的行为不太可能实现。同

①　ACAD of Motion Picture Arts and Scis. v. Creative House Promotions, Inc., 944 F.2d 1446,1455(9th Cir.1991).

②　邓卓:《我国知识产权禁令制度的完善》,载《知识产权》2013 年第 9 期。

样,低转让价格是知识产权无效的证据,尤其是在专利方面,证明跨国公司没有认识到发明的技术先进性。在专利案件中,法院决定是否发出初步禁令通常不是出于技术考虑,而商业利益甚至公共利益则是法院希望采纳的证据。法院在决定是否发出初步禁令的著作权案件时,重点在判断侵权是否合理使用。越低的转让价格表明著作权潜在市场越小,合理使用的范围越广,越不太有利于权利人。在商标侵权案件,决定是否发出初步禁令往往集中在商标和侵权使用之间是否存在混淆的可能性。[①] 较低的转让价格说明商标权人认为该商标可能并不出名,造成客户混淆的可能性不大。同样,在商标淡化的案件中,需要证据显示该商标是"驰名"商标,低转让价格表明商标缺乏名气,因此不足以发出初步禁令。可见,禁令与知识产权转让价格也有密切关系,可以作为反避税的工具之一得到我国司法机关的采用。

总之,将知识产权滥用的规制原理运用到避税理论中,将为法院长期以来为反不正当竞争行为提出的知识产权滥用提供相同的公共政策原则。但滥用知识产权的法律早于反垄断法,并已应用于各种无关的反竞争行为的公共政策之中。滥用是一个灵活的公平原则,法院应该将其适用于日益严重的跨国公司知识产权避税问题。何况我国目前已成立知识产权法院,应当利用专门法院的地位为反避税提供新的司法途径。当然,具体运作还需要制定详细规范。

本章小结

我国也是跨国公司避税行为的受害者,从我国转移出去的利润之高自不必说,我国税基必然遭受侵蚀。发达国家为了规避税收转移到我国进行生产,即使产生高额利润,但我国也无法享受高价值知识产权带来的税收流入,因为往往都是低附加值的生产加工。每年从发展中国家转移出去的利润高达数百亿美元,对发展中国家显然是重大的经济损失。可见,跨国公司每年的避税活动也给中国造成了很大税基流失,其中不少是知识产权跨境交易带来的特许权使用费征税损失。为应对跨国避税行为,我国不断完善反避税的法律法规,立法、司法和执法多角度共同推进反避税调查的实现,

---

从主体配合的路径全方面推进反避税机关和中介机构的合作。最重要的是,积极参与国际合作,倡导及响应多边协议要求。我国应当建立从知识产权法视角出发的反避税路径,应对愈演愈烈的避税风波,同时达到保护知识产权的目的,使我国建设科技强国的同时充分维护税权。

结　论

　　无论跨国公司认为自己随意安排其自有知识产权是一项多么合理的行为，都无法阻挡全球范围各国政府和国际组织联手打击无形资产避税。跨国公司当然有权利安排自己所有的知识产权，可以将其转让给集团内部的、位于本国之外的其他国家或地区的子公司，但是，这看似处置自己私有财产的行为表面之下，并不是出于必要的商业目的，有时是出于降低自身税负考虑，客观上造成了所在国的税基损失。跨国公司这一目的被称为"税收倒置"，是私法上认可税法上却要干预的行为。这一点并无争议，但是干预的方式和界限需要明确。经济学上成本收益理论、法理学中的公权力与私权利的关系、管理学中的持续经营价值理论都解答了跨国公司在利用知识产权进行避税时，各国政府要积极干预。正如反垄断法打击经济集中，知识产权跨境反避税只适用于跨国公司，可以给小企业一些竞争优势，增加它们的规模经济效应。

　　对于一项制度来说，基本原则好比灵魂，是制度平稳运行的指向灯。但基本原则也不宜太多，否则不但显得没有重点，也会让执法者无所适从。同时，原则在借鉴时也要考虑本土实际情况，例如美国反避税五大原则包括虚假交易原则、经济实质原则、商业目的原则、实质重于形式原则、分步交易原则，这五大原则如何通过法律移植，进入我国知识产权跨境交易反避税的原则体系并指导我国反避税实践，就不能仅根据其在美国运行状况良好作为唯一的移植标准。法律移植除了要考量移植体本身是否具有可借鉴性，也要考虑移植地的"土壤"状况是否适合移植体生长，是否需要相应作出对移植体的品种改良。根据知识产权跨境交易的特点，本书选取了现实可替代选择、经济所有权、周期性调整、利润分割等原则着重论述对司法的影响，并借鉴在知识产权价值创造地征税、全球价值链、扬弃"独立交易原则"等理论完善知识产权避税理论。

　　知识产权跨境交易反避税需要平衡各方面的利益,也需要借助各方面的力量。知识产权是最主要也是最特殊的无形资产,在应对知识产权跨境交易避税问题时,至少需要平衡纳税人与税务机关的利益冲突,同时也需要厘清纳税人和知识产权研发人之间的关系。如今知识产权控股公司普遍存在于世界各地,肩负着为集团公司降低税负的目的,法律所有权与经济所有权的归属不一致、知识产权本身技术的复杂性、知识产权本身无形因而转让痕迹难以捕捉等,都让传统证明责任用于知识产权跨境交易反避税显得困难。跨国公司利用知识产权避税绝大多数情况都不只是一己之力对抗强大的税收公权力,中介机构、例如律师事务所、会计师事务所和税务师事务所等在这一过程中都起到举足轻重的作用。因此,反避税并不只是规范税务机关与纳税人那么简单,中介机构的职责与证明责任需要明确。但是否要引入举证责任倒置也需要谨慎考虑。举证责任准则在 OECD 成员国中不尽相同,大多数国家在税务机关承担内部处理环节与外部诉讼环节的举证责任,但是也有些国家采取举证责任倒置,由纳税人举证。因此,不妨在特定环节采取举证责任倒置,例如已经进入司法审查的反避税案件。

　　鉴于知识产权跨境交易的普遍性和大规模性,在进行反避税规制时,需要寻找最为有效的方法。转让定价最常用的方法包括三种传统交易法:非受控价格法、成本加成法、再销售价格法;两种交易利润法:交易净利润法与利润分割法。从民法视角看,知识产权是不具备种类物特性的财产权,每个知识产权都是一种特定物,传统交易方法似乎不足以应对。利润分割法是现阶段最常用的解决无形资产转让定价的方法,而全球公式分配适用的土壤显然还不够成熟,目前只在美国、加拿大各州之间适用,大规模的实践还需要漫长的历程。欧盟也在准备统一公司税基,出发点也是对跨国公司全球利润进行统一分配。每种方法都存在某些缺陷,难以有万全之策应对跨国公司避税行为。公式分配法因为操作难度大并没有被大规模适用,但实施效果似乎值得商榷。因为公式分配法理论上是最能堵塞税收漏洞的方法,加之经济全球化是大趋势,区域经济联盟呈扩张态势,该方法是否能在自由贸易区内部先行采用进而逐渐推广,应当是各国政府未来的反避税方案议题。

　　自 1997 年 9 月中共十五大提出"依法治国"的理念以来,经过近 20 年的发展,我国社会主义法制建设取得了长足的发展。"依法治国"是我国提高国际税收话语权的法律武器,是我国实施"一带一路"倡议的制度保障,是我国打击跨国逃避税的法律支持。基于这种考虑,我国知识产权跨境交易反避税虽然也面临严峻的形势,但是一直以来都是行政权力占据主要地位,而法治需要考虑纳税人本身行为的尺度合法性,因此就必须考虑引入司法审查,让反避税案件成为法院审理的行政案件的一种。一方面对行政自由裁量权进行司法制衡,另一方面对纳税人知识产权管理的社会后果进行司法评价。我国应结合国情,考虑到《税收征管法》对反避税案件的约束无力状况,推进一般反避税条款的完善,加快《特别纳税调整实施办法》草案审议通过,制定正式的实施办法,并在实践中逐步建立完善以行政机关为主导、法院适时参与的知识产权跨境交易反避税制度。

相比整个反避税发展历程来说,知识产权跨境交易反避税的历史是相对短暂的,但是一出现就来势汹汹,公权力对其联手打压,依然无法阻挡跨国公司越挫越勇的趋势。由于我国反避税制度建立才短短数年,知识产权制度也是舶来品,知识产权法院的建立也只有短短几年年时间,所以知识产权跨境交易反避税问题在理论与规范上都处于匮乏与不足的境地。囿于能力和篇幅,本书对此问题也只是初步探讨,在许多问题上还不够全面和深入,也留下了许多问题给学者们探讨研究。如文中提到的知识产权法视角的反避税和公式分配法的完善等问题,不仅涉及法学,还包括经济学、管理学等学科的交叉。相信不久的将来,国内外学者的研究与政府的推动一定能使这些问题得到解答。

参考文献

一、著作

(一)中文著作

[1] 巴曙松、郭云钊、KVB昆仑国际离岸金融项目组等:《离岸金融市场发展的国际趋势与中国路径》,北京大学出版社 2008 年版。

[2] 白彦锋:《税权配置论——中国税权纵向划分问题研究》,中国财政经济出版社 2006 年版。

[3] 曹兴:《技术联盟知识转移行为研究》,科学出版社 2014 年版。

[4] 常世旺:《区域性税收协调研究》,经济科学出版社 2010 年版。

[5] 陈清秀:《税法总论》,台湾翰芦图书出版有限公司 2004 年版。

[6] 丁丽瑛:《知识产权法》,北京科学出版社 2007 年版。

[7] 董再平、王红晓:《国际税收》,东北财经大学出版社 2012 年版。

[8] 范坚:《国际反避税实务指引》,江苏人民出版社 2012 年版。

[9] 冯晓青:《知识产权法前沿问题研究》,中国大百科全书出版社 2009 年版。

[10] 冯晓青:《知识产权法哲学》,中国人民公安大学出版社 2003 年版。

[11] 高中:《后现代法学的思潮》,法律出版社 2005 年版。

[12] 葛克昌:《税法基本问题(财政宪法篇)》,台湾元照出版有限公司 2005 年版。

[13] 葛克昌:《所得税与宪法》,北京大学出版社 2005 年版。

[14] 龚振中:《中国转轨时期政府和企业间的税收博弈》,湖北人民出版社 2009 年版。

[15] 谷志杰、许木:《避税论——合理避税的方法、途径及其理论依据》,学苑出版社 1990 年版。

[16] 古祖雪:《国际知识产权法》,法律出版社 2002 年版。

[17] 贺丹:《破产重整控制权的法律配置》,中国检察出版社 2010 年版。

[18] 何晓蓉:《基于新〈企业所得税法〉的反避税问题研究》,湖南大学出版社 2010 年版。

[19] 黄茂荣:《法学方法和现代民法》,中国政法大学出版社 2001 年版。

[20] 黄茂荣:《税法总论——法学方法与现代税法》(第一、二册),台湾植根法学丛书编辑室 2005 年版。

[21] 蒋红珍:《论比例原则:政府规制工具选择的司法评价》,法律出版社 2010年版。

[22] 国家知识产权培训(湖北)基地:《国际贸易中的知识产权保护》,知识产权出版社 2014 年版。

[23] 国家知识产权专利管理司:《知识产权价值评估能力建设研究》,知识产权出版社 2011 年版。

[24] 柯涛、林葵:《知识产权管理》,高等教育出版社 2004 年版。

[25] 孔祥俊:《中国知识产权保护的创新和升级》,法律出版社 2014 年版。

[26] 李建人:《英国税收法律主义的历史源流》,法律出版社 2012 年版。

[27] 李扬:《知识产权法基本原理》,中国社会科学出版社 2010 年版。

[28] 刘春霖:《知识产权资本化研究》,法律出版社 2010 年版。

[29] 刘隆亨:《当代财税法基础理论及热点问题》,北京大学出版社 2004 年版。

[30] 刘剑文:《国际所得税法研究》,中国政法大学出版社 2000 年版。

[31] 刘剑文:《国际税法学》,北京大学出版社 2004 年版。

[32] 刘剑文、熊伟:《税法基础理论》,北京大学出版社 2004 年版。

[33] 刘李胜、刘隽亭:《纳税、避税与反避税》,西南财经大学出版社 2012 年版。

[34] 刘蓉:《政府垄断与税收竞争》,经济科学出版社 2009 年版。

[35] 刘天永:《中国转让定价反避税纳税指南》,中国税务出版社 2007 年版。

[36] 刘永伟:《转让定价法律问题研究》,北京大学出版社 2004 年版。

[37] 廖益新、李刚、周刚志:《现代财税法学要论》,科学出版社 2007 年版。

[38] 廖益新:《国际税法学》,高等教育出版社 2008 年版。

[39] 林秀芹:《TRIPs 体制下的专利强制许可制度研究》,法律出版社 2006 年版。

[40] 欧阳宇翔等:《律师视野下的税务实务问题》,法律出版社 2011 年版。

[41] 齐礼朋:《TRIPs 体制与中国的技术追赶:知识产权经济学的再探讨》,社会科学文献出版社 2010 年版。

[42] 任永菊:《论跨国公司地区总部的区位选择》,中国经济出版社 2006 年版。

[43] 施正文:《税收程序法论》,北京大学出版社 2003 年版。

[44] 孙健波:《税法解释研究——以利益平衡为中心》,法律出版社 2007 年版。

[45] 唐保庆:《知识产权保护下服务贸易对经济增长的作用机理研究》,经济科学出版社 2013 年版。

[46] 王先林:《知识产权与反垄断法——知识产权滥用的反垄断问题研究(修订版)》,法律出版社 2008 年版。

[47] 吴汉东等:《知识产权基本问题研究》,中国人民大学出版社 2005 年版。

[48] 熊琦:《著作权激励机制的法律构造》,中国人民大学出版社 2011 年版。

[49] 熊伟:《美国联邦税收程序法》,北京大学出版社 2006 年版。

[50] 许秀芳:《国际技术转让所得课税法律问题》,北京大学出版社 2007 年版。

[51] 杨斌:《税收学》,科学出版社 2003 年版。

[52] 俞敏:《税收规避法律规制研究》,复旦大学出版社 2012 年版。

[53] 范坚:《国际反避税实务指引》,江苏人民出版社 2012 年版。

[54] 廖益新主编:《国际税收协定解释问题研究》,科学出版社 2010 年版。

[55] 孙健波:《税法解释研究——以利益平衡为中心》,法律出版社 2007 年版。

[56] 王鸿貌:《谁发现的立场与理论》,中国税务出版社 2008 年版。

[57] 魏俊:《税权效力论》,法律出版社 2012 年版。

[59] 吴汉东、胡开忠:《走向知识经济时代的知识产权法》,法律出版社 2002 年版。

[60] 吴欣望:《知识产权——经济、规则与政策》,经济科学出版社 2007 年版。

[61] 肖太寿:《中国国际避税治理问题研究》,中国市场出版社 2012 年版。

[62] 熊伟:《美国联邦税收程序》,北京大学出版社 2006 年版。

[63] 徐国栋:《优士丁尼〈法学阶梯〉评注》,北京大学出版社 2011 年版。

[64] 徐红菊:《国际技术转让法学》,知识产权出版社 2011 年版。

[65] 许秀芳:《国际技术转让所得课税法律问题研究》,北京大学出版社 2007 年版。

[66] 杨斌:《国际税收制度规则和管理办法的比较研究》,中国税务出版社 2002 年版。

[67] 杨小强:《中国税法:原理、实务与整体化》,山东人民出版社 2008 年版。

[68] 叶青:《德国财政税收制度研究》,中国劳动社会保障出版社 2000 年版。

[69] 叶姗:《税法之预约定价制度研究》,人民出版社 2009 年版。

[70] 于金葵:《知识产权制度的本质》,知识产权出版社 2011 年版。

[71] 俞敏:《税收规避法律规制研究》,复旦大学出版社 2012 年版。

[72] 曾德国:《知识产权管理》,知识产权出版社 2012 年版。

[73] 张平:《产业利益的博弈:美国 337 调查》,法律出版社 2010 年版。

[74] 张守文:《财税法疏议》,北京大学出版社 2005 年版。

[75] 张守文:《税法原理》,北京大学出版社 2009 年版。

[76] 张远堂:《资本之税:投资并购重组税收成本和节税策划》,法律出版社 2013 年版。

[77] 周刚志:《公共财政与宪政国家》,北京大学出版社 2005 年版。

[78] 周自吉:《转让定价基础理论与实务操作》,中国财政经济出版社 2014 年第 2 版。

[79] 郑成思:《知识产权论》,法律出版社 2003 年版。

［80］郑成思:《郑成思自选集》,法律出版社 2003 年版。

［81］中国国际税收研究会:《跨国税源监控研究》,中国税务出版社 2010 年版。

［82］中国国际税收研究会:《企业跨境重组与投资税收问题研究》,中国税务出版社 2010 年版。

［83］祝建军:《数字时代著作权裁判逻辑》,法律出版社 2014 年版。

［84］朱青:《国际税收》,中国人民大学出版社 2009 年第 4 版。

［85］朱炎生:《国际税收协定中常设机构原则研究》,法律出版社 2006 年版。

(二)中文译著

［1］[阿根廷]卡洛斯·M.柯莱亚:《知识产权实施:国际视角》,李轩、张征等译,知识产权出版社 2012 年版。

［2］[澳]彼得·达沃豪斯:《知识的全球化管理》,邵科、张南译、知识产权出版社 2013 年版。

［3］[比]西尔文·R.F.普拉斯切特:《对所得的分类、综合及二元课税模式》,国家税务局税收科学研究所译,中国财政经济出版社 1993 年版。

［4］[德]《德国租税通则》,陈敏译,财政部财税人员训练所 1985 年版。

［5］[德]弗里德里希·卡尔·冯·萨维尼:《论立法与法学的当代使命》,许章润译,中国法制出版社 2001 年版。

［6］[德]汉斯·格奥尔格·伽达默尔:《诠释学.Ⅰ-Ⅱ,真理与方法》,洪汉鼎译,商务印书馆 2010 年版。

［7］[德]卡尔·拉伦茨:《法学方法论》,陈爱娥译,商务印书馆 2005 年版。

［8］[德]柯武刚、史漫飞:《制度经济学——社会秩序与公共政策》,商务印书馆 2000 年版。

［9］[德]马克斯·韦伯:《论经济与社会中的法律》,张乃根译,中国大百科全书出版社 1998 年版。

［10］[德]魏德式:《法理学》,丁晓春、吴越译,法律出版社 2005 年版。

［11］[法]孟德斯鸠:《论法的精神》,张雁深译,商务印书馆 1961 年版。

［12］经济合作与发展组织:《跨国企业与税务机关转让定价指南》,苏晓鲁、姜跃生译,中国税务出版社 2006 年版。

［13］经济合作与发展组织:《OECD 税收协定及注释》,国际税务总局国际税务司译,中国税务出版社 2012 年版。

［14］[美]Arnold,J.Brian&Mcintyre,J.Michael:《国际税收基础》,张志勇等译,中国税务出版社 2005 年版。

［15］[美]R.科斯、A.阿尔钦、D.诺斯等:《财产权利与制度变迁》,上海三联书店 1994 年版。

［16］[美]埃里克·亚当斯、罗威尔·克雷格、玛莎·莱斯曼·卡兹:《知识产权许

可策略:美国顶尖律师谈知识产权动态分析及如何草拟有效协议》,王永生、殷亚敏译,知识产权出版社 2014 年版。

[17] [美]贝尔·丹尼尔:《资本主义文化矛盾》,三联书店 1989 年版。

[18] [美]博登海默·E.:《法理学:法律哲学与法律方法》,邓正来译,中国政法大学出版社 2004 年版。

[19] [美]布雷登·埃弗雷特、奈杰尔·特鲁西略:《技术转移与知识产权问题》,王石宝等译,知识产权出版社 2014 年版。

[20] [美]大卫·蒂斯:《技术秘密与知识产权的转让与许可:解读当代世界的跨国企业》,王玉茂等译,知识产权出版社 2014 年版。

[21] [美]丹尼尔·沙维尔:《解密美国公司税法》,许多奇译,北京大学出版社 2011 年版。

[22] [美]戈登·史密斯、罗素·帕尔:《知识产权价值评估、开发与侵权赔偿》,电子工业出版社 2012 年版。

[23] [美]克里斯·爱德华兹、丹尼尔·米切尔:《全球税收革命——税收竞争的兴起及其反对者》,黄凯平、李德源译,中国发展出版社 2015 年版。

[24] [美]理查德·A.波斯纳:《法律的经济分析(下)》,蒋兆康译,中国大百科全书出版社 1997 年版。

[25] [美]理查德·拉兹盖蒂斯:《评估和交易以技术为基础的知识产权:原理、方法和工具》,国家知识产权局专利管理司组编,电子工业出版社 2012 年版。

[26] [美]鲁文·S.阿维-约纳:《国际法视角下的跨国征税——国际税收体系分析》,熊伟译,法律出版社 2007 年版。

[27] [美]罗伯特·P.墨杰斯、彼特·S.迈乃尔、马克·A.莱姆利、托马斯·M.乔德:《新技术时代的知识产权法》,齐筠等译,中国政法大学出版社 2003 年版。

[28] [美]《美国税法典(精选本)》,翟继光译,经济管理出版社 2011 年版。

[29] [美]罗伊·罗哈吉:《国际税收基础》,林海宁、范文祥译,北京大学出版 2006 年版。

[30] [美]罗素·帕尔、戈登·史密斯:《知识产权价值评估、开发与侵权赔偿》,周叔敏译,电子工业出版社 2012 年版。

[31] [美]阿潘、[美]瑞德堡:《国际会计与跨国公司》,陈颖源、李华、黄慧馨、汪波译,中国经济出版社 1988 年版。

[32] [美]曼昆:《经济学基础》(第 5 版),梁小民、梁砾译,北京大学出版社 2010 年版。

[33] [美]尼古拉斯·麦考罗、斯蒂文·G.曼德姆:《经济学与法律——从波斯纳到后现代主义》,法律出版社 2005 年版。

[34] [美]斯蒂芬·曼顿:《知识资产整合管理:知识资产发掘和保护指南》,张建

宇、任莉、李德升译,知识产权出版社 2014 年版。

[35][美]唐·泰普斯科特、亚历克斯·洛伊、戴维·泰科尔:《数字经济蓝——电子商务时代的财富创造》,陈劲、何丹译,东北财经大学出版社 2003 年版。

[36][美]威廉·M.兰德斯、理查德·A.波斯纳:《知识产权法的经济结构》,金海军译,北京大学出版社 2005 年版。

[37][美]维克多·瑟仁伊:《比较税法》,丁一译,北京大学出版社 2006 年版。

[38][美]乌戈·马太:《比较法律经济学》,沈宗灵译,北京大学出版社 2005 年版。

[39][美]西蒙·库兹涅茨:《现代经济增长:速度、结构与扩展》,戴睿、易诚译,北京经济学院出版社 1989 年版。

[40][美]休·奥尔特、[加]布赖特·阿诺德:《比较所得税法——结构性分析》(第三版),丁一、崔威译,北京大学出版社 2013 年版。

[41][美]詹姆斯·M.布坎南:《民主财政论:财政制度和个人选择》,穆怀朋译,商务印书馆 1993 年版。

[42][美]周晨光(Timothy Chou):《云 7 种清晰的商业模式》,程源等译,机械工业出版社 2011 年版。

[43]欧洲专利局:《未来知识产权制度的愿景》,郭民生、杜建惠、刘卫红译,知识产权出版社 2008 年版。

[44][日]北野宏久:《税法学原论》,陈刚等译,中国检察出版社 2001 年版。

[45][日]金子宏:《日本税法》,战宪斌、郑林根等译,法律出版社 2004 年版。

[46][日]田村善之:《日本知识产权法》,周超、李雨峰、李希同译,知识产权出版社 2011 年版。

[47][英]戴维·米勒:《开放的思想和社会———波普尔思想精粹》,张之沧译,江苏人民出版社 2000 年版。

[48][英]卡尔·波普尔:《猜想与反驳———科学知识的增长》,傅季重、纪树立、周昌忠等译,上海译文出版社 1986 年版。

[49][英]亚当·斯密:《道德情操论》,蒋自强等译,商务印书馆 2010 年版。

[50][英]亚当·斯密:《国民财富的性质和原因的研究》,郭大力、王亚南译,商务印书馆 1996 年版。

[51][英]弗里德利希·冯·哈耶克:《法律、立法与自由》(第二、三卷),邓正来等译,中国大百科全书出版社 2000 年版。

(三)英文著作

[1] Adam,Smith & Garnier,*M.An Inquiry into the Nature and Causes of the Wealth of Nations*(2ed.),London:Dent,1947.

[2] Alasdair Nairn,*Engines.Regarding the Edison Electric Light Compan*,Wiley,2002.

[3] Ault, H.J.& Arnold, B.J., *Comparative Income Taxation: A Structured Analysis*(3), Hague: Kluwer Law International, 2010.

[4] Avi-Yonah, R.S., *International Tax as International Law: An Analysis of the International Tax Regime*, Cambridge: Cambridge University Press, 2007.

[5] Avi-Yonah, R. S. & Nicola Sartori, ED. *Global Perspectives on Income Taxation Law*, New York: Oxford University Press, 2011.

[6] Axel, Hilling, *Income Taxation of Derivatives and other Financial Instruments-Economic Substance versus Legal Form: A Study Focusing on Swedish Non-financial Companies*, Jönköping: ARK Tryckaren AB, 2007.

[7] BÄrsch , S . E . *Taxation of Hybrid Financial Instruments and the Remuneration Derived Therefrom in an International and Cross-border Context*, Berlin: Springer-Verlag Berlin Heidelberg, 2012.

[8] Bruce D. Abramson, *The Secret CircuitRowman & Littlefield Publisher*, INC.2007.

[9] B. Sodipo, *Piracy and Counterfeiting: GATT, TIRPS at Developing Countries*, London: Kluwer Law International, 1997.

[10] Cashmere, M, *Tax and Corporate Finance into the New Millennium*, Sycney: CCH, 1999.

[11] Daniel, Q. Posin & Donald, T. Tobin, *Principles of Federal Income Taxation of Individuals*(7), New York: Thomson West, 2005.

[12] Charles I.Kingson, Cynthia A.*Blum*, *International Taxation*, Beijing: CITIC Press, 2003.

[13] Chery D.block, *Corporate Taxation: Example & Explanations*, Beijing: CITIC Press, 2003.

[14] Christel Van Eynden, *Joint Ventures in Belgium in Martin Mankabady Joint Ventures in Europe*, Tottel, 2008.

[15] C.M.Correa, *Intellectual Property Rights.the WTO and Developing Countries: the TRIPS Agreement*, London and New York London: Zed Books Ltd, 2000.

[16] DR Rolf Eicke, *Tax Planning with Holding Companies-Repatriation of US Profits from Europe*, Netherlands: Wolters Kluwe, 2009.

[17] Eden, Lorraine, *Taxing Multinationals: Transfer Pricing and Corporate Income Taxation in North America*, Toronto: University of Toronto Press, 1998.

[18] Edward, J.Swan, ed, *Issue in Derivative Instruments*, Hague: Kluwer Law International, 1999.

[19] Evans, C.& Krever, R., *Australian Business Income Tax Reform in Retro-

spect, New York: Thomson Reuters, 2009.

[20] F. S. S. Choi, C. A. Frost, G. R. Meek, *International Accounting*, 4th Editio, Prentice Hall Inc, 2002.

[21] Gwendolyn Griffith Lieuallen, *Basic Federal Income Tax*, Beijing: CITIC Press, 2003.

[22] Huge, J. Ault & Brian, J. Arnold, *Comparative Income Taxation : A Structural Analysis*(3), Hague: Kluwer Law International, 2010.

[23] Hugh J. Ault. Comparative Income Taxation : A Structural Analysis, Leiden: Kluwer Law Int. 1997.

[24] John L. Mikesel L., *Fiscal Administration : Analysis and Applications for the Public Sector*(6th, ed.), Wadsorth, 2003.

[25] Julie E. cohen, Lydia Pallas Loren, Ruth Gana Okediji, Maureen A. O., Rourke, *Copyright In A Global Information Economy*, Beijing: CITIC Press, 2003.

[26] Kenny Wong, Alice Lee, *Practical Approach to Intellectual Property Law in Hong Kong*, U. K: Sweet & Maxwell, 2002.

[27] Johannes Becker, *Klaus Vogel on Double Taxation Conventions*(4th ed.), Kluwer Law Int. 2015.

[28] Martens, Weiner, Joann, *Tax Reform in the European Union : Guidance from the United States and Canada on Implementing Formulary Apportionment in the EU*, USA: Springer. 2006.

[29] Michelle Markham, *The Transfer Pricing Of Intangibles*, Kluwer Law International, 2005.

[30] OECD. *Action Planon base Erosion and Profit shifting*, OECD, 2013.

[31] OECD. Transfer Pricing Guidelines for Multinational Enterprises and Tax Administrations, OECD, 2005.

[32] Paul, R. Mcdaniel & Hugh, J. Ault, *Introduction to United States International Taxation* (4th), Hague: Kluwer Law International, 1998.

[33] Peter, Essers & Arie, Rijkers. *The Notion of Income from Capital*, Amsterdam: IBFD, 2005.

[34] Philip Baker, *Double Taxation Conventions and International Tax Law*, London: Sweet & Maxwell, 1994.

[35] Raffaele Russo, *Fundamentals of International Tax Planning*, IBFD, 2007.

[36] Robert Cooter, Thomas Ulen, Law & economics / 6th ed., 格致出版社 2012.

[37] Sol Picciotto, *International Business Taxation*, London: Weidenfeld and Nicolson, 1992.

[38] Stevej.Wurtzler,*Electric Sounds.Technological Changeand the Rise of Corporate Mass Media*,Columbia：Columbia University Press,2009.

[39] S. Thorley et al,*Terrell on the Law of Patents*, London：U.K：Sweet &. Maxell, 15th ed.,2000.

[40] Thuronyi, V.,*Comparative Tax Law*,Hague：Kluwer law international，2003.

[41] Tiley, Jone,*Revenue Law*(4),Oxford：Hart Publishing，2000.

[42] T. P. Stewart. *The GATT Uruguay Round：A Negotiating History*（1986 — 1992），*Vol II：Commentary*,Boston：Kluwer Law And Taxation Publishers，1993.

[43] Wendt, C.A.,*Common Tax Base for Multinational Enterprises in the European Union*,Berlin：Springer，2009.

[44] Wolfgang, Schön &. Kai, A.konrad,*Fundamentals of International Transfer Pricing in Law and Economics*,Berlin：Springer-Verlag，2012.

[45] W.R. Cornish,*Cases and Materials on Intellectual Property*（5th ed.），U.K：Sweet &. Maxwell,2006.

二、论文

(一)中文论文

[1] H・戈尔德・伯枯：《消除国际双重征税公约——针对发展中国家的范本》,载《国际商事法律和政策》1983 年第 3 期。

[2] 白彦、伏军：《虚假陈述侵权的赔偿责任》,载《中国法学》2003 年第 2 期。

[3] 鲍灵光：《反避税过程中举证责任问题探析》,载《税收经济研究》2012 年第 4 期。

[4] 陈冬、罗玮：《公司避税影响审计定价吗?》,载《经济管理》2015 年第 3 期。

[5] 池谷诚、姚柏坚：《新兴市场区位特定优势所带来的超额利润问题探析——日本生产业转移案例》,载《涉外税务》2012 年第 4 期。

[6] 崔晓静：《从"瑞银集团案"看国际税收征管协调机制的走向》,载《法学》2010 年第 12 期。

[7] 刁培俊：《乡村中国家制度的运作、互动与绩效——试论两宋户等制的紊乱及其对乡役制的影响》,载《中国社会经济史研究》2006 年第 3 期。

[8] 丁家辉、陈新：《iTax—苹果公司的国际避税结构和双重不征税问题(中)》,载《国际税收》2015 年第 3 期。

[9] 杜子超：《美国外国账户税务合规法案(FATCA)对我国银行海外业务影响的研究》,载《武汉金融》2013 年第 6 期。

[10] 范晓波：《论知识产权价值评估》,载《理论探索》2006 年第 5 期。

[11] 樊轶侠：《TPP 能否取代 WTO？》,载《国际税收》2015 年第 1 期。

[12] 冯立增:《BEPS 行动计划 6.成果 4 防止税收协定优惠的不当授予》,载《国际税收》2014 年第 10 期。

[13] 高阳:《BEPS 行动计划如何引领发达国家国内税法改革》,载《国际税收》2015 年第 7 期。

[14] 高阳、贾兰霞:《深入解读〈一般反避税管理办法(试行)〉——访国家税务总局国际税务司副司长王晓悦》,载《国际税收》2015 年第 1 期。

[15] 高运根:《数字经济背景下的国际税改及其对中国的影响和建议》,载《国际税收》2015 年第 3 期。

[16] 葛顺奇、罗伟:《中国制造业企业对外直接投资和母公司竞争优势》,载《管理世界》2013 年第 6 期。

[17] 龚赛安、森信夫、池谷诚、Harlow Higinbotham、PimFris、Vladimir Starkov、Tommaso Coriano、姚柏坚:《新兴市场区位特定优势所带来的超额利润问题探析——服务业和分销业案例》,载《涉外税务》2012 年第 5 期。

[18] 顾振华、沈瑶:《知识产权保护、技术创新与技术转移——基于全球价值链分工的视角》,载《国际贸易问题》2015 年第 3 期。

[19] 郭民生:《论知识产权经济理论的基本架构》,载《经济经纬》2007 年第 3 期。

[20] 何其生:《海牙排他性法院选择协议公约(草案)有关知识产权问题的建议》,载《武汉大学学报(哲学社会科学版)》2005 年第 1 期。

[21] 何杨、王景琳、王懿:《选址节约理念在转让定价管理中的应用与挑战》,载《国际税收》2015 年第 4 期。

[22] 郝昭成:《国际税收迎来新时代》,载《国际税收》2015 年第 6 期。

[23] 胡晶晶:《知识产权"利润剥夺"损害赔偿请求权基础研究》,载《法律科学(西北政法大学学报)》2014 年第 6 期。

[24] 胡淑珠:《试论知识产权法院的建立——对我国知识产权审判体制改革的理性思考》,载《知识产权》2010 年第 4 期。

[25] 黄汇:《知识产权非理性扩张的法哲学解读——基于知识产权与所有权理念差异的视角》,载《西南民族大学学报(人文社科版)》2006 年第 6 期。

[26] 黄士洲:《一般反避税立法实践的比较研究——以中国台湾地区、日本与德国税法相关规定与实例为主线》,载《交大法学》2015 年第 1 期。

[27] 姜跃生:《FATCA:中国税务应对三策》,载《国际税收》2015 年第 3 期。

[28] 乔治·库曼托:《国际私法与伯尔尼公约》,郑成思译,载《法律科学(西北政法学院学报)》1992 年第 3 期。

[29] 靳东升、张智慧:《反避税的国际合作及发展趋势》,载《国际税收》2013 年第 12 期。

[30] 柯炳炎、雷文、叶潮:《一起跨国集团内劳务转让定价案引发的思考》,载《涉外

税务》2008 年第 6 期。

[31] 孔庆江、胡峰:《论跨国公司对华技术转让中的知识产权战略及其对策》,载《法学杂志》2007 年第 5 期。

[32] 李佳、高胜华:《美国国际贸易委员会对专利权主张实体的管制——以美国国内产业标准为研究重点》,载《知识产权》2014 年第 5 期。

[33] 李时:《境外投资所得税制的理论与实践》,载《税务研究》2013 年第 4 期。

[34] 李鑫:《实用主义司法方法论:主张、成就及不足》,载《兰州大学学报(社会科学版)》2014 年第 6 期。

[35] 廖益新:《从 Glaxo 案看营销性无形资产转让定价规制问题》,载《法学家》2010 年第 1 期。

[36] 廖益新:《国际税收协定适用于合伙企业及其所得课税的问题——以中国执行双边税收协定为视角》,载《上海财经大学学报》2010 年第 4 期。

[37] 廖益新:《论电子商务交易的流转税法律属性问题》,载《法律科学》2005 年第 3 期。

[38] 廖益新:《应对数字经济对国际税收法律秩序的挑战》,载《国际税收》2015 年第 3 期。

[39] 林静:《税收管理内部控制问题探究》,载《税务研究》2012 年第 10 期。

[40] 刘剑文、王桦宇:《中国反避税法律制度的演进、法理省思及完善——以〈税收征管法〉修改为中心》,载《涉外税务》2013 年第 2 期。

[41] 卢宝锋:《"专利盒":催生优质专利的税收杠杆》,载《电子知识产权》2012 年第 4 期。

[42] 罗鹏、史言信:《跨国公司海外 R&D 的区位投资路径与影响因素研究——基于比较视角的面板数据分析》,载《中央财经大学学报》2008 年第 11 期。

[43] 伦纳德·瓦格纳、陈新:《OECD 税基侵蚀和利润转移(BEPS)行动计划对发展中国家的影响(上)》,载《国际税收》2015 年第 7 期。

[44] 毛翠英:《会计师事务所避税业务对我国反避税的启迪》,载《税务研究》2013 年第 10 期。

[45] 那力:《转移定价问题的公平交易法与全球公式法之争——美国法院一个新近判决引起的轩然大波》,载《经济与法》2011 年第 8 期。

[46] 那力、夏佩天、薛晓波:《无形资产转让定价的国际税法调整:公平交易原则 VS 全球公式法》,载《当代法学》2010 年第 5 期。

[47] 那力、臧韬:《中国视角:收入来源国与跨国公司的税收博弈》,载《税务与经济》2009 年第 4 期。

[48] 宁琦、励贺林:《苹果公司避税案例研究和中国应对 BEPS 的紧迫性分析及策略建议》,载《中国注册会计》2014 年第 2 期。

［49］庞凤喜、贺鹏皓：《基于反避税要求的税制改革国际视野》，载《税务研究》2015年第 7 期。

［50］任洲鸿、尹振宇：《知识产权的政治经济学分析：以微笑曲线为例》，载《当代经济研究》2016 年第 1 期。

［51］戎惠良：《让纳税人承担举证义务是国际反避税的重要经验》，载《涉外税务》1992 年第 7 期。

［52］盛立中：《殃及全球的"爱尔兰面包片"避税大法》，载《涉外税务》2013 年第 5 期。

［53］施高翔、齐树洁：《我国知识产权禁令制度的重构》，载《厦门大学学报（哲学社会科学版）》2011 年第 5 期。

［54］施先旺：《内部控制理论的变迁及其启示》，载《审计研究》2008 年第 6 期。

［55］苏浩：《泛美卫星公司税案与跨国营业利润和特许权使用费的界分》，载《武大国际法评论》2004 年第 1 期。

［56］孙尚鸿：《涉网知识产权案件管辖权的确定》，载《法律科学》2010 年第 1 期。

［57］汤洁茵：《转让定价税制中的举证责任分析》，载《涉外税务》2007 年第 2 期。

［58］王保平：《论无形资产领域的九大矛盾关系》，载《财会月刊》2007 年第 5 期。

［59］王波、刘菊芳、龚亚麟：《"营改增"政策对知识产权服务业的影响》，载《知识产权》2014 年第 4 期。

［60］王竞达：《跨国并购知识产权价值评估相关问题研究》，载《经济与管理研究》2010 年第 5 期。

［61］王瑞龙：《我国会计准则与国际趋同的证据——以无形资产的研发费用为例》，载《会计之友（中旬刊）》2009 年第 2 期。

［62］王习农：《培育国内服务外包市场加大服务业引资力度》，载《国际贸易》2007 年第 1 期。

［63］汪渊智：《理性思考公权力与私权利的关系》，载《山西大学学报（哲学社会科学版）》2006 年第 4 期。

［64］韦贵红、阎达：《域外知识产权法院的设置与运行》，载《知识产权》2014 年第 4 期。

［65］吴国平：《美、中税收环境的比较研究》，载《山西财政税务专科学校学报》2003 年第 2 期。

［66］吴晓慧：《日本转让定价指南特点及最新变化》，载《涉外税务》2008 年第 9 期。

［67］邬展霞、赵亮、黄达：《无形资产跨国贸易转让定价的反避税研究》，载《国际税收》2014 年第 11 期。

［68］肖恺乐：《发达国家"信息管税"的特点及对我国的启示》，载《税务研究》2011 年第 6 期。

[69] 徐金强:《关于非居民企业避税问题的探讨》,载《涉外税务》2011 年第 10 期。

[70] 杨斌:《防止跨国公司避税之对策的比较研究(上)》,载《涉外税务》2003 年第 6 期。

[71] 杨斌:《关于用西方最优税收理论指导税制改革的论辩》,载《厦门大学学报(哲学社会科学版)》2005 年第 4 期。

[72] 杨虹:《总部经济模式下区域税收与税源背离的思考》,载《中央财经大学学报》2009 年第 7 期。

[73] 延峰、冯炜、崔煜晨:《数字经济对国际税收的影响及典型案例分析》,载《国际税收》2015 年第 3 期。

[74] 杨洋:《我国营销性无形资产转让定价制度现状及完善构想》,载《经济视角》2012 年第 1 期。

[75] 叶莉娜:《常设机构利润归属:独立交易法 VS 公式分摊法》,载《现代经济研究》2012 年第 3 期。

[76] 叶姗:《一般反避税条款适用之关键问题分析》,载《法学》2013 年第 9 期。

[77] 易继明:《禁止权利滥用原则在知识产权领域中的适用》,载《中国法学》2013 年第 4 期。

[78] 赵国庆:《跨国公司全球避税安排机制研究——基于 OECD〈税基侵蚀与利润转移〉报告的分析》,载《国际税收》2014 年第 3 期。

[79] 赵国庆:《审视跨国高科技公司避税行为,完善我国反避税制度——兼评"双爱尔兰(荷兰三明治)"避税安排》,载《国际税收》2013 年第 2 期。

[80] 赵书博:《中国与欧洲各国"专利盒(PatentBox)"制度比较研究》,载《会计之友》2015 年第 5 期。

[81] 曾军平:《公平分配、规则架构与财税政策选择》,载《税务研究》2015 年第 8 期。

[82] 詹爱岚:《美国避税方法专利的司法实践及立法规制》,载《南京工业大学学报(社会科学版)》2015 年第 6 期。

[83] 张富强:《税收公平视野下知识产权服务业增值税制的优化设计》,载《暨南学报(哲学社会科学版)》2015 年第 9 期。

[84] 张韬略:《美国科技中介公司吸收海外创新的新模式——兼谈我国科研机构参与海外研发时应注意的知识产权问题》,载《中国高校科技与产业》2008 年第 3 期。

[85] 张星:《"营改增"后固定资产与无形资产的核算》,载《财会月刊》2014 年第 2 期。

[86] 张严、孔扬:《"亚当·斯密问题"的哲学反思与时代意义》,载《社会科学战线》2015 年第 3 期。

[87] 张滢:《BEPS 行动计划 8、成果 5 无形资产转让定价指引》,载《国际税收》2014

年第 10 期。

[88] 张泽平、杨金亮:《美国〈海外账户税收遵从法案〉及其背后的战略意图》,载《涉外税务》2013 年第 4 期。

[89] 赵国庆:《审视跨国高科技公司避税行为完善我国反避税制度——兼评"双爱尔兰(荷兰三明治)"避税安排》,载《国际税收》2013 年第 8 期。

[90] 赵书博:《中国与欧洲各国"专利盒(PatentBox)"制度比较研究》,载《会计之友》2015 年第 5 期。

[91] 郑成思:《简论知识产权的评估》,载《中国社会科学院研究生院学报》1998 年第 3 期。

[92] 郑成思:《知识产权与国际关系》,载《国际商务(对外经济贸易大学学报)》1995 年第 3 期。

[93] 中国税务:《增值税转型:税制改革与经济发展共赢——增值税转型改革基本精神与内涵解读》,载《中国税务》2009 年第 1 期。

[94] 朱大旗、何遐祥:《论我国税务法院的设立》,载《当代法学》2007 年第 3 期。

[95] 祝建军:《标准必要专利使用费条款:保密抑或公开——华为诉 IDC 标准必要专利案引发的思考》,载《知识产权》2015 年第 5 期。

[96] 朱岩:《"利润剥夺"的请求权基础——兼评〈中华人民共和国侵权责任法〉第 20 条》,载《法商研究》2011 年第 3 期。

[97] 朱莹、刘笋:《离岸公司国际避税问题研究》,载《湖北社会科学》2012 年第 1 期。

[98] 朱一青:《自贸协定视角下知识产权避税问题研究》,载《电子知识产权》2014 年第 9 期。

[99] 朱一青、曾婧:《计算机软件著作权交易课税性质判定及其法律意义》,载《重庆大学学报(社会科学版)》2015 年第 6 期。

(二)英文论文

[1] Alexandre Quiquerez, Intellectual Property Holding Companies: An International Legal Perspective, *Intellectual Property Quarterly*, 2013(4).

[2] Andrew Blair-Stanek, Intellectual Property Law Solutions to Tax Avoidance, *UCLA Law Review*, 2015, 62(2).

[3] Andrew Blair-Stanek. Tax in the Cathedral: Property Rules, Liability Rules, and Tax, *Virginia Law Review*, 2013, 99.

[4] Antony Ting, iTax—Apple's International Tax Structure and the Double Non-Taxation Issue, *British Tax Review*, 2014, 1.

[5] Arthur J. Cockfield. Transforming The Internet Into A Taxable Forum: A Case Study In E-Commerce Taxation, *Minnesota Law Review*, 2001, 85(5).

［6］ Augustyn，Francene M.，Tax Anmalysis of Research and Development Cost-Sharing Arrangements，*Tax Lawyer*，1989，42(4).

［7］ Banks Miller，Brett Curry，Expertise，Experience，and Ideology on Specialized Courts；the Case of the Court of Appeals for the Federal Circuit，*Law and Society Review*，2009，43(4).

［8］ Barrett James H.，hadjilogiou Steven，tevel Sean，Benefits of Tax Planning as Part of the Acquisition of an International Business，*Florida Bar Journal*，2013，87(1).

［9］ Bastian Gottschling，Philip De Homont，Alexander Voegele，Loss utilisation：profit participating IP，*International Tax Review*，2011，5.

［10］ Batanayi Katongera，Natasha Kaye，Tax Efficient Ownership of UK Intellectual Property，*International Tax Review*，2011，Jul/Aug Supp.

［11］ Benjamin F.tennille，Lee Applebaum，Anne Tucker Nees.Getting To Yes In Specialized Courts，The Unique Role of ADR In Business Court Cases，*Pepperdine Dispute Resolution Law Journal*，2010，11.

［12］ Benjamin Alarie，Chapter 6 the Challenge of tax Avoidance for Social Justice in Taxation，*IUS Gentium*，2015，40.

［13］ Ben L Ask. Banks，Universities And Hospitals：The Limits to Tax Avoidance，*EC Tax Journal*，2006，8(2).

［14］ Brauner，Yariv，What the BEPS，*Florida Tax Review*，2014，16(2).

［15］ Bregman-Eschet，Yael，Ripple Effect of Intellectual Property Policy：Empirical Evidence from Stem Cell Research and Development，*Journal of Technology Law & Policy*，2014，19(2).

［16］ Bret Wells，Revisiting Section 367(D)：How Treasury Took the Bite Out Of Section 367(D) and What Should be Done about It，*Florida Tax Review*，2014，16(10).

［17］ Brian D.segal And Jonathan Garbutt，Canada's General Anti Avoidance Rule：Four Recent Cases of The Tax Court Of Canada，*Tax Planning International Review*，2006，33.

［18］ Brauner，Yariv，What the BEPS，*Florida Tax Review*，2014，6(2).

［19］ CF.Gregg D.Polsky，Dan Markel，Taxing Punitive Damages，*Virginia Law Review*，2010，96.

［20］ Charles Gielen，Nauta Dutilh.Luxembourg：Intellectual Property Clarification of The Luxembourg Tax Treatment of Intellectual Property Income，*European Intellectual Property Review*，2009，7.

［21］ Chris Evans.Barriers to Avoidance：Recent Legislative and Judicial Developments in Common Law Jurisdictions，*Hong Kong Law Journal*，2007，37.

〔22〕 Cloyd C.Bryan,The Effects of Financial Accounting Conformity on Recommendations of Tax Preparers,*Journal of the American Taxation Association*,1995,17.

〔23〕 Daniel J.Hemel, Lisa Larrimore Ouellette,Beyond the Patents-Prizes Debate, *Texas Law Review*, 2014,92(4).

〔24〕 Dave Rutges, Eduard Sporken,Dirk Van Stappen, Pascal Luquet,Andrew Hickman,EU Cooperation Brings out Benefits of Advance Pricing Agreements,*International Tax Review*,2006,17(6).

〔25〕 David Wilson,Laura Deacon, Howard Murra,Pindy Gain-Da.,Making The Most of The New UK "Patent Box" Tax Regime,*European Intellectual Property Review*, 2013,35(3).

〔26〕 Diane Ring, What's at Stake in the International Sovereignty Debate?, *Virginia Journal of International Law*,2008,49.

〔27〕 D.L.P.Francescucci,The Arm's Length Principle and Group Dynamics,*International Transfer Pricing*, 2004,11.

〔28〕 Dolores W.Gregory,United States:IRS Says Timberland Deal Shifted USD 1.5 Billion in Assets to Switzerland,*Tax Management Transfer Pricing Report*,2015,8.

〔29〕 Donald Drysdale.Patent Box,*Tolley's Practical Tax Newsletter*,2014, 35.

〔31〕 Edward D.Kleinbard,Stateless Income,*Florida Tax Review*, 2011,139.

〔32〕 Edward D. Kleinbard, Stateless Income's Challenge to Tax Policy, *Tax Notes*, 2012,136.

〔33〕 Ethan S.Burger, ESQ,Who is The Corporation's Lawyer?,*West Virginia Law Review*,2005,107.

〔34〕 Elizabeth,King,Is the Section 482 Periodic Adjustment Requirement Really Arm's Length Evidence from Arm's Length Long-Term Contracts,*Tax Analysts Tax Notes International Magazine*, 1994,11(4).

〔35〕 Ethans, Burger, Donmayer, Peterbowal,Kpmg and"Abusive"Tax Shelters:Key Ethical Implications For Legal and Accounting Professionals,*Journal of the Legal Profession*,2007,31.

〔36〕 Evanb.Hofmann,Irs Circu Lar 230 and Professional Disciplinef or Firms, *Houston Law Review*,2006,43.

〔37〕 Francisco Duque, Muzaffar Shah.Fatca,UK Signs Intergovernmental Agreement with the US,*Practical Law Companies*, 2012,23(10).

〔38〕 Gideon Parchomovsky, R. Polk Wagner, Patent Portfolios , *University of Pennsylvania Law Review*, 2005,154(1).

〔39〕 Harris, John R,Patent System is under Assault-Startups, Should You Care -

Ten Things about Patents that Startups Need to Consider, *AIPLA Quarterly Journal*, 2016,44(1).

[40] Henri De Feydeau, The Deductibility of Interest Paid By A Domestic Subsidiary to Its Foreign Parent Corporation; and to Third Parties on Debt Guaranteed by Its Foreign Parent Corporation: Host Country: France., *Tax Management International Forum*,2004,25(1).

[41] Henry Ordower,Utopian Visions Toward A Grand Unified Global Income Tax, *Florida Tax Review*,2013,14(9).

[42] Hugh J.Ault,Some Reflections on the OECD and the Sources of International Tax Principles, *Tax Notes Int'L*,2013,70.

[43] Ian Ayres,Paul Klemperer,Limiting Patentees' Market Power without Reducing Innovation Incentives: The Perverse Benefits of Uncertainty and Non-Injunctive Remedies,*Michigan Law Review*,1999,97.

[44] Jeffrey H. Matsuura, An Overview of Intellectual Property and Intangible Asset Valuation Models,*Res.Mgmt.Rev*,2004,14.

[45] Jack Mintz &. Joann M,Weiner.Some Open Negotiation Issues Involving a Common Consolidated Corporate Tax Base in the European Union,*Tax Law Review*, 2008,62(1).

[46] James R.Hines,JR.Lessons from Behavioral Responses to International Taxation,*National Tax Journal*,1999,52.

[47] James R.Hines,JR.&. Lawrence H.Summers,How Globalization Affects Tax Design, *Tax Pol'y &. Econ*,2009,23.

[48] Janine Robben,Specialized Courts vs.the Jury of Peers,*Oregon State Bar Bulletin*,2005,65(6).

[49] Jeremy M.Wilson,Statutory Interpretation in Wal-Mart Stores East, Inc.v. Hint On And Why North Carolina Courts Should Apply Anti-Tax Avoidance Judicial Doctrines in Future Cases ,*North Carolina Law Review*, 2010,88(4).

[50] Jinyuan Li,Tax Transplants and Local Culture::A Comparative Study of the Chinese and Canadian GAAR,*Theoretical Inquiries in Law*,2010,(11).

[51] Jon R.Cavicchi,Intellectual Property Research Tools and Strategies,IDEA: *The Intellectual Property Law Review*,2007,47.

[52] John Neighbour, Jeffrey Owens,.Transfer Pricing in the New Millennium: Will the Arm's Length Principle Survive,*George Mason Law Review*, 2002,10(4).

[53] John R.Allison,Mark A.Lemley,Empirical Evidence on the Validity of Litigated Patents,*Aipla Quearterly Journal*, 1998,26(3).

［54］Joseph Bankman, State Tax Shelters and State Taxation of Capital, *Virginia Tax Review*, 2007, 26(4).

［55］Julie Roin, Can the Income Tax Be Saved? The Promises and Pitfalls of Adopting Worldwide Formulary Apportionment, *Tax Law Revies*, 2008, 61.

［56］Kane, Mitchell A, Milking versus Parking: Transfer Pricing and CFC Rules under the Code, *Tax Law Review*, 2013, 66(4).

［57］Lance Wyatt, Keeping Up with the Game: the Use of the Nash Bargaining Solution in Patent Infringement Cases, *Santa Clara Computer & High Technology Law Journal*, 2015, 31.

［58］Lee A. Sheppard, Is Transfer Pricing Worth Salvaging?, *Tax Notes*, 2012, 136.

［59］Martin A. Sullivan, Economic Analysis: Will International Tax Reform Slow U.S. Technology Development?, *Tax Notes*, 2013, 141.

［60］Martin A. Sullivan, U.S. Multinationals Paying Less Foreign Tax, *Tax Notes*, 2008, 118.

［61］Martin A. Sullivan, Economic Analysis-Intangible Profits: Oh, the Places You'll Go!, *Tax Notes*, 2013, 139.

［62］Mclure, Charles E. JR., U.S. Federal Use of Formula Apportionment to Tax Income from Intangibles, *Tax Analysts Tax Notes International Magazine*, 1997, 75.

［63］Merrill, Peter R., Tax Reform and Intangible Property, *Taxes: The Tax Magazine*, 2006, 84(3).

［64］Melissa A. Dizdarevic, Comment, The FATCA Provisions of the Hire Act: Boldly Going Where No Withholding Has Gone Before, *Fordham Law. Review*, 2011, 79.

［65］Michael J. Graetz, Rachael Doud, Technological Innovation, International Competition, and the Challenges of International Income Taxation, *Columbia Law Review*, 2014, 113(2).

［66］Michaels. Kirsch, Revisiting The Tax Treatment of Citizens Abroad: Reconciling Principle and Practice, *Florida Tax Review*, 2014, 16.

［67］Michiru Takahashi, Harukuni Ito, Japan IP High Court relaxes Requirements to Prove Lost Profits in Patent Infringement Suits., *World Intellectual Property Report*, 2013(6).

［68］Abramowicz, Michael; Duffy, John F., The Inducement Standard of Patentability, *Yale Law Journal*, 2011, 120(7).

［69］Mitchell L. Bach, Lee Applebaum, A History of the Creation and Jurisdiction of Business Courts in the Last Decade, *Busniss Lawyer*, 2004. 60.

［70］ Michael J.Graetz,Rachael Doud,Technological Innovation, International Competition, and the Challenges of International Income Taxation, *Columbia Law Review* , 2013,113(2).

［71］ Nancy B.Rapoport,Seeingthef Or Estandthetrees: The Properrole Of The Bankruptcy At Torney ,*Indiana Law Journal*,1995,70.

［72］ Neil Smith,Tax Issues in Structuring Intellectual Property Rights.*Tax Planning International Review*, 2011,38(12).

［73］ Neilwilkof,Daniel Burkitt,Trade Mark Licensing,*Journal of Business Law*, 2006,(1).

［74］ Peter Spours, Dan Mccurdy,Why IP Currency is The Route to Profit Expansion,*Managing Intellectual Property*,2006,161.

［75］ Pryzsuski, Martin, OECD Transfer Pricing of Intra-Group Services, *Corporate Business Taxation Monthly*, 2005,6(8).

［76］ Reuven Avi-Yonah,Xilinx Revisited,*Tax Notes*, 2010,59.

［77］ Ostwal, T.P, Vijayaraghavan, Vikram, Anti-Avoidance Measures,*National Law School of India Review*, 2010,22(2).

［78］ Robert Feinschreiber,Kent Margaret,Conducting a Comparability Analysis for Intangibles ,*Corporate Business Taxation Monthly*, 2012,14(1).

［79］ Robert P.Merges, Richard R.Nelson,On the Complex Economics of Patent Scope,*Columbia Law Review*,1990,90.

［80］ Robert Feinschreiber, Margaret Kent,Revisiting OCED Cost Contribution Arrangements,*Corporate Business Taxation Monthly*, 2011,12(12).

［81］ Rosanne Altshuler, Harry Grubert,The Three Parties in the Race to the Bottom: Host Governments, Home Governments,and Multinational Companies, *Florida Tax Review*, 2005,7(3).

［82］ Rosembuj, Tulio, Hybrid Entities Why Not Tax Pass-throughs as Corporations,*Intertax*, 2012,40(5).

［83］ Schizer,M.David,Balance in the Taxation of Derivative Securities: An Agenda for Reform,*Columbia Law Review*,2004,104(11).

［84］ Soeren Dressler, Kurt-Henrik MüLler, Competitive Advantage for Integrated Vertical Value Chains,*Cost Management*,2003,9.

［85］ Sol Picciotto,Rights, Responsibilities and Regulation of International Business ,*Columbia Journal of Transnational Law*,2003,42(1).

［86］ Stephen E.Shay,Exploring Alternatives to Subpart F,*Taxes*, 2004,82(3).

［87］ Sunny Kishore Bilaney,India: Intellectual Property Migration-Analysis from an Indian Transfer Pricing Perspective, *International Transfer Pricing Journal*, 2012,1.

[88] Susan C.Morse, The Transfer Pricing Regs Need a Good Edit, *Pepperdine Law Review*,2013,40.

[89] TEI Comments on OECD Revised Intangibles Discussion Draft, *Tax Executive*, 2013,65(4).

[90] Timothy Lyons QC, International Taxation and The BEPS Action Plan: Challenged by Modernity?, *British Tax Review*,2014,5.

[91] Todd; Cordova, David, Analysing the OECD Draft on Intangibles , *International Tax Review*, 2012,7.

[92] Valoir Tamsen, Exploring the Intersection between Tax and Intellectual Property, *Taxes: The Tax Magazine*, 2007,85(12).

[93] Viviane De Beaufort, The European Union and the New Face(S) of International Trade, *International Business Law Journal*,2015(1).

[94] Weiner, Joann M, Using the Experience in the U.S.States to Evaluate Issues in Implementing in Implementing Formula Apportionment at the International Level, *Tax Notes International Magazine*,1996,23.

[95] William A .Drennan, A Method Of Analysis for the Unlikely Asked to Perform The Amazing: Determining "Patentability" Without A Patent Application Under Section 1235, *Virginia Tax Review*, 2003,22.

三、其他资料

(一)研究报告

[1] Jorion, P.Derivatives Markets: Economic Implications for Taxation. ST/SG/AC.8/1995/ L.5.

[2] Charles, E.Mclure. Source-Based Taxation and Alternatives to the Concept of Permanent Establishment in Canadian Tax Foundation.2000 World Tax Conference Report,2000.

[3] League Of Nations.Report on Double Taxation.League of Nations Doc.No.E.F.S.73.F.19,40,1923.

[4] League of Nations. Report Prepared by the Committee of Experts on Double Taxation and Tax Evasion.League of Nations Publications,1927.

[5] Nina LeväJäRvi .Finland Branch Reporter.IBFD,2013.

[6] Obuoforibo, Belema.United Kingdom-Corporate Taxation.IBFD Bulletin,2013.

[7] OECD, Action Plan on Base Erosion and Profit Shifting, Paris: OECD,2013.

［8］OECD，Addressing Base Erosion and Profit Shifting，Paris：OECD，2013.

［9］OECD，Aggressive Tax Planning based on After-Tax Hedging，http：//www.oecd.org/ctp/aggressive/after_tax_hedging_report.pdf，2014-2-2.

［10］OECD，Attribution of Profits of Permanent Establishment.2008.http：//www.oecd.org/tax/transfer-pricing/41031455.pdf，2013-6-5.

［11］OECD，Discussion Draft on the Attribution of Profits to Permanent Establishments，PEs：Part III（Enterprises Carrying on Global Trading of Financial Instruments），http：//www.oecd.org/tax/transfer-pricing/2497694.pdf，2013-8-4.

［12］OECD，Hybrid Mismatch Arrangements：Tax Policy and Compliance Issues，http：//www.oecd.org/ctp/aggressive/HYBRIDS_ENG_Final_October2012.pdf，2013-8-12.

［13］OECD，Electronic Commerce：Transfer Pricing and Business Profits Taxation.OECD Policy studies，No.10，2005.

［14］OECD，Innovative Financial Transactions：Tax Policy Implications.OECD：Ad Hoc Group of Experts on International Cooperation in Tax Matters，2001，http：//unpan1.un.org/intradoc/groups/public/documents/un/unpan002448.pdf，2012-4-5.

［15］OECD，Part III：Special Considerations for Applying the Working Hypothesis to Permanent Establishments（PEs）of Enterprises Carrying on Global Trading of Financial Instruments，http：//www.oecd.org/tax/transfer-pricing/ 2497694.pdf.

［16］OECD，Transfer Pricing Guidelines for Multinational Companies and Tax Administrations.1995.

［17］OECD，Transfer Pricing Guidelines for Multinational Enterprises and Tax Administrations.1995.

［18］OECD，Addressing the Tax Challenges of the Digital Economy.http：//www.google.com.hk/url? sa＝p&hl＝zh-CN&pref＝hkredirect&pval＝yes&q＝http：//www.google.com.hk/url％3Fq％3Dhttp：//www.oecd.org/ctp/tax-challenges-digital-economy-discussion-draft-march-2014.pdf％26sa％3DU％26ei％3D0leOVKWBC8G1uASeqoGAAw％26ved％3D0CAYQFjAA％26client％3Dinternal-uds-cse％26usg％3DAFQjCNEx9g8f56szkBztu9kEB0Ob8zmXNA％26gws_rd％3Dcr&ust＝1418614777216261&usg＝AFQjCNGNF1U-fh7XN_BN-LxzdnumVNPw2g，2014-5-24.

［19］OECD，BEPS—Frequently Asked Questions .http：//www.oecd.org/ ctp/beps- frequentlyaskedquestions.htm，2014-9-24.

（二）其他

［1］Elizabeth Rigby，Vanessa Houlder，Murad Ahmed.Osborne Plans Crackdown On Tech Groups With New Anti-Tax Avoidance Rules.Financial Times，2014.9.29.

［2］Roland Watson，Fay Schlesinger，Soraya Kishtwari，G20 Leaders Call For Clampdown On Multinational Tax Avoidance. The Times，November 6，2012；Andrew Grice，G8 Summit：David Cameron Hails Landmark Deal To Rewrite Global Rules To Stamp Out Tax Evasion. The Independent，June 18，2013.

［3］潘寅茹：《跨国避税犯众怒 G20 拟联手打击转移定价》，载《第一财经日报》2013年 2 月 18 日。

［4］叶慧珏：《G20 税改风暴：谁和谁的较量？》，载《21 世纪经济报道》2014 年 11 月 15 日。

［5］王健：《中国开展国际情报交换围剿跨国避税》，载《新京报》2014 年 11 月 24 日。

［6］秦伟：《全球"反避税"？》，载《21 世纪经济报道》2014 年 10 月 23 日。

［7］王建伟：《美国反税收庇护的五大司法原则》，载《中国转让定价网》2015 年 1 月 19 日。

［8］廖冰清、何雨欣：《全球反跨国避税行动再升级多国政府重拳出击》，载《经济参考报》2014 年 9 月 26 日。

［9］阎传雨：《OECD：全球性打击国际逃税行动将持续下去》，载《中国税务报》2015年 3 月 17 日。

［10］Floyd Norris，Kpmg.A Proud Old Lion，Brought to Heel.N.Y.Times，Aug. 30，2005.

［11］M.A.Sullivan，The Other Problem with Cost Sharing，Worldwide Tax Daily，2013-5-27.

［12］孙斌：《如何面对 BEPS 与反避税》，载《中国税务报》2015 年 4 月 8 日。

［13］Charles Duhigg，David Kocieniewski.How Apple Sidesteps Billions In Taxes. N.Y.Times，Apr.28，2012，At A1.

［14］Peter Campbell，Starbucks Facing Boycott Over Tax.The Daily Mail，Oct. 12，2012.

［15］David D.Stewart，Oecd And European Commission Leaders Discuss Fundamental Corporate Tax Reform. Worldwide Tax Daily，June 12，2013，At 113-3.

［16］中国税务报：《案例剖析：首例大额跨境服务费避税案件查结》，载《中国税务报》2014 年 1 月 23 日。

［17］OECD/G20 Base Erosion and Profit Shifting Project：Guidance on Transfer Pricing Documentation and Country-by-Country Reporting，http：//www.oecd.org/tax/guidance-on-transfer-pricing-documentation-and-country-by-country-reporting-9789264219236-en. Htm.

［18］Raskolnikov，Alex，Reforming the Taxation of Derivatives-An Overview. Columbia

Law and Economics Working Paper No.372,http：//papers.ssrn.com/sol3/papers.cfm? abstract
_id＝1596909,2013-3-4.

［19］GAAR Study：A Study to Consider Whether a General Anti-tax avoidance Rule Should Be Introduced into the UK Tax System，http://www.hmtreasury.gov.uk/ tax_avoidance_gaar.htm,2013-6-20.

［20］OECD,The Future of the Internet Economy,http://www.census.gov.

［21］Stefaniavitali, James Glattfelder, Stephano Battiston, The Network of Global Corporate Control， http://www. plosone. org/article/info％ 3Adoi％ 2F10. 1371％ 2Fjournal.pone. 0025995, 2013-12-24.

［22］Richard A.Gordon,Tax Havens and Their Use by United States Taxpayers- An Overview,http://www. archive. org/ stream/ tax havenstheirus01gord/taxhavens- theirus01gord_djvu.txt.

［23］Richard A.Gordon,Tax Havens and Their Use by United States Taxpayers— An Overview，http://www. archive. org/stream/ tax havenstheirus01gord/taxhavens- theirus01gord_djvu.txt.

［24］Sen.Carl L Evin,Senate Floor Statementon the Enactmen to fthe HIRE Act.(Mar. 18,2010),http:// www.levin.senate.gov/newsroom/speeches/speech/senate-floor-statement- on-the-enactment-of-the-hire-act.

［25］Joanna Chungetal,UBS Settles US Tax Probesfor ＄780M,Fin.Times,http://www. ft.com/cms/s/0/ddeae744-fe14-11dd-932e-000077b07658.html♯axzz28BNuEVR0.

［26］Tobias M.C.Asser, Legal aspect of regulatory treatment of banks in disterss, http://www.imf.org/external/pubs/nft/2001/lart/index.htm,2012-10-9.

［27］OECD,Action Plan on Base Erosion and Profit Shifting(OECD Publishing, 2013).http://dx.doi.org/10.1787/9789264202719-en, Action 3.

［28］OECD.Action Plan on Base Erosion and Profit Shifting(OECD Publishing, 2013),http:// dx.doi.org/ 10.1787/ 978926 42 02719-en，Action 5.

［29］《去年我国对外直接投资首次破千亿美元》,中国行业研究网,http://www. chinairn.com/news/20150120/15364412.shtml。

［30］《2014 年反避税对我国税收贡献 523 亿元》,中国政府网,http://www.gov. cn/xinwen/2015-02/03/content_2814084.htm.

［31］OECD/G20 Base Erosion and Profit Shifting Project：Guidance on Transfer Pricing Documentation and Country-by-Country Reporting.http:/ /www.oecd.org/tax/ guidance-on- transfer-pricing-documentation-and-country-by country-reporting-9789264219236-en.Htm.

(三)相关网站

［1］澳大利亚税务局,http://www.ato.gov.au.

［2］欧盟,http://europa.eu.

［3］经济合作与发展组织网站,http://www.oecd.org.

［4］美国法典数据库网站,http://uscode.house.gov.

［5］美国联邦税务局,http://www.irs.gov/irb.

［6］美国联合税务委员会,https://www.jct.gov.

［7］英国税收与海关总署,http://www.hmrc.gov.uk.

［8］中国税务总局,http://www.chinatax.gov.cn.

［9］中国知识产权局,http://www.sipo.gov.cn.

［10］中国自贸区服务网,http://fta.mofcom.gov.cn/flash1.shtml.

［11］中国转让定价网,http://www.cntransferpricing.com.

后　记

　　此书是笔者在博士论文基础上修改完成的。三载时光匆匆而过，追求学问的脚步依然继续。拙作两篇，情在诗中。

　　其一，作此篇以谢师恩，由衷地感谢每一位老师无私地传道、授业、解惑，尤其感恩导师林秀芹教授、刘志云教授。先生之风，山高水长，在于见微知著，在于广博与温暖。

七律　念师恩
书卷白城翰墨声，法言法语浩繁星。
经年饮水思源谷，他日登高五老峰。
几度游学开眼界，数番批阅润心灵。
不知桃李灼灼意，怎报三春雨露情。

　　其二，作此篇以谢同窗，同行三年，苦乐其中，幸而有你。

七律　记同窗
才看青山闲处鸥，急来码字玉堂修。
清风几缕不曾驻，卷帙满桌犹待留。
最喜芙蓉湖畔走，偏安映雪廊中游。
阔别数载丰庭院，人在天涯一叶舟。

朱一青
2020 年 7 月 22 日于厦大图书馆